叢書・ウニベルシタス　1049

犯罪・捜査・メディア

19世紀フランスの治安と文化

ドミニク・カリファ
梅澤 礼 訳

法政大学出版局

Dominique KALIFA
CRIME ET CULTURE AU XIXe SIÈCLE

This book is published in Japan by arrangement with
Les éditions PERRIN, département de EDI8,
through le Bureau des Copyrights Français, Tokyo.

日本の読者へ

二〇〇五年に出版された本書は、犯罪史という分野に組み込まれることとなったのだが、これはすでにひとつの重要な分野であった。ルイ・シュヴァリエのよく知られた研究（『労働階級と危険な階級――一九世紀前半のパリ』〔邦訳はみすず書房、一九九三年〕）は一九五八年に出ていたし、哲学者ミシェル・フーコーは、犯罪と司法と刑罰に関する豊かな歴史学の道を切り開くこととなった。その歴史学とは、一九七〇年代以降に歴史研究そのものが経験することとなった激しい動向とも関連して、統計的・社会的・制度的な方向性を持つものであった。私の研究はといえば、その後一九八〇年代末以降に起こった歴史と社会科学の「文化的転換」の中にあって、「表象」という概念を分析と解釈のおもな手段とすることで、それまでの取り組み方を刷新しようとしたものだった。この問題意識は一一年後の今でも私の中で現代的意味を保っており、本書の執筆で得た知識からは新たにいくつかの研究も生まれている。

この問題意識は、日本の読者には比較的新しいものかもしれない。もしかしたら近代の犯罪はフランスやヨーロッパほどには研究者を引きつけていないのかもしれないし、また本書がしたように、文学のテクストや文学的分析を歴史の諸問題に対して使うというのも、そこまで頻繁なことではないのかもしれない。本書は一九八〇年代以降フランスで非常に研究が進んできた「大衆小説」や大量普及印刷物をおもな資料としているが、このことも日本の読者の目には独特なものとして映ってくれるかもしれない。だが、映画や漫画でもそうだが、犯罪という暴力は表象される。そして「正当でない」生産品の中に留まるのではなく、社会や制度に強く影響するとともに、「捜査」を通して、人々が犯罪の現実について読み、理解するための主要な手段ともなる、「犯罪の文化」とでも言うべきものを一九世紀には形作っていたのである。

このことを本書は日本の読者に向けて伝えようとしている。その機会を与えてくれた法政大学出版局、ならびに私のかつての学生でもある訳者に心から感謝したい。

二〇一六年九月三日、パリにて

ドミニク・カリファ

犯罪・捜査・メディア／目次

はじめに

一九世紀は犯罪問題に取りつかれた世紀だった。犯罪を監視し、処罰し、取り除くことが重大な懸案となり、そのようすは当時の人々の目に、犯罪が日々拡がっているという不安を裏付けているように映った。象徴的にも、一八〇〇年の警視庁の開庁と、その一〇年後の刑法典の発布によって幕を開けることとなった犯罪の世紀は、一九〇〇年、新聞と司法と政治とが驚くほど近代的な策略を巡らせるようになった、治安に対する危機の高まりの中で幕を閉じることになる。一九一四年の夏のはじめ、サラエボはもちろんのこと、カイヨー夫人〔アンリエット。政治家の妻。一九一四年五月、『フィガロ』紙の編集長を暗殺した〕やジャン・ジョレス暗殺事件の裁判が行なわれていたパリにおいても、ひとつの時代の挫折を告げていたのは、やはり犯罪であった。その一方で一九世紀は、司法警察、犯罪白書、犯罪の医学、犯罪に関する学問、犯罪を描いた文学、犯罪を報じる記事、その他多くの新技術を考案したのだが、これらはこんにちでもなお、犯罪の実態についてのわれわれの理解を導くものとなっている。

別の尺度から見ても、この世紀は膨大な、そして他に類を見ないであろう数の「事件」によって際立っており、それらが一九世紀の記憶と形態とを形作ってきた。たとえば一八一七年に起こったロデーズにおける元検事総長アントワーヌ・フュアルデスの暗殺事件は、犯罪の一九世紀を切り開くとともに、ある意味では最後まで牽引することになる。というのも第一次世界大戦が終わってしばらくするまで、犯罪にまつわる哀歌の多くは「フュアルデスの節で」歌われたからだ。こうして切り開かれた裂け目に、たくさんの殺人犯や闇の人物たちが引きずり込まれていった。フランス国民の記憶の中でいまだに記念碑的存在となっている者たちだけ挙げてみても、ラスネール〔ピエール＝フランソワ。一八三六年に処刑された「エレガントな」強盗殺人犯〕、マリー・ラファルジュ〔夫を毒殺したとして一八四〇年に終身刑を宣告され、一八五二年に恩赦を受けた〕、トロップマン〔ジャン＝バティスト。一家八人を殺害し一八七〇年に処刑された〕、プランジーニ〔アンリ。三人を殺害し、一八八七年に処刑。処刑前に回心した〕、ヴァシェ〔ジョゼフ。十数人の少年少女に対する強姦殺人で一八九八年に処刑された〕、カスク・ドール〔娼婦で本名はアメリ・エリ。アパッチの抗争の原因となった〕、マルグリット・シュタインハイル〔大統領フェリックス・フォールの愛人で、夫を殺害したとして一九〇八年に裁判にかけられた〕、ジュール・ボノ〔「自動車に乗ったギャング」ボノ団のリーダー。一九一二年、警察との銃撃戦で死亡〕、アンリエット・カイヨー……。「有名事件簿」であるとか三面記事小説といった多弁な文学に、かつて話題を提供し、こんにちでも話題を提供しつづけ、映画やテレビによって次々に再生されたり刷新されたりする、一風変わったパンテオンである。

犯罪のこうした存在は、当然のことながら文化とも緊密な結びつきを保っている。書物、新聞、分冊本、歌詞、戯曲、広告、それに映画は、たしかに当初は物や文化的実践のおびただしさに比例する形で犯罪事件によって生み出されてきたわけであるが、その後も長い間、レパートリーの大部分は犯罪の実態に依存してきた。こうしたレパートリーは、もちろん犯罪に対する扉を開き社会的に可視化してくれるものではあるが、同時に、規範というものについての同一のイマジネールや、許容できるもの・できないものについての共通・共有の認識を広めるものでもある。ここにおいて犯罪と文化の間には、社会学者たちが明らかにした、より深い第二の関係が浮かび上がってくる。(1) 犯罪は社会の産物であるから、社会がみずからに与える規則や価値、それに共通の感情との関連でのみ規定されうるのだ。デュルケムもすでに一八九五年に『社会学的方法の規準』で、犯罪の存在を決定するのは法律や刑罰のなかに最終的に示されることになる違反の意識なのだと書いている。本人と規範との駆け引き、社会が（ときとして地域が）世の中を理解し表象するときの論理、集団の敏感さと寛大さ、当然のように刑罰制度に頼り訴訟を起こす「司法的な心性」のありかた、(2) これらが犯罪の状況をあらかじめ決めるのだ。一九世紀、地方ではどれだけ訴訟よりも示談が好まれ、その決定が階級や慣習を頻繁にゆるがしてきたかは知られている。たとえば、名誉の絶対的論理が支配するケルシーという「報復の」社会では、喧嘩や乱闘が軽犯罪として認識されたことは一度もなく、羊飼いの女性に対する強姦が名家の次女に対する強姦と同じくらいに大問題となることはなかったのに対し、ポワトゥーでは鳥を盗んだだけで重罪裁判所に引っ張られたのだ。(3) ブルターニュでは、嬰児殺しはしばしば犯罪というよりは「あやまち」、道徳と良俗の侵害とみなされた。(4) そして尊属殺人という、退行的な怪物性の表れであると長い間みなされていた最大の、想像を絶する犯罪は（尊属殺人犯は裸足で頭に黒いヴェールをかぶせられて死刑台に連れて行かれ、一八三二年までは右の拳が切断されていた）、一九世紀後半になると、家庭内のいざこざや横暴や苦しみが作用したことが原因として考慮され、なにより理解される犯罪となったのだ。(5) したがって、さまざまな面から見て「犯罪の歴史」とは、個人ないし集団が自分たちを取り囲む世界に意味づけをし、自分たちの尺度で違反目録を規定するにあたって用いた複雑な分類体系や判断方法をまずもって復元してくれる、「犯罪の文化史」にほかならないということになる。

最後に犯罪と文化との間にある、これよりもさらに本質的な関係を見ておきたい。いくつかの例外をのぞいて、犯罪とはつねに理解不可能な出来事である。動機も状況も透明であることなどない、不透明な出来事であり、盲斑のようなものであり、名状しがたい話でもある。だからこそ大量の表象を生み出してやまないのだ。事実すべてが、あたかも警察官が得た最初の証言ないしは最初の図面にはじまり、その後犯罪の存在を引き延ばすことになる司法、新聞、文学による復元に至るまで、さまざまな表象を通してでなければ犯罪は理解できないものであるかのように進む。この過程は捜査の成果であり、捜査は犯罪をまさに表現可能なものにする機能を持つのだ。証拠や痕跡を突き止め、証人や容疑者の名前をあげることに専念する、それが警察の捜査の役割であるとすれば、犯罪の状況や方法を復元し、犯罪の動機を浮かび上がらせ、犯罪者を追い詰めることに専心するのが司法の捜査の役割であり、人々の前に事件を暴き、事件を可視化し、まるで社会的、さらには政治的な出来事であるかのように組み立てる、それがメディアの捜査の役割である。これらの多様な形式のもと、捜査は、犯罪という一見理解不可能な事件を、判読可能な、表現可能な、そして社会的にも制度的にも支配可能な現実にするのである。だが形が変わるということは、そのつど解釈されるということでもある。地方の警備隊、憲兵隊、警察官、治安判事、市長、県知事、予審判事、医者や専門家、弁護士、刑事、記者に単なる愛好家と、次々に増えてゆく多種多様な人々が、それぞれ制約や独自の目的に従いつつ行なう捜査は、犯罪を暴くと同時に作り上げるという、このうえなく文化的な過程をなしているのである。

社会的・文化的な、複雑な凝固物である犯罪の中では、多くの要因がからみあっている。人を行為へと追い立てる社会的・経済的・心理的な動機の解きがたいもつれは言うに及ばず、違反を規定する正義・不正の表象体系、その違反を法律の秩序の中で示す司法の意向、その司法の意向に多かれ少なかれ実行力を持たせる集団の許容限度、その集団の許容限度を浮き彫りにする処罰方法……。この難解な錯綜を解く鍵、それはしばしば文化的な鍵なのだ。

本書はこうした面を明らかにするための、いくつもの手がかりを与えてくれることだろう。第一部は一九世紀における犯罪や「アパッチ」たちや危険な場所への関心の高まりとそれらの知覚された姿に、第二部は世紀末以降フランスをとらえた「治安」危機の諸様相を中心として捜査の変化と処罰方法の模索に、そして第三部は、大衆文化としての輪郭を少しずつ見せてきた文化環境の変化に迫る。最終的に本書は、軽犯罪や犯罪に対する敏感さの高まりや、人や物に対する攻撃にますます不寛容になり、法律や国家や制度がこの「呪われた相続分」――ほんとうは社会みずからが生み出しつづけているのであるが――から守ってくれることを期待する社会、といった現代の諸問題に対し、われわれをより直接的に向き合わせることになるだろう。どれほどまでに犯罪は、人間の非理性の不変的要素などではなく、きわめて歴史的な、社会的・文化的現実をなしているのだろうか。

第一部 犯罪

第1章　犯行現場

パリのトポグラフィーと社会的イマジネール

犯罪の動機や状況、そして犯人と同じくらい、「場所」は犯罪の実態を作り上げるのに主要な役割を果たす。通り、広場、袋小路……犯罪に対する恐怖ないしは強迫観念が明確な形を取るのは、しばしば都市のトポグラフィーにおいてである。『フェラギュス』（一八三三）でバルザックも指摘しているように、「殺人《クープ・ゴルジュ》」通りというものは存在するし、犯罪の起こる場所、起こらない場所というアイデンティティは治安の悪さを語るうえで決定的なものとなる。だが場所は人を怖がらせるだけではなく、犯罪を理解可能にすることにも貢献する。死体の配置や手がかりの位置といったさまざまな痕跡は、一九世紀以降、捜査方法の中でますます大きな役割を果たすようになってゆく。このように、見取り図、地図、挿絵、断面図などの増加によって、新しいトポグラフィーが注目され、司法的合理性への移行は促進されたのである。[1] 世紀末になると、犯罪のひとつひとつをその背景に結びつけ、死体のひとつひとつをそれが置かれていた街角に結びつける「司法の証明《アイデンティティ》写真」が、この方法をさらに強化することになる。

その後、犯行現場をめぐって、より文化的で社会的な、最後の筋が仕組まれる。現場には、事件を解説しに近所の人々やその地区に親しんだ人々がはびこるようになり、ときには散歩道や巡礼地となって、空間の社会的認識における重要な役割を演じることとなるのである。[2] 犯行現場が作り出し、次いで多弁な犯罪文学（大衆小説、哀歌もしくは有名事件シリーズ）によって維持されることになる、不安であったり、感動的であったり、もしくは人を憤慨させるものであったりする都市の記憶は、しばしば、団結と連帯をもたらすのである。[3]

こうした現象は当然のことながら一九世紀のパリにおいて、みずからにふさわしい枠組みを見つけることとなった。人口増加、社会の再構成、それに政治的な騒乱にかき乱された首都が、どれだけ犯罪をみずからの主要な強迫観念としたかはいまさら語るまでもないだろう。[4] 一八六三年、首都の歴史を調べたある研究家は、「われらの街パリの敷石はどれも赤く染まっている」と書いたが、[5] これはみなの感情をかなり的確にまとめていた。規範に対する違反であるとともに、文化的産物であり、政治の口実でもある犯罪が、パリの公共空間を満たす。そこから果てしない社会的言説が生まれ、「悪徳」と危険性の地理学たらんとするものが現れるのである。ここから先は、こうしたトポグラフィーがどれだけ明白なものであったのか、どれだけ重苦しいものであったのか、そしてどのように移動したのかを紹介する。というのも犯罪は、ほかのあらゆる社会活動と同様、パリ大改造〔ナポレオン三世の命を受けセーヌ県知事オスマンが行なった都市整備〕の過程から強く影響を受け、昔ながらの危ない場所や殺人通りの位置は一変させられてしまったからである。たしかに暴力犯罪は、「夜襲」ないしは謀殺に限って言えば、犯罪事件のつまるところは周縁的な局面でしかないのかもしれない。だがそれでも暴力犯罪は、言説と恐怖とを引きつける犯罪事件の可視的な面を、かつてもいまも体現しているのだ。よってここでは、首都を一変させてしまった途方もない激動に、場所の記憶がどのように適合することとなったのか、どのように、そしてどのような抵抗を見せながら、危険の表象はそれ自体少しずつオスマン化されていったのかを見てゆきたい。新聞小説や「大衆」小説、パリ年代記、分冊本や安価の配本といった大量発行されたテクストは、犯罪問題に相当の重要性を認め、場所の記憶の伝達に決定的な役割を果したが、トポグラフィーの概略に関する本論は、こうしたおもに文字の資料に依拠しつつ、パリの表象の驚くべき自主性、そして紙の上の都市がその運命の糸に従ってゆく力をも探ってゆきたい。

ロマン主義時代のパリにおける犯罪演劇

七月王政期の小説家や年代記作家たちはみな、すでに確立されていた伝統に加わるかのように、昔からの中心部とそれに隣接する地区が圧倒的に犯罪によって支配されていることを指摘した。犯罪といえば、まずはシテ島である。「裁判所からノートル＝ダム大聖堂へと広がる、暗く、せまく、曲がりくねった道からなる迷路」[6]〔二五頁の地図を参照〕と、一八四二年にウージェーヌ・シューも書いている。シテ島の古い路地の数々、カルゲゾン通りやマルシェ＝ヌフ通り、カランドル通り、フェーヴ通りやサン＝マルシアル袋小路などを、盗人や売春婦や浮浪者でいっぱいの「広大な奇跡小路《クール・デ・ミラクル》」[7]であるとする、この表象の一極集中は絶対的だった。評判はシテ島から少々あふれ出て、右岸のパレ・ロワイヤルからタンプルにかけてのレ・アル地帯、それから左岸のモンターニュ＝サント＝ジュヌヴィエーヴ地区、モーベール広場、ガランド通り、ムフタール通りをも害しており、それらはつねに殺し屋や屑拾いの巣窟として描かれる、不気味で危険な場所なのだった。この一帯の狭さは、結果として、犯罪が起こる場所と処罰が行なわれている場所との逆説的な近さをもたらしていた。「犯罪者たちを監獄へ、徒刑場へ、死刑台へと送るこの恐るべき法廷のまわりを、当の犯罪者たちが不可逆的な引力によって取り巻いているというのは、奇妙、いやむしろ運命的ではないだろうか！」[8]とウージェーヌ・シューは皮肉まじりに記している。そのシューに応えるかのように、第二帝政下で警察庁長官をしていたアントワーヌ・クロードも言う。「凶悪犯はシテ島へ、裁判所の近所へと惹きつけられていた。まるで蛾がみずからを焼き尽くす光にひきよせられるように」[9]。つまり一方では、その描写があらゆる犯罪文学の見せ場となるぼろ家、怪しげなキャバレー、いかがわしい酒場《タピ＝フラン》があり（ラパン＝ブランやポール・ニケはフェーヴ通りに、シャ＝ノワールはヴィエイユ＝ドラプリー通りに、ボルディエはオーブリ＝ル＝ブシェ通りに、イギリス館はサン＝トノレ通りに、エピ＝シエはタンプル大通りに、シャトー＝ルージュとペール＝レ＝リュネットはガランド通りにあった）、他方では秩序の主要機関があったのだ。裁判所、コンシェルジュリー監獄、「狭く、暗く、泥だらけで、かすれた陽しか差すことのない掃き溜め」[10]であるエルサレム通りに面した醜悪な留置所を持つ警視庁、サン＝タンヌ通りの警察庁の本拠地、統領政府から一八三二年に至るまですべての死刑執行が行なわれてきた地であるグレーヴ広場、それからパリジャンたちが足しげく通ったマルシェ＝ヌフ河岸の死体公示所《モルグ》も忘れてはならない。そう遠くないところにはロワ＝ド＝シシル通りのフォルス監獄があり、陰鬱なクレ通りから入るサント＝ペラジー監獄はおもな囚人を受け入れていたし、女囚はといえばタンプル地区近くのマドロネット監獄や、とりわけ一七九四年一二月以降女性専用となっていたサン＝ドニ通り一〇七番地の「衛生」施設、サン＝ラザール監獄に送られた。警察が犯罪の世界を無力化すべくそこに潜入することをおもな戦略としていた時代の、貴重な近接状態である。

こうした立地は、いくつもの要因から説明される。セーヌ川によって灌漑された首都パリの中心は――これに関しては旧体制期と大きく変わることはなく――一八四〇年になってもまだ、活気ある庶民的なパリ、人口過密で過熱した労働のパリ、住居と労働と娯楽の錯綜であり続けており、そこでは街頭の暴力は大衆の社交性に結びついた要素だった。[11] この現象が、一九世紀初頭のフランスで勢いを増した人口と経済の大変動によって激化する。パリの中心部は、かつてないほどに、あのすし詰めの、人口過剰の、社会観察家たちがたえず描き出す物質的・精神的ミゼール、すなわち犯罪の場所となったのである。だがこうした過剰なまでの一点集中には、ピトレスクへの関心のようなものも大いに影響している。中世の殺人通りや奇跡小路のうち、大きなものは「モントルグイユ通りとフィーユ＝デュー修道院とヌーヴ＝サン＝ソーヴール通りに囲まれた、パリでももっとも建てつけが悪く、もっとも汚く、もっとも辺鄙な地区のひとつにあった」[12] わけだが、それらの記憶が揺り起こされたのである。当時の多くの人々の目に、七月王政期のパリは「路地で待ち伏せや殺人が起こる中世のパリになろうと」[13] しているように見えた。こうした表象は、新聞から社会調査へ、生理学から連載小説へと行き来するなかで、シテ島とその周辺を、犯罪が起きても当たり前の空間にしてしまう、首尾一貫した持続性の型を確立したのだった。一九世紀の首都たるパリは、こうした恐ろしいイメージで地方を啞然とさせたが、国外の観察家に対しても同じようにこのイメージを吹き込んだ。エドガー・ポーが、その探偵物語の幕開けを飾る有名な小説三作品を展開させたのもやはりパリではなかっただろうか？[14] 騎士デュパンが滞在するのは「サン＝ジェルマン街、デュノ通り三三番地の三階〔ただし日本式に数えると四階〕」であるし、モルグ通りはといえば昔ながらの犯罪のパリのまさに中心にあった。またマリー・ロジェが住むのも、「それはリシュリュー通りとサン＝ロック通りを結ぶみすぼらしい通り道のひとつだった」と書かれているようにパヴェ＝サン＝タンドレ通りであり、彼女はパレ＝ロワイヤルの香水屋で働いている。「モルグ通りやパサージュ・ラマルティーヌなどについて言えば、エドガー・ポーがパリに一度も来たことがないというのは言うまでもない」とボードレールは記しているが、(15) たとえ根拠のないものだとはいえ、このトポグラフィーは一九世紀の犯罪のイマジネールにおけるオスマン以前のパリの重要性をわれわれに教えてくれる。

しかしながら同じ一九世紀初頭、初めての、そして二重の脱中心化が見られ、中央の人口過密空間は少しずつ打ち捨てられていった。大昔に始められた、(16) 都市の危険性のある空間を市門のほうへと移す試みが、七月王政期をつうじてきわめて顕著なものとなったのだ。一八世紀以来不安な場所として感じられるようになっていたポルシュロン地区とクルティーユ地区とを抱えるパリ北部では、(17) いくつもの暴力ゾーンの存在が指摘された。サン＝マルタン運河とそれを縁取る空き地では「脱塩夫」と呼ばれる一味がのさばり、殺した人間を水の中に捨てていたし、ベルヴィル、メニルモンタン、それにコンバ市門も多くの悪人の巣窟だった。ヴィドックも『回想録』に書いている。「そこが奴らの界隈で、奴らはつねに大挙してそこにいる。奴らに出くわしてしまった警官に災いあれ」(18)。かつての処刑場であり、ごみ捨て場、糞尿溜め、それに家畜解体場の役割を果たしていた、大通りとビュット・ショーモンに隣接する広大な空間モンフォーコンはといえば、危険性の大きな空間としても知覚されていた。西では「溜まり場に迷い込んだ人々を許しはしないごろつき、スリ、人殺しといった連中」をトロカデロの急斜面がかくまっていたし、ブーローニュの森はといえばまさにボンディの森［パリ北西部にあった森。人殺しの起こる場所の代名詞とされていた」だった。(19) だがとりわけ文字による表象が移動したのは、南の市門のほうである。死刑台をグレーヴ広場からサン＝ジャック市門へ移すという一八三二年のきわめて象徴的な決定が一連の動きを伴ったのだ。当時の一二区である南の地区（サン＝マルセル、サン＝ジャック、パリ天文台付近）には、パリでももっとも貧しい人々が含まれていた。屑拾いたちの住処であり、まさにパラン＝ドゥ＝シャトレ博士の言うところの「瘴気の温床」であったここは、不吉な暴力ゾーンとなっていた。一八二七年五月の、ユルバックという若者によるイヴリーの羊飼いの少女の殺害という有名な三面記事的事件が起こったのもクルールバルブ通り、ひばりが原と呼ばれる場所だった。イタリア市門を出てからは、南の郊外へ、とくにフォンテーヌブロー街道に沿って約四キロメートルのところにあった、死刑囚が死刑執行の日を待つビセートル監獄のほうへ、それから処刑された者を埋葬するイヴリー墓地のほうへと表象はさらに移っていった。こうした中心からはずれた地区が引き受けるようになった犯罪のアイデンティティは、その多くを文学に負っている。『パリの秘密』はフェーヴ通りに始まりこそすれ、終わるのはサン＝ジャック市門であり、この移行の力強さを表している。アレクサンドル・デュマの『パリのモヒカン族』はサン＝ジャック地区にどっしりと根を下ろしているし、なによりヴィクトル・ユゴーの『レ・ミゼラブル』はまさしくこれら南の、イタリア市門、ゴブラン市門、さもなければダンフェール市門の物語である。ゴルボー屋敷があるのはオピタル大通りであるし、パトロン＝ミネットが夜活動するのも「サルペトリエール病院に隣接した草原」においてである。

だがこのトポグラフィーの変化に、採石場、カタコンブ、もしくは下水道といった首都のはらわたへと入りこむ、垂直な第二の動きが加わる。右岸ではトロカデロの基盤、クリシーの晶洞、モンマルトル

実線は1860年以降のパリ，
点線はそれ以前のパリを示す

1 裁判所
2 ノートル＝ダム大聖堂
3 パレ・ロワイヤル
4 中央市場（レ・アル）
5 モーベール広場
6 ムフタール通り
7 ガランド通り
8 死体公示所
9 フォルス監獄
10 サント＝ペラジー監獄
11 マドロネット監獄
12 サン＝ラザール監獄
13 モントルグイユ通り
14 クルティーユ地区
15 サン＝マルタン運河
16 ベルヴィル
17 メニルモンタン
18 モンフォーコン
19 トロカデロ
20 ブーローニュの森
21 グレーヴ広場
22 サン＝ジャック市門
23 パリ天文台
24 ビセートル監獄
25 イタリア市門
26 ゴブラン市門
27 ダンフェール市門
28 サルペトリエール病院
29 クリシー
30 モンマルトル
31 ダメリック
32 グルネル
33 モンルージュ
34 サンジェルマン
35 マドレーヌ
36 ショセ＝ダンタン
37 シャンゼリゼ（エトワール）
38 パッシー
39 ヴァンセンヌ
40 ベルシー
41 ビュット＝オー＝カイユ
42 バスチーユ
43 ロケット
44 ジャヴェル
45 ジャンティ
46 パンタン
47 オーブリ＝ル＝ブシェ通り
48 タンプル
49 ラ・ヴィレット
50 ラ・シャペル
51 バニョレ
52 ポワン＝デュ＝ジュール
53 サン＝トゥアン
54 シャティヨン
55 バニュー

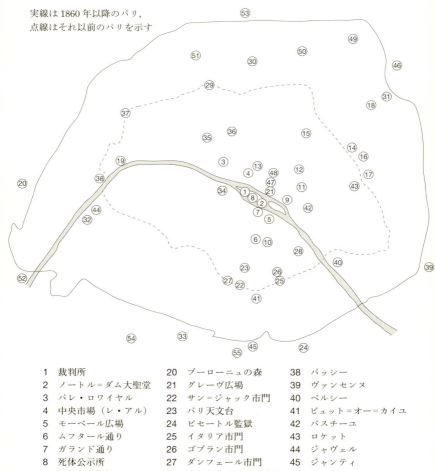

やダメリックの採石場、左岸ではグルネルやモンルージュから植物園にまで広がる巨大な空洞が、ある者たちによれば犯罪的な性質を持ったまさに地下帝国を形成しており、そこにはヴァル＝ド＝グラース病院やメーヌ市門、喋る井戸《ピュイ＝キ＝パルル》〔アミヨ通りにあった井戸〕、もしくはダンフェール広場にあるいくつもの階段のうちのひとつを下ってゆけばたどり着くことができるというのである。地下にある犯罪的で巨大なパリというのは、伝統的などん底《バ＝フォン》のテーマやユゴー的な「奈落」や社会の洞穴という比喩からずれて、エリー・ベルテやコンスタン・ゲルー、もしくはピエール・ザコンヌといった大衆小説家たちの拡散する、誰もが知るお決まりのイメージとなってゆく。[20]

脱中心化、軌道修正、切り離し

オスマン式都市開発は、パリのトポグラフィー、社会学、それに経済を混乱させて、当然のことながらこうした状況を変えていった。たしかにパリ大改造の表向きの野心は、犯罪問題とは明白には関係のないものであったかもしれないが、それでもやはりなんらかの「危機」や都市の機能不全を減らそうというものであり、そうした機能不全のひとつとして、犯罪も社会不安とセットになっていたのである。ノートル＝ダム大聖堂を取り囲むあばら屋の高さをそろえること、新しい貫通路を作ること、それに郊外の市町村の併合は、犯罪の危険性の局地化という見地に立てば大きな効果を持つ出来事であることを、当時の人々もすぐに感じとった。そこから犯罪の新しい地図学が生まれ、それをすぐさま文学表象が引き受けていったのだった。小説家や年代記作家が書きとどめた犯罪のトポグラフィーの転換は、ときには矛盾するほどの無秩序な動きとなったが、その変化は半世紀の間に、最終的には一貫性を持った軌跡を描くこととなる。これは、脱中心化、軌道修正、切り離しという三つのもつれあう図式を中心にまとめることができるだろう。

第一の図式は、オスマン式都市開発そのものの動きに伴うものであることから、もっとも明白である。シテ島の解体は、小説家や年代記作家がただちに認めた現実だった。オスマン自身、この解体行為の焦点についてはどうしても明示しておきたかったようである。パリ市議会でオスマンは言い放った。「家々のこうした古い石膏に穴をあけ、こうした不衛生な路地の錯綜をつるはしでほどき、そこに荒っぽくではあるが空気と陽光が入れるようにしたことは、単に健康をもたらしただけではありませんでした。われわれはこれらの貧困地区を道徳化したのです。というのも、真昼の日差しを恐れるものの、かつてひびの入ったあばら屋がそびえ立っていた広大な空間にはもはや身を隠すすべを失った悪人たちを追い払うことができたからです[21]」。一八六〇年代にもなると、犯罪に対する土木事業の効果を指摘する文献が増加する。一八六二年にはアルフレッド・デルヴォーが、「強盗殺人という仕事は日々難しくなっており、匕首を持った腕利きは場所を変えはじめている[22]」と書いている。より慎重なデュ・カンはもう少し後になってから書いている。「われわれのそばで増殖している悪質な連中による悪行の数々を、都市整備は一種防いでくれているのだ[23]」。これ以降、犯罪のせいで腐敗した古きパリの解体は、どん底のイメージをぼんやりとよみがえらせるだけにいっそう利益を産み出すモチーフとなる。記者で新聞小説家のジョルジュ・グリゾンもこのように書いている。「シテ島、あの醜いシテ島は破壊者のつるはしのもとに倒れ、それとともに、汚らしい安酒場の中で下劣な連中がうごめいていたあの不潔な路地網も消えてしまった。フェール通りもラパン＝ブランももはやなく、奇跡小路はただの伝説となってしまった」[24]。

　こうしてパリの中心部からずらされて、犯罪の危険性は、今度は二つの新しい空間に根をおろすこととなる。ひとつはオスマンの事業によってパリに昇格し、ポンソン・デュ・テライユが「新地区」と呼んだ、パリ西部と北西部の拡張区からなる空間である。「犯罪はパリ西部にすばやく根づいてしまった」[25]と、元警察長官ギュスターヴ・マセも記している。それまで、いつもなんらかの犯罪計画におびやかされている上流地区の象徴であった「いかめしいサン＝ジェルマン街」[26]（ポール・フェヴァル『黒服たち』一八六五）に、少しずつ、八区や九区、マドレーヌやショセ＝ダンタン、ポンプ通りやシャンゼリゼ、モンマルトル、それに「新しい大通り」（ポンソン・デュ・テライユ『パリのドラマ』一八五八―七〇）の豪華な屋敷が重なっていった。一八七〇年以降花開く司法小説もまた、こうした新しいトポグラフィーを有利にする。その手本を示したのがガボリオだった。彼の生み出した私立探偵ルコック氏は「モンマルトル通りX番地」に住んでいるが、捜査のために向かうのはサン＝ラザール、一三区、もしくは年金生活者ピゴローが殺害されたバティニョルである。[27]『ラ・ペ通りの惨事』（アドルフ・ブロ、一八七五）から『オペラ座の犯罪』（フォルチュネ・デュ・ボワゴベ、一八七九）、さらには『オートゥイユの謎』（ジュール・ド・ガスティーヌ、一九〇四）に至るまで、この新しいパリの地区で司法小説の関心を引かなかったものはなにひとつない。コンコルド広場からブーローニュの森にかけては犯罪小説の中心地となり、セーヌ川からエトワール広場までを夜間うろつくのは危険なことだった。ボワゴベは警告する。「そこでは盗人たちは、ボンディの森にいるのと同じくらい、心おきなく盗めるはずだ」[28]。クロード氏も言う。「あんなにも平和で陽気で感じのよいパッシーの村であるが、その中に底知れぬ恐ろしい深淵が隠され

ロケット広場での処刑のようす

ていたことを、警視であった私は知っていた」[29]。スリのさばる駅や競馬場、ごろつきでいっぱいとうわさのブーローニュの森とヴァンセンヌの森、それに、ほどなく新たな暴力の場となる地下鉄のように[30]、オスマン都市の新機能に関連する場所もまた独立していった。

だがかつての中心部から人々が離反したことで、パリの東と南の郊外に発達していた新しい労働者地区は肥えることとなった。またしてもデュ・カンは一八七二年に書いている。「こうして盗人の世界は一斉に、かつての市門のほうへ、古きパリとはもっぱら行政的なつながりしかないような、この新たに併合された地区へと移っていった[31]」。こうした犯罪の新しい空間の中にも、微妙な格付けが生じていた。労働者地帯の中の密集地区であるメニルモンタン、ベルヴィル、ベルシー、ビュット＝オー＝カイユは、「写実主義的」な歌詞のリフレインにもよく表れているように、逸脱や暴力の場としてますます頻繁に描かれるようになる。モンマルトルでは、犯罪が一部で文学・芸術の世界と関連するという、独特の表象が築かれる。(32) バスティーユも考慮に入れなくてはならない。その特色は、一八五二年以降死刑台が立てられていたロケット通りの円形交差点という不気味な存在にあった。死刑台が収納される倉庫があったすぐ近くのフォリ＝レニョー通りもまた、たびたび話題にのぼる注目の場所だった。サン＝マルグリット通りのほうへ少し下れば、そこはオーヴェルニュ人たちのパリであり、同時に売春とミュゼット〔大衆的なダンス〕のパリでもあり、ブール＝ルージュやグラヴィリエといった大衆的なダンスホールでは「殺し屋やごろつきの舞踏会」(33) が人気を博していた。

しかしこの一九世紀後半、時代はもはや「危険階級」にはなく、労働者のパリが犯罪的なものとして明らかになったのはその地理的・社会的な周縁においてであった。どこよりも陰鬱だったのは、ラ・ヴィレット、ラ・シャペル、それに一五区のサン＝シャルル、ジャヴェル、グルネルといった、「不気味で、待ち伏せにうってつけで、四キロメートル先からでも悪徳と犯罪の臭いがする」(34) 場所である、外周大通りを縁取る空間だった。外周大通りや城壁に近づくにつれて、まるで城壁は内なる敵を押しとどめ抑留するものであるかのように、脅威は明らかなものとなる。というのも、小さく輪を描く線路と城壁との間には、ほかよりも暴力沙汰の多い不気味な空間が広がっていたからである。このさびれた地域を夜間徘徊する者として描かれたならず者や売春婦は、パリでももっともたちの悪い連中の一部だった。「そこは城壁のそば、ふつうの人などいやしない」(35) とブリュアンも歌っている。その中でも、ほかよりずっと殺伐とした一角があった。ランヌ大通り、ベルティエ大通り、それからクリシーとバニョレの間に広がるすべての地域である。だが一番ひどいのは南のほう、ジャンティイ、シャティヨン、もしくは「丸腰で冒険しようという気にはなれない」[36]、ビヤンクールにあるポワン＝デュ＝ジュールの土手近辺だった。

城壁の向こう側の表象はといえば、城壁の中にくらべてずっと婉曲的なものだった。バラックとあばら屋、空き地と鶏小屋がもつれ合う「場末」は、危険というよりはピトレスクな場所であり、あらゆる周縁の文学がむしろ好意的な視点から描き出そうとしていた[37]。だが隣接する市町村の印象は、少しずつ悪化してゆく。というのも一八六九年、パンタンの犯罪〔トロップマン事件〕のとてつもない悪評が、これらの市街区を犯罪の強力なアイデンティティで満たしたからである。警察の存在感が不十分で、それが居住禁止者や脱獄囚を引きよせているという面もあったこれら市街区の危険性は強調された。パリの北や西の、クリシー、レ・リラ、バニョレといった村には、暗いうわさが立てられた。一九〇四年、「血塗られたパンタン」や「強盗の森ヴァンセンヌ」に次ぐ『郊外の印象』という作品で、デルフィ＝ファブリスは、城壁外、「それは死と血の匂いのする真っ赤な土地」だったと書いている[38]。だがこうした印象が定着したのは後になってからのことで、ベル・エポック期以前ではまれであり、短命でつかの間の描写の対象にすぎなかった。

じっさい、新聞小説家や年代記作家にとって、大切なことはほかにあった。すでに触れた脱中心化に伴って、ときにはそれに重なる形で、ある奇妙で矛盾した軌道修正の動きが起こったのである。シテ島やかつての犯罪地帯が解体されたのもつかの間、それまでの借家人、人殺し、ひも、売春婦たちがそこに再投資をしたのだ。「大通り、広い道、辻公園、それに、立派な新しい家々が建てられたかと思ったら、ありとあらゆる悪党たちが、巣穴を探し出すときのいつもの野生の勘で、まだ建っている安酒場へとこっそり戻ってきた」とギュスターヴ・エマールも書いている[39]。この原点回帰は、パリの犯罪を演出する大衆的、ないしはピトレスクな物語の大部分にも見られた。中央市場《レ・アル》やそのまわりの「不衛生な路地」、タンプル、サン＝メリ、アール＝ゼ＝メチエの周辺、ローム小路、もしくはモーベール広場の周辺がふたたび表象の中心を占めるようになるのである。いくつかの違いはあるにしても、それはオスマンのパリの背後にふたたび現れた、シュー、ないしはフレジエのパリだった。ベル・エポック期になっても、アパッチのパリの震央をなしていたのはレ・アル（セバストポル大通り、タンプル地区、イノサン地区）だった。こうした時代錯誤的な表象に対抗しようと、「盗人たちはグルネル、モンルージュ、クリシーにベルヴィルといった、中心からはずれた地区から降りてくる。彼らはもはや巣窟など持っていない。持っているなどとするのは大嘘である。カヴォー・デ・アル、ペール・リュネット、ペール・ジュール、シャトー＝ルージュなどは無害の酒場である[40]」と書くような作家はまれだった。大部分の作家がむしろこの原点回帰の現象を立証しようとした。「危険は変わったかもしれないが、なくなったとは言えない」とピエール・ザコンヌは説く[41]。「不衛生で見捨てられたたくさんの通りが、いまだ取り壊されず、それらしい理由もないままに残されているのだ[42]」とギュスターヴ・エマールも言い添える。多くの観察家にとって、「取り壊しと改造の中で残りつづけている古きパリの名残[43]」であるアングレ通りのような「いかがわしい道」を指摘するというのは当然の反応だった。新たな「屑拾いの地区」が、かつての地区のすぐ近くに現れたのだ[44]。また別の観察家たちは、「犯人が潜り込んで身を隠せる[45]」、破壊者のつるはしを免れたほんのわずかな建築物をも挙げようとした。だからこそ、「サン＝ジェルマン大通りとモントゥベロ河岸の間にある家々の石膏の中には、かつてのいかがわしい酒場の興味深い標本がいまだに含まれている[46]」というわけである。ラパン＝ブランにポール・ニケ[47]、それから残存する、もしくは再建された古い安酒場は、あの有名な大公ツアー〔一九世紀末から二〇世紀にかけてロシアの貴族たちがパリの歓楽街を訪れたこと〕(48)によってパリ観光の一大中心地へと昇進し、ガランド通りのシャトー＝ルージュのようにパリガイドで名前が挙げられたり、文学の中でも再訪されたりすることとなる。(49)

こうした古き中心部の抵抗に加えて、伝統的に表象されてきた別の空間もまた抵抗を見せるようになる。たとえば、平穏を回復していたにもかかわらず、やはり小説家たちの想像力を刺激しつづけていたサン＝マルタン運河、それからまた、モンフォーコンの近くにあってかつては浮浪者たちの巣窟だったダメリックの採石場のように。新しい大通りによってえぐられ、ビュット＝ショーモン公園によって半ば覆い隠されてしまったこの採石場からは、「そのみじめな名声にふさわしかったはずの様相が日々失われてゆき」、夜襲もそこではもうめずらしいと、一八七六年、ある年代記作家も書いている。(50)だがそうしたことも、採石場に住む不気味な悪党たちを相も変わらず描いていた新聞小説家たちにとっては大したことではなかった。(51)カタコンブや下水道といった、あらゆる犯罪表象に必要不可欠な地下のパリについても同じだった。じっさい、どん底に関する、地下帝国や反社会といったステレオタイプがふくらんだのもここにおいてだったのだ。だからこそ、強盗団やごろつきの集団が夜集まるのはシテ島の下水道や、「大昔にはオテル＝デューとシャトレとを結んでいた地下」(52)であり、ジゴマールやファントマといった犯罪の天才たちが陰謀を企てたり誰かを閉じ込めたりするのも地下の迷宮であり、「タルパ」、「ジャピスト」、「グルイユール」といった犯罪者たちの奇妙な部族が栄えるのも地下なのである。(53)中心部とどん底との間には、じつは本質的な関係が確立しているのだ。こんにちでも問題となっている「社会の洞穴」、これは都市の真ん中を土台から崩そうとするものだから問題なのであり、どん底は結局のところ表側の裏側、パリを形作っているもののひっくり返った裏地でしかないのである。

事実、すべてはあたかも犯罪のイマジネールがつきまとう場所から小説家たちが抜け出せなくなって、たえずその場所を再発見しようとしているかのように進んでいった。こうして、もはやステレオタイプのようなものと化し、現実との溝も深まってゆく表象が過度に用いられつづけることとなる。しかもこうした表象は長く留まり、二〇世紀との敷居をも颯爽と乗り越えてしまう。一九二七年、ピエール・マッコルランは、もう百回も繰り返されたラパン＝ブラン、あばら屋、安酒場といった話に立ち戻っているし、[54]記者や小説家も、パリ中心部、「シモン＝ル＝フラン通りやオーブリ＝ル＝ブシェ通りのおそろしい酒場」の同じイメージを売り回る。例として、一九二九年にギー・ド・テラモンがいくつかの中心地区をどのように紹介していたかを見てみよう。

> 真昼間、たしかな日の光のもとであるにもかかわらず、ブリーズ＝ミシュ通りやシモン＝ル＝フラン通り、それにカンカンポワ通りはすでに殺人通りの様相を呈している。そこでは、べたついた敷石に面したひとつひとつの薄暗いあばら屋の中に、叫び声の中に、笑い声の中に、怒鳴り声の中に、酒臭い息の中に、そして起こりうる待ち伏せの中に、危険がひそんでいる。
>
> 夜になって霧が出て来れば、かつてはこのすぐそばで、ぼろを、乱痴気騒ぎを、そして犯罪をひけらかしていた浮浪者たちの奇妙な巣窟の中にでもいるのではないかと感じることだろう。とても人間らしさを持っている者が息をして生活しているとは思いたくないようなどん底に身をひそめている陰鬱な犯罪者の軍団、彼らとほとんど変わらない連中を夜警が取り逃がしてしまっていたあの時代からこれほどまでにな

にも変わっていないこうした小路にある家ならば、ヴィヨンが武勲を讃えたコキーユのおそろしい仲間たち、追い剥ぎ、殺し屋、ひも、ジプシー、魔術師、それに大昔の盗賊たちにも会えるかもしれない。(55)

このように空間的にも時間的にも入れ子式になって「古きパリの病的な魅力(56)」を讃えているかのような描写はめずらしいものではなかった。それは両大戦間期には新聞小説家や記者の文章の中に頻繁に見られ、(57)まるでいかなる犯罪のパリ、異常なパリの演出もこうした古めかしい表象からはのがれられないかのようである。

たしかにこのような中心部への軌道修正も、犯罪の地形的なイマジネールのすべてであったというわけではないのだから、その重要性を誇張してはならないのかもしれない。しかしそれはやはり執拗に残りつづけ、われわれが「切り離し」と呼ぶ第三の方向転換によって初めて完全に姿を消したのである。もっともよい例は、『ファントマ』(一九一一―一三)のシリーズが示してくれる。この一万二千ページ以上にもおよぶ一風変わった小説は、大半が「書かれた」というよりも作者たちが口述用録音機《ディクタフォン》を使って組み合わせたものであり、ベル・エポックのドクサのすべてが透けて見える、文学に先駆けた一種の自動筆記活動だった。(58)この現代版『タブロー・ド・パリ』はパリのいかなる片隅をももらしはしなかったが、新たなトポグラフィーもしっかりと把握し、一八六〇年に併合された空間を多く描いていた。(59)全体的に上流階級の地区は西のほうへと移動している。シックで裕福なパリがあるのはコンコルドからブーローニュの森にかけてである。犯罪のパリはといえば、昔から犯罪と結びついているいくつかの場所によって臍の緒がまだ切れてはいないことがわかるものの、ほぼ完全に郊外のほう(モンマルトル、ベルヴィル、ラ・シャペル、ヴィレット、ベルシー、グルネル）、ときには城壁のさらに先〔サン＝トゥアン平原、シャティヨン、バニューなど〕のほうへとずれてしまっている。しかし正確には、こうした分散は行きすぎであり、ほとんど疑わしくさえある。たしかにパリの社会学の実際の推移を教えてくれるものではあるが、ここで示されているのはなにより象徴的な現実なのだ。それは、シテ島がもはやパリでないならば、パリはもはやなにものでもないし、とりわけ一九世紀を通じて体現してきた世界の中心ではもはやないという現実である。[60] この徹底的なずれからは、実体と優位とを失ったかのようにさえ見えるパリの非・首都化を読み取ることができる。ファントマシリーズの全体が、単一中心主義から多中心主義への移行を示しているのだ。電信機、電話、無線電信、それに大型客船や大陸横断鉄道は、ファントマを、スコットランド、ロシア、メキシコ、コロンビア、ナタールなどを駆け巡る大旅行家にする。これ以降パリは、もはや唯一で理想的な中心地ではない。パリは全世界的になった空間の中に溶けこんでしまい、しかも新たな中心地の出現に脅かされているのだ。というのもこのシリーズは、多くの巻において、新たな中心地アメリカの重要性を物語っており、小説中にはアメリカのイマジネールが染み込んでいるからである。百万長者に刑事、ボクサーに「アメリカの叔父さん」〔文学作品の中に頻繁に現れる、アメリカで成功した親戚〕、「バーナム」〔アメリカの興業師フィニアス・テイラー・バーナム〕のサーカスに、ニック・カーター〔一八八六年以降多くの作家によって描かれた架空の刑事〕のようなシリーズものの美学。だがそもそもこうした精神は長い間存在していた。オスマン式都市開発の中には、パリのアメリカ化と「ヤンキーイスム」が含まれていたのだから。[61]

社会の制約、叙述の制約

犯罪の局地化がこうして複雑に行ったり来たりするのは、多種多様な理由によってしか説明できない。まずパリの犯罪が実際にどのようなものであったかを考慮に入れるべきだろう。文学表象が「現実」を理解するのに向いていないとしても、やはりときとして機械的に、無意志的に、事実に基づいた出来事が書きとどめられているということはある。じつは一九世紀後半を通じて、犯罪の場所の脱中心化と軌道修正は、かなり長いこと共存していた。もちろん主たる現象は、やはり犯罪の郊外への大規模な移動であった。貧困階層をかつての中心部から立ち退かせることで[62]、オスマン式都市開発は、庶民階級の中でももっとも不安定でもっとも暴力的な者たちの、周縁への集中を推し進めてしまったのである。といってもこの点に関しては、ずっと前に始められたやり方に拍車をかけただけだったのであるが[63]。第二帝政期、重罪裁判所に召集された人々の住居について調査したリュック・パッシオンは、中心にある古い地区から、中心からはずれた市街区、とりわけ一八区や一九区への移動が短期間に行なわれていたことを記録している[64]。一八八八年から九四年にかけての軽犯罪の容疑者の住居に関する分析でも、採石場やシャロンヌ、それにパリの南側、グルネルからベルシーの間の労働者地区に多いことが指摘されている[65]。こうした社会学的なデータに、もう少し地形的な要素が加わる。一八五三年一一月と一八五九年一二月に警察を再編成した皇帝令にもかかわらず、郊外の地区や市町村は、配置される警官が少ないことに悩まされていた。たとえば二〇区の上のほうは、警官の不在のために長い間治安が悪かった[66]。ベル・エポック期に入ってからも、郊外における警察の力不足の告発は、治安に関する言説のもととなっていた。城壁、空き地、それに都市の周縁の漠然とした空間もまた、暴力行為を助長していた。強姦、果たし合い、「夜襲」(67)といったふうに三面記事的事件が残虐性を増すのも、都市を囲むこうした暗い環状地帯においてだった。屍体や死骸の一部が周期的に発見されるのも、城壁の堀の中だった。それより少し前のことにはなるが、すでに第二帝政期から、パンタン平原でのトロップマンの事件や、そこまでは知られていないものの、一八六七年六月にラ・シャペルの市場で出会った農民デュゲに強盗を働き、殺したうえ切断したジャン・シャルルの事件のような大犯罪が世間を騒がせていた。シャルルはアニエールに住んでおり、遺体の切断はルヴァロワ＝ペレにぽつんと建つ一軒家の中で行なわれたのである。(68)パリ中心の古い地区では減少していた夜襲であったが、一八六〇年以降は逆に郊外の市街区（とりわけ新たな殺人通りである一五区と一九区）、それから襲撃の六二パーセント以上が起こっていたパリの東部で増加していた。(69)ボッァリ通りやプラトリエール通りやムザイア通りは、よく屍体がらみの三面記事的事件の劇場となっていたし、若者の暴力沙汰が有名だったベルヴィルでは一九〇〇年春にアパッチ族が生まれている。(70)一九〇二年にカスク・ドールの事件が勃発するのもクルティーユとオルトーの間にあるシャロンヌである。窃盗（単純なものであれ刑が加重されるものであれ）についてもシナリオは同じで、第二帝政期の一〇年目から二〇年目にかけて、中心の四つの区の割合は二五パーセントから一六パーセントに減り、左岸、とくに中心からはずれた区に譲っている。(71)パリ市の境界線の外での犯罪も、サン＝トゥーアンやサン＝ドニ、バニョレといった地帯、それに南東でとくに増えており、一八九〇年には全体の一二パーセントに達している。(72)さまざまな点で、犯罪のオスマン化は都市のオスマン化の後に続いているのである。

だがこうした動きにもかかわらず、古きパリのいくつかの場所は危険でありつづける。そこからの庶民階級の追放は即時に行なわれたわけでもなければ計画的に行なわれたわけでもなく、中央市場がもたらす経済活動の集中によって、中心部では細々とした仕事や不安定な収入が定着していたのである。サン＝メリ地区やサン＝ジェルヴェ地区、ソルボンヌ近辺やワイン市場近辺は、つねにセーヌ県軽罪裁判所の容疑者という「徴収兵」を供給していた。(73) 木賃宿《ガルニ》の密度がもっとも高かったのも、またオスマンによって閉店が命じられたにもかかわらず、いまだ多くのダンスホールやガンゲットが存在していたのもここだった。(74) 中でも伝統的な犯罪地区の存続理由を説明していたのが、犯罪の地図学ともぴったりと重なる、アルコール飲料の充実した販売網だった。犯罪社会にとって、夜じゅう開いていてもよいという行政的特権を唯一享受していた中央市場のビストロなしで済ますことなど無理な話だったのである。このようなわけで夜になると、売春婦やひもたちは市街区から降りてきて、パリの中心部にあった自分たちの場所を取り戻すのだった。一九〇〇年頃、目立った犯罪は依然としてかつての中心部に局地化していた。レ・アル地区、とくにイノサン辻公園やセバストポル大通りの辻公園のあたり、パレ＝ロワイヤル、サン＝ジェルヴェ、それから左岸ではモーブ〔モーベール〕やムフ〔ムフタール〕である。たしかにカスク・ドールの事件が勃発したのはシャロンヌだったが、売春婦マリーがマンダに出会ったのはコントルスカルプ広場であったし、悲劇が仕組まれたのもレ・アルのアンジュ・ガブリエルでのことだった。一九一〇年一月、リアブッフ事件（靴修理屋のリアブッフによる警官殺害事件）によって、ボーブール台地のオーブリ＝ル＝ブシェ通りはアパッチのパリの震央となった。警視庁が作成した地図（警報機の設置に関して作られた一八八二年のものと、警視庁の再編計画の際に作られた一九一二年から一三年にかけてのもの）(75) も、犯罪の危険性がある場所がこのように二重になっていたことを示している。これらの地図の中では、レ・アル地区やモーベール地区と同じくらい、労働者たちのパリ郊外が登場しているのだ。

　こうした外的な要因に、犯罪表象に特有の出版上の制約や文学上の制約が加わり、そうした制約はどれもシテ島の伝統的なイメージを守ることとなる。ここでとくに強く作用するのが、懐古の原理である。一九世紀も三分の二を過ぎると、年代記作家、記者、新聞小説家らによる、「消えゆくパリ」を長々と嘆くような著作が増えてくる。[76] マルヴィルの写真（一八五八―七八）にならって、幾千ものページが、パリの現実の、ないしは幻想の名残を記憶にとどめることに専念するのである。失われたものについての瞑想が、ピトレスクへの関心や悲嘆趣味に重なった新しいジャンルが、独自のスタイルと作家とを伴って姿を現すのだ。そしてそこから、いまあるパリとは別の、変質もしなければ不滅でさえあるパリが存在するという確信がほとばしり出るのである。ボードレールは一八五九年、ユゴーに捧げられた詩「白鳥」の中でこう書いている。「パリは変る！　だが私の愁い《メランコリー》の中では、なにものも動きはしなかった！　新しい宮殿、組まれた足場、石材、古い場末の町々、すべてが私にとっては寓意《アレゴリー》となり、私のなつかしい思い出の数々は、岩よりも重い」[77]。こうした消滅のヴァリエーションは、「大衆的な」書物特有の条件とも一致するだけにいっそう生産的なものとなる。というのも大衆的な書物は、語りにおいてもテーマにおいてもイデオロギーにおいても効果を持つ、「繰り返し」[78]の原則に支配されているからである。すばやく、そして大量に出版しなければならない作家たちにとって、書くこととはつねに書き直すことであり、そのために型と図式の限りあるストックの中から着想を得ることでもある。[79]犯罪の都市のイメージもそうしたうちのひとつなのだ。こうした現象は、一九世紀後半、新聞、出版社、それに読者からの要求の高まりによって顕著になる。結果、巨大な間テクストが生まれるわけだが、その反復は、文化や読者の共同体に根ざしているのである。

そこに、新聞小説に多く見られる、ロマン主義的イマジネールから離れられないという性質が加わる。正当な文学と大衆の文学との分裂が生じる前の一八三六年に出てきたこのロマン主義の吸枝《きゅうし》は、内容によって無資格とされてしまうことなどない、この時代ならではのものだった。だがロマン主義は、テーマからも動機からも重くのしかかってくる。たとえば都市である。都市への視線というものが考えられるようになったのは一九世紀初期のことだった。都市が文学の中で、空間、人物、それにテクストとして生まれたのである。[80] たとえばバルザックにとって、都市は単なる舞台装置ではなく、物語と登場人物の人生とを拘束する人格を持っている。『フェラギュス』で彼はこう書いている。「パリの通りにはそれぞれいかにも人間らしい性質があって、その容貌を見ると、どうしようもなくさまざまな観念を植えつけられてしまうのである」[81]。新ヒポクラテス学説に支配されていた当時の医学的状況がこの傾向に拍車をかける。場所には人の行動を決定し社会的な型を指示する「気質」があるのだと、当時はやっていた医学トポグラフィーも保証していた。一八三〇年代にパリの売春について研究したパラン＝デュシャトレ博士も、「いくつかの地区特有の稼業というものがあって、それはその稼業に携わった人々が伝えてきた評判によって育まれている」[82]と締めくくっている。一八五〇年以降になると事情は変わり、循環という理想が優位に立つようになるのだが、それでも新聞小説の美学はなかなか一九世紀初頭に確立された表象から抜け出ることができずにいた。多くは第三共和制のうちに七月王政を移植し、有名事件簿や、どん底の同じイメージをあきるほど繰り返す[83]「古きパリの秘密」[84]とでもいうようなものを再現していた。たとえば一八三六年の有名な事件を一八八〇年にあてはめたコンスタン・ゲルーの『タンプル通りの事件』である。こうしたやり方の中心で光輝いていたのが、創始者であり神話的でさえあった『パリの秘密』であり、それはたえず再活性化する、無限のマトリックスのようなものだった。一度も苦境に立たされることなく再版は続いた。『パリの秘密』を頻繁に使用した地方新聞や、演劇への翻案、それに歌などを除いたとしても、一八五七年にこの世を去った作者シューの、存命中だけでも一四版、それから一九一四年までの間に一九版、それもしばしば発行部数の多いコレクション(ルフ、ファイヤール)でというふうに。だが作品は大量の模倣、亜流、盗作(『本当のパリの秘密』、『古きパリの秘密』、『新・パリの秘密』、『新しいパリの秘密』など)[85]、パロディー(『パッシーの秘密』)[86]、もしくは類似シリーズ(ポンソン・デュ・テライユの『パリのドラマ』、グザヴィエ・ド・モンテパンの『パリの悲劇』)[87]ももたらした。そしてそれ以上に、『パリの秘密』の美学とイマジネールは、一九世紀の新聞小説的感受性を強く揺さぶった。だからこそ作家たちはこの作品をたえず書きなおさずにはいられなかったのだろう。

こうした犯罪のパリというイメージは、中世趣味をもまたロマン主義から引き継いでいる[88]。なぜなら作家や年代記作家が演出した犯罪の都市は、ユゴー、ノディエ、デュマ、フェヴァル一味によって再創造されたものにその多くを負っていたからだ。路地の迷宮と奇跡小路を抱えたゴシック都市という舞台装置のほかに、一部の登場人物と犯罪の出典もである。ある小説家も一八八〇年、いわゆる「偽兵士たち」〔兵士のふりをした犯罪者集団のこと〕について説明するなかで、「それは現代の進歩からのやむをえない要求に従って修正され、改良され、直された、中世の隠語の王国である」と書いている[89]。中世の都市はまた多くの新聞小説に対し、その構造をも押しつけていた。小路、網目上の路地、ジグザグ道は物語の輪郭を形作り、語りの錯綜や、たくらみ、脇道、行き止まりを相次いでもたらす。犯罪のしばしば非時間的な「特別な世界」を表現しようと、新聞小説家たちはみな、自分たちのトポグラフィーとイマジネールをゴシック都市に結びつけたのだった。

だがこうしたテクストもまた、新聞小説家たちに染み込んだ社会的論理によって支配されていた。そもそも犯罪小説は一般的に、エリートたちと泥棒集団とをより対立させるべく、両極端に偏った、単純化された社会学を前提としている。こうした対立は、ロマネスクの面で言えば生産性の高いものにはなるのだが、それに合ったトポグラフィーを要求するものでもある。だからこそ上流階級の地区の豊かさとどん底の恐ろしさの間をあれほどまで頻繁に行ったり来たりすることになるのだ。そしてそうした恐ろしさを連想させるには、表象の中でももっとも奥底のものに没頭するのが一番だった。つまりシテ島や、あばら屋や、もっと良いのは裏のパリ、埋もれたパリ、採石場やカタコンブといった地下のパリである。

これほどまでに多くの懸念、幻想、そしてさまざまな没頭の対象であった犯罪のパリは、つねに同じ姿を見せていたわけではないし、本論で示した動きについても、出来事の複雑さを汲み尽くしたものではない。しかしながらこうした動きは、二〇世紀を通しても不思議と変わることのなかった、現象の骨組みを見せてくれる。犯罪のイマジネールのなかでのアメリカを筆頭とする別の場所の影響は増したものの、パリは独自の位置を保ちつづけたのである。犯罪者たちの住む周縁ははるか郊外の共同住宅《シテ》のほうへとさらに後退したが、レ・アル〔中央市場〕という時代遅れの地名を捨てられなかった中心部も、違反者たちという重荷を持ちつづけた。そして現代の治安の悪さの大部分は、このどちらもますますアメリカかぶれの様相を呈してゆく二つの空間によるものである。だがこうした例は、パリの歴史を越えて、表象の歴史、とりわけ文学表象の歴史にとっても価値を持つものである。本章のために集められた「大衆的な」資料は、文体に関する二つの原則の間の、世界に関する二つの概念の所有者の間の、一言で言えば二つの象徴的な制度を持つ者同士の対立という、本来の日のもとに現れることとなったのだ。[90] 一方には叙事詩的で逆行する夢想の表れる、ルカーチが言うところの閉鎖的な文明や、景観や、不変のテーマへの懐古の念がある。他方には、なにか予期せぬ事態が起こったときや写実的な調査によって物語の分野で表現され、新聞や出版といった媒体によって日常的に具現化される、現代性への、変化への、歴史主義的思考への関心がある。対立するトポグラフィーの間をたえず引っ張り回された犯罪のパリは、大衆的なテクストならではの、こうした内部の緊張をよく理解させてくれるのである。ということは、なによりもまず社会の変化を見抜かなければならない歴史家にとっては、大衆的なテクストはほとんど無用だということになるのだろうか？　これほどはっきりわからないことはないが、こうしたテクストは、ほかのあらゆるフィクションと同様、人々の経験について考えさせてくれるものであり、人々の判断と行動に影響力を持つものでもある。そこにみずからの不安の確信や否定を見出したであろう一般大衆にとっても、またそれが見本やモデル、あるいはひとつの歴史をもたらしたところの犯罪社会にとっても、これら大衆的なテクストは十分に社会変化の一部だったのだ。もちろんこれは、こうした大衆的な資料をほかのあらゆる原典のようにみなし、明らかな内容についての研究と、生産の規則、制約のシステム、大衆的なテクストに特有でその表象を根本的に定めている意図についての研究とをつきあわせたうえでのことである。

第2章　「アパシズム」の考古学

一九世紀の野蛮人とアメリカ・インディアン

「アパッチ」という言葉の輝かしい境遇については知られている。それはパリの若い不良たちを表すべく一九〇〇年の夏以降生み出され、ほどなくすべての若い軽犯罪者、さらにはフランスのすべての犯罪者にまで拡げられた。[1] まさに言説の乱用とでも言うべき事態をほとんど一気に引き起こしたこの言葉とその数え切れない派生語（アパシズム、アパッシュリー、アパショクラシー等）は、ベル・エポックを、フランス史のなかの思いもよらない「アパッチ時代」にしてしまった。一九一〇年、ある記者も、「話題はアパッチのことばかり」[2]と、皮肉ではなく見出しをつけている。この言葉は二〇世紀初頭に人々を震撼させた事件の数々を経て、かなり長い間、少なくとも両大戦間期まで、大量普及新聞や大量普及文化の中にとどまった。[3] ピトレスクなイマジネールの中では、映画や歌、逸話的な文学や推理小説によって定期的に復活させられ、さらに長くとどまることとなった。しかしながらその誕生にはひとつの謎がのしかかっていた。いつ誰が命名したのか記録が残っておらず、この言葉が現れるたびに、人々はほとんど決まってその確かな起源がどこにあるのか自問したのである。遠い血縁関係ならば問題なく明らかだった。フェニモア・クーパーやギュスターヴ・エマール、それに世紀転換期のアメリカ西部への熱狂の影響が指摘された。それに対して直系の先祖については議論がなされてきた。ある者はその言葉の親を「とある機知に富んだ裁判所のコラムニスト」であるとし(4)、ある者はジャーナリスト(『マタン』紙の報道責任者ヴィクトル・モリス、もしくは『ジュルナル』紙でのモリスの同僚アルチュール・デュパン)であるとし(5)、またある者はベルヴィルの警察署の書記の手によるものだとしたり、パリ東部のごろつきたちの中から自然発生的に現れたのだと考えたりした(6)。いずれの主張も正しいものでありうるし、また集団的な創造でもありうるという点で、デリケートな、しかしきりのない論争である。よってここでは視点を変えて、インディアンという異国趣味とそれがもたらした転用に頼ったことに、どれだけ言葉の本当の争点があったのかということを逆に強調したい。「両世界」の交わるところに生まれ、「学者」の産物であるのと同様に「大衆」の産物でもあるアパッチは、新たな社会的機能不全を表明するにあたってのアメリカのイマジネールの影響を強調するかたわらで、一九世紀に対し、その障害(文明対野蛮、楽観主義対不安、都市空間対手つかずの空間)がどのようなものであったのかを問いかけているのである。

未開人とプロレタリア

アパッチ特有の性質が確立されたのは王政復古期の終わりから七月王政期のはじめにかけてのことである。言葉自体はもちろんずっと前から確認されていた。『百科全書』は一七五一年、すでにこの「北アメリカからニューメキシコにかけての住民たち」にふれているし、大旅行のつれづれに彼らの名前をあげる旅行家たちもいた。だが一八二七年から三一年にかけて現れたものは、語彙論とも言語学的用例ともほとんど関係のないものである。もしかしたらアパッチという言葉自体、じっさいには発せられていなかったのかもしれない。それでもこの言葉の未来の使い道を可能にするような一致が現れはじめていた。一見なんの関係も維持していないかのような二つの出来事がそこに貢献していたのである。一方では、フェニモア・クーパーの小説とイマジネールとが引き起こしていた途方もない文学的熱狂、他方ではプロレタリアのミゼールと一八三一年一一月のリヨンの絹織物工たちの反乱によって生まれた社会不安である。王政復古末期のクーパーの影響については、これに関する二〇世紀初頭の三つの博士論文でほとんどすべてが述べられている。[7] 一八二六年から三三年にフランスに滞在したこのアメリカ人が、当時、文字通り一大事件を引き起こしたことは知られている。「レザーストッキング」[8] 作品群の小説は翻訳されるやいなや批評家たちの熱烈な歓迎を受け、当時フランスの「考える階級」に含まれていた者たちはみな「未開人のウォルター・スコット」[9] に熱狂したのだった。サント=ブーヴ、デュマ、ジョルジュ・サンド、マクシム・デュ・カン、ウージェーヌ・シュー、ベランジェ、その他多くが『モヒカン族の最後』に感動したし、クーパーのもっとも熱烈な崇拝者であるバルザックは、『ふくろう党』を手始めに自身の多くの小説にクーパーの世界を移したのだった。クーパーの描いた、モホークス族、イロコイ族、オノンダガ族、デラウェア族、その他多くの「赤色人種」を中心として、「インディアン時代」の初期が形を整えたのである。一八二七年、パリを訪れたオセージ族は一連の観察の対象となった。[10] 数年後の一八三三年にはチャルーア族が科学アカデミーで紹介された。

一八三一年のリヨンの事件が勃発したのはこうした状況においてであり、それはロマン主義とサン=

シモン主義に培われた社会的イマジネールを二〇年ほど前から苛んできたこの「野蛮人」の強迫観念に対して、大きな力を振るうこととなった[11]。あらゆる危険を体現するこの野蛮人という無秩序の旧弊な姿が、新たな社会問題の影響のもとに再び浮かび上がってきたのである。本質的に敵意があり、なじめない者たちであると思われていたプロレタリアや庶民は、猛烈な勢いで広がる野蛮な群れとして表象された。歴史家たちが民族大移動の挿話や中世の始まりについて読み返している間に、記者や評論家たちは、包囲された人々ならではの集団的不安に苛まれ、プロレタリア、犯罪者、それにあらゆる追放者たちといった新たな野蛮人の襲撃に脅かされた、危機にある文明のイメージを拡散していたのだ。内部の敵であるとともに、いままさに発展中の文明の産物でもあり、文明の到来のためにはその存在が不可欠でもあることから、アメリカインディアンという先輩たちよりももっと恐ろしい野蛮人である。一八三一年一二月八日の『ジュルナル・デ・デバ』におけるサン＝マルク・ジラルダンの記事が引き起こしたとてつもない反響には、このイマジネールとそのアポリアの大きさがとてもよく表れている。

不安の種となっていたインディアンはイロコイ族やヒューロン族であってアパッチ族ではなかったが、アパッチ現象の起源においてこの時期《シークエンス》が大きな重要性を帯びていたことはわかる。というのも、アメリカインディアンの表象には重要な変化がもたらされ、彼らは少しずつ「善良なる未開人」ではなくなっていったからである。これはクーパーには当てはまらない。いくら作品群がマグアや「いまいましいイロコイ族」のような残忍なインディアンたちでいっぱいであっても、クーパーが描いた「気高いインディアンたちは、批判的な民族誌学者たちが探しえたものというよりも、むしろ一八世紀のフランスが未開の人々について抱いていた夢に似ていた[12]」からである。だがアメリカの部族と場末の野蛮人との時を同じくしての出現、そこから生じる外の野蛮人と内の野蛮人、国境と都市近郊という組み合わせは、善良なる未開人というイメージの段階的な衰えに貢献してしまったのだった。そうは言ってもユマニストのフランスが産み出したこの善良なる未開人の姿は、一八世紀以来哲学的余談や文明批判の特権的媒体であったアメリカ異国趣味の伝統や、いまだ続いていた旅行の伝統やロマン主義的イマジネールの伝統（シャトーブリアンの『ナチェズ族』は一八二六年に出版されている）、それに一九世紀初頭の貴族たちの旅行記にたびたび肉づけをするいくつかの民族の「天性の気高さ」についての瞑想といった多くの伝統を糧に(14)、文人たちの中では依然として強かった。(13) 一八世紀にアメリカの善良なる未開人やアルゴンキンやイロコイ族の表象の拡散に大いに貢献したラフィトーの『アメリカの未開人の風習』は、一八四五年になってもまだ再版されていた。(15) しかしこうしたイメージも、野蛮人としてのプロレタリアのより憂慮すべき姿や、「社会の中に生きる人間の悪徳に憤って、存在しないような性質の人間をでっちあげる、ああした陰気な哲学者たちの矛盾」(16)を痛罵する博物学者や人類学者からの批判を前に、力を失っていった。文学もその後を追い、こうした古びたイメージを少しずつ処分していった。バルザックの批評家は言う。「善良なる未開人は『人間喜劇』では見られない種である」(17)。

逆に、内部の野蛮人をアメリカインディアンと同一視する表象は発展してゆく。すでに一八〇〇年ごろには、フランス民族誌学の誕生により、内部にいる未開人やイロコイ族の存在は明らかにされていたが、それらと同一視されていたのは無知な農民たちだった。(18)『アメリカ旅行』（一八二七）の中でシャトーブリアンは、インディアンの部族の窮乏はプロレタリアのそれに等しいことをほのめかし、ウージェーヌ・ビュレのような多くの調査者たちは、「極度のミゼールとは未開状態にふたたび陥ることである」(19)

という考えを展開した。だが貧困状態という意味ではなく、暴力と危険性という意味での隠喩を最初に紡いだのはまさにバルザックだった。『正直者の法典』(一八二五)で彼はパリを取り囲むこうした「未開人たち」に言及し、その後『ゴリオ爺さん』(一八三五)では状況をはっきりと述べている。「ごらんのとおり、パリってところは新大陸の森林みたいなもので、イリノイ族とか、ヒューロン族とか蛮族の種族が二〇ぐらいはいて活動し、さまざまの社会的狩猟がもたらす産物でそれぞれ暮らしている」[20]。こうした言葉の使い方は、未開人に取り囲まれ脅かされるアメリカ民主主義を描いたトックヴィルの著作によっても確固たるものとなり、一八四〇年代はじめにはまさに常套句となった。文明とは、未開の敵意ある部族に囲まれて発展する、開拓の前線なのだ。人知れず都市の周縁へと集められていった市門のならず者たちは、「われわれの文明の人喰い人種」[21]以外のなにものでもなかった。一八四二年から四三年にかけてウージェーヌ・シューが発表した『パリの秘密』の莫大な成功は、こうした人物像を、いまや文人だけの世界からあふれ出ていた社会的イマジネールの中に植えつけた。サン゠マルク・ジラルダンの信奉者であるのと同じくらいクーパーの信奉者でもあったシューは、アメリカの未開人とプロレタリアと犯罪者とを仕切る最後の壁を打ち壊したのだ。「本書は読者に、クーパーがあれほどまでにうまく描いた未開の部族と同様文明の外にいる、別の野蛮人たちの人生のエピソードをお見せしようと思う」[22]。だがシューはその表象に、それまでにない豊かさを与えた。まず問題の部族は、イロコイ族とは異なり、国境をうろつくだけでは満足せず、「われわれの中にいる。彼らが生活し、人殺しや盗みの打ち合わせや被害者からの略奪品を分け合うために集まる住処へと冒険を試みれば、彼らとすれちがいかねない」からであり、それにまた連載小説は状況をひどく複雑にするからである。筋が進むにつれて未開人の風俗が冒頭で示された場所にだけ分布するのではないことがわかるし、そのことはまた、読者の変化——ブルジョワが日に日に粗野なものと接するようになってゆく——によっても確認される。文明と未開状態とがひじを接する、そこにこそ、このテクストのすべての「反道徳性」はあったのかもしれない。

この誰もが知る並外れた成功によってふたたび起こったインディアンブームは、七月王政末期のパリで続いた。「誰もがスー族に、パウニー族に、デラウェア族に興味津々だった」とアンリ・コーヴァンも回想している。[23] 一八四五年には国王ルイ＝フィリップの発意で、一八三二年から四〇年にかけてグレート・プレーンズを行き来し五百点近くの油絵を写生したアメリカ人画家ジョージ・キャトリンのインディアン・コレクションがルーヴルで開かれた。展覧会は大当たりだった。ボードレールやジョルジュ・サンドのような作家たちは、この「野蛮と呼ばれているが未開人という名で示されるべきであろう部族の、表情、風習、装束を忘却から救い出そう」[24]とした画家に熱狂した。博愛主義者たちはといえば部族の存続の問題を提起したのであるが、その部族はキャトリンの絵画の影響で、次第に平原のインディアンに特定されていった。[25] 数年後、ルイ・アシェットはキャトリンの物語と思い出をばら色叢書の一部として出版した。[26] モヒカン族は演劇作品の中で活動を続けたが、その後デュマによってその言葉にはパリの自由気ままな人物像としての別の意味が付され、クーパー作品の直接的な影響は一九世紀半ばごろ終わることとなる。[27] 次の段階は別のインディアン部族からもたらされた。

ルイ＝ナポレオン・ボナパルトの「ソノール」

アパッチとの戦いが西部征服の最終段階のひとつであったアメリカ人とちがい、フランス人がこの部族を発見したのは南から北へと上昇してゆく途中のことであった。[28] この微妙な違いは重要である。はっきりと自覚していなかったとはいえ、古い「上流の」地方へと向けられたこの上昇の表象は、まずアメリカに対するフランスの深い欲望を表している。あたかも、ヨーロッパ大陸を北から追いやられたフランス人たちが、南から少しずつみずからを取り戻そうとしたかのようにすべては進んでいった。一八四八年の直後に移民たちをひきつけたカリフォルニアの金の輝きと、メキシコのフランスという帝国の夢、そして中央アメリカ地峡の運河貫通計画にはさまれて、一九世紀の真ん中、大陸へのフランス人入植の最後の試みを示すある局面《シークエンス》が生まれた。一八四八年以降、カリフォルニアやメキシコへ向かった追放者、移民、旅行者が数多く現れたのである。こうしてフランス人たちは外国人による二つめの共同体をメキシコに作り、ガブリエル・フェリー、ポール・デュプレシス、ギュスターヴ・エマールのような旅行者たちの多くが、メキシコ遠征の「士官」となるだけでなく、アメリカ西部に関するフランス小説の先駆者ともなったのだった。[29] ここで、一八五二年に少数の冒険家とともにソノラに足を踏み入れようとした、ガストン・ラウセ＝ブールボンのとっぴで向こう見ずな冒険のことを思い出しておく必要がある。というのもそこで彼が宣言した独立が、のちにフランスの入植の踏み台となるからである。遠征はほどなく大失敗となり、一八五四年八月、メキシコ当局による「冒険家」の処刑によって終わる。だがこのとき冒険の「メキシコ時代」が現れ、のちに見てゆくように文学はほぼ一斉にこれをとらえようとしたのだった。[30] 数年後、この中央アメリカ好みは、フランスのメキシコへの介入によってふたたび軌道に乗ることとなる。一八六二年以降、パリではメキシコが話題に多くのぼるようになるのだ。『両世界評論』や『ル・モンド・イリュストレ』、それに『世界一周』といった定期刊行物は、フランスの介入を正当化すべく、とくに北メキシコの空白地帯の治安の悪さや、アパッチ族の残忍性や、メキシコ当局がアパッチを支配できないことを強調して記事を増やした。[31] ソノラと北の国境地帯がこのように好まれたことは、この地方の鉱山の著しい豊かさ（水銀、金、鉄、鉛、銅）もそうだが、内戦の只中にあったアメリカが一時的に手を引いていたことからも説明がつく。一八六四年、フランス外交部はこの地方に関する北米の研究を翻訳させ、パナマのフランス領事に対し、パナマの町と太平洋に面した港についての衛生と地理の説明を加えるよう依頼している。[32] こうした資料には、一部の人々の間で芽生えていたと思われるアメリカの栄華の夢を見ることができる。ソノラとパナマ、北はリオ・グランデ、南はダリエンの森に広がる、いわば中央アメリカにおける巨大なラテン帝国としての、新たなフランス・アメリカの夢である。

同じころフランス人たちが発見することとなったアパッチ族は、ただちにこうした野心的な計画の障害、脅威であると感じられた。例の外交報告書には、「アパッチ族と接し彼らが頻繁に侵入してくることによってこの地方の発展は強く妨げられ」人口も限られてしまっていると書かれている。インディアンの農民である穏和なヤキ族や、かつて文明化を意志的ないし無意志的に手伝ったほかの多くの部族とは反対に、アパッチ族は最初からなじめない存在、懐柔不可能な、悪意のある未開人として現れることとなったのだ。アパッチ族の肖像は徹底的かつ絶対的で、一九〇〇年代の不良少年たちを知る者にとっては多くの点で驚くべきものとなっている。「アパッチ族は生まれながらに乱暴で傲慢で残忍で気まぐれである」。アパッチ族とは、たとえば飽食のように、自ら抑制することのできない快楽や熱情に導かれてさまよう人間なのだ。「アパッチ族の最大の快楽とは、踊りである」。その残忍さと道徳感の欠如は人を震えさせる。敵は拷問され、女性は虐待され、老人は捨てられるのだ。「要するにアパッチ族は、力以外の法を知らず、未開状態で暮らすのだ」。結論はおのずと課される。この部族の徹底的な排除のみが、この地方を鎮め文明化させてくれるのだ。数年後の一八六九年、マルセイユの技師ルイ＝ローラン・シモナンによって公共教育大臣ヴィクトル・デュリュイに宛てて記された報告書にも同じ意見が見られる。アメリカ西部を熟知しており、フランス政府のために地球上の鉱物財を探してくれる巧みな地質学者でもあるシモナンに、デュリュイは「アメリカ人」の起源を明らかにするための民族学的・言語学的使命を託していたのだ。帝国図書館に手渡された分厚い書類の中でシモナンは、南部の五つの大きな民族のうち、(カイオワ族、アラパホ族、コマンチェ族、シャイアン族のほか)強情なアパッチ族にも言及している[33]。

西部アメリカに関する最初のフランス小説が現れ、その航跡に最初の紙のアパッチ族が現れたのはこうした状況においてであった[34]。一八五三年以降、短い一時期に、ガブリエル・フェリーとルイ＝グザヴィエ・エイマの小説が出版され[35]、数年後にはケベック人のエミール＝アンリ・シュヴァリエ(一八五四年の『モントリオールの秘密』の作者でもある)やポール・デュプレシス、それにギュスターヴ・エマールの小説が後を追ったのである[36]。第二帝政期のフランス出版界の活力が発揮される、ひとつのジャンルが世に現れた。一八六〇年代以降、はじめはミシェル・レヴィによって出版され、次にブルディヤ、プーレ＝マラシ、レクリヴァンやトゥーボンに引き継がれた冗漫な「北米のドラマ」、さらにはその競争相手となる、一八六四年以降ブリュネ社から出版された「新大陸のドラマ」シリーズにならったタイトルや作品集が増えてゆく。第二帝政期が作り出したこのインディアン小説のまさに急増のなか、ほどなく国内製品では不十分となる。こうしてこの時期の終わりには、早くもアイルランド人のメイン・リードの最初の翻訳が現れるのである。

しかしながら、エミール・シュヴァリエのような小説家たちが存続させたカナダや草原のイマジネール以上にこれらの作家たちの物語を育んでいたのは、彼らの多くが個人的に探検に参加した、メキシコの地平だった。一八三〇年から五〇年にかけてメキシコからカリフォルニアを行き来したガブリエル・フェリーの場合はもちろんのこと、ソノラを旅したポール・デュプレシスもそうであるし、また本人の主張するようにラウセ＝ブールボンの遠征に参加したかどうかはなにも証明するものがないとはいえ、たしかにたびたび一八四〇年代のメキシコに滞在し毛皮猟をしていたギュスターヴ・エマール（本名はオリヴィエ・グルー）もそうである。[37] こうした者たちとその模倣者たちにとって、ソノラの勇壮な小隊はいわば最初の偉大な物語であり、彼らのイマジネールの大部分はそこに保管されていた。一九世紀末まで出版され続けた数多くのアメリカ・インディアン物語の作者である小説家ベネディクト＝アンリ・ルヴォワルは、ラウセ＝ブールボンの遠征の最初の史料編纂者のひとりだったのではないだろうか？[38]

よってこれらの物語において、ブラックフット族やスー族よりも、メキシコとアメリカを隔てる無人地帯をうろつく南のインディアンが多く登場したとしても驚くべきことではない。それに、国境の力学が動こうとしていたのも、この地方のあたりであった。パリでは荒野の部族も流行していた。たとえば一八五五年には、略奪、強姦、殺人を行なう忌まわしいコマンチェ族によるテキサスでの虐殺と拉致に関する話の数々を詳細に報じた三流新聞が大々的に出回った。[39] この発見を小説家たちは分かち合い、このことは最初のうちコマンチェ族にとって優位に働いた。たとえばエイマの作品にアパッチ族はほとんど登場せず、反対にコマンチェ族が長々と描かれている。だが二つの部族の間でほどなく分配が行なわれたことは、すでにガブリエル・フェリーの初期小説に表れている。フランス最後の一大アメリカンドリームがはっきり表れている点で先駆的な作品『毛皮猟師』（熱帯の空間で望郷の念をまぎらわそうとするカナダの猟師ボワ＝ロゼが主人公である）では、生産性に富んだ二面性が演出されている。道徳的で同化可能な未開人で、よいインディアンの原型であり、なんらかの知性もありうるコマンチェ族に、残忍で陰険な存在であり、裏切り者で略奪者であり、あらゆる理論的な解決策の絶対的な障害となるアパッチ族が対立しているのだ。同じ描写は二年後の『インディアンのコスタル』にも見られ、その中でフェリーは文明のあらゆる考えに敵対する「赤い悪魔」アパッチたちを登場させている。(40)

だがこうした表象が大規模なものとなったのは、とりわけギュスターヴ・エマールによってであった。熱帯雨林から北部の砂漠までイマジネールを行き来させていたフェリーよりも、エマールは確実にその着想を、彼がなんども滞在したこの「アパチェリア」であるソノラにとどめていたのだ。(41)『アルカンサスの毛皮猟師』の序文にも、「彼はアパッチによって二度も拷問用の柱に縛られた」とある。腹黒く残忍で意地の悪いアパッチ族はエマールからすればこのうえない野蛮の体現だった。エマールが『斥候』でも記しているように、アパッチ族とは、部族間の大きな評議会には呼んでもらえない、インディアン世界ののけ者ではなかっただろうか？　もちろん彼らの中にも勇敢さや力といったいくつかの長所を認めねばならないのだろうが、欠陥は数え切れないほどあった。「彼らは信仰も道義もない酔っ払いで、盗人で、略奪者で、（…）、尊大で、陰険で、狡猾で、うそつきで、探るような目つきをしており、（…）、嫌悪感をもよおさせるような、ほとんど恥ずかしいほどの不潔さだった」。(42)数年後、エマールはこの

「西部のサバンナでもっとも残忍でもっとも野蛮な民族」をなす者たちのすさまじい肖像を見せている。「これら荒野の圧制者たちは殺人、強姦、略奪、拷問、放火ばかりして暮らしている。彼らは白人と赤色人種と混血を見境なく、自分たちと異なる者すべてに対する冷酷な憎しみ以外になんの理由もなく攻撃する。そしてほかに戦うべき敵がいなくなると、血が流れるのを見る楽しみのためだけに、仲間同士で殺し合い惨殺し合うのだ(43)」。

この恐ろしいイメージは一九世紀半ばのフランスであっという間に広まった。ピエール・ラルースが記録したのもこのイメージであり、その『辞典』には「ニューメキシコの未開部族の中でもっとも好戦的な」この残忍で貪欲で不潔で一夫多妻の泥棒一味が描かれている。「つねに馬上にあり、つねに動いている彼らは新大陸のコサックである」。しかしながらエマールにとって、アパッチ族の怪物性もコマンチェ族の偉大さと比較しないことには意味をなさない。というのもこの作家の中では、誠実で勇敢な善良なる未開人の伝統のすべてが失われたというわけではなかったからであり、その伝統は「すばらしい民族」でありながら不幸にも断罪されているコマンチェ族の中に生き続けていたからである。以降アパッチ族はこの表象制度の中で完全に中心的な位置を占めるようになる。言語道断な人物像であり残忍で血を好む未開人の原型であるアパッチ族は、アパッチ族が免責されているせいで不当にも非難されている善良なるインディアンたちに対する共感と後悔を示しつつも行なわれる、文明の名のもとでの排除の戦略を正当化してくれるのである。こうした状況からルイ＝グザヴィエ・エイマは、エマールよりもはっきりと、アメリカの教えを手短に引き出した。「アメリカの対インディアン政策の必然的な目的は、これら原住民を徹底的に根絶することなのだ」としたエイマは、「インディアンや未開人に関する世論をゆがめるもととなった」純粋主義や感傷的な愚かさを告発し、こうした解決策を道徳と文明の名のもとに受け入れることを勧めている。これら部族の残忍さ、「獰猛な本能」、そしてなにより同化の拒絶は、彼らの根絶を不可避なものにするのだ。[44] 数年後、ソノラのインディアンたちに広まる恐ろしい話を伝えたある旅行者も、「この民族が滅ぼされることになったのはまったく正しいことだった」と結論している。[45]

インディアン、追跡、不良少年

こうして第二帝政の末期には、アパッチ族のフランス輸入の準備はすべて整っていた。大量に普及したこれらの物語によって広まった、文明の屑や障害としてのアパッチ族の姿は、自由主義の帝国が、次いで若き共和国が促進しようとした「下流」階級の統合の新しい戦略ともよく合致するものだったのだ。労働者の脅威を罪のないものとするためには、いまや道徳化され近代社会の価値と規範とに賛同するようになった労働者全体から、反逆し、社会復帰できず、ほどなく徒刑場や処刑台によって排除するほかないこれらの部族を切り離し、ばらばらにするに勝ることはなかったのだ。

一八八〇年代にはとうとう、この敵意ある未開人のイメージが広まるきっかけとなる最後の事件が頻発する。一八八三年から八六年にかけて、とくにジェロニモのアパッチ族を対象とする最後のインディアン戦争が繰り広げられ、そのことがフランスの新聞や定期刊行物でも大々的に触れられたのだ。三年後の一八八九年にはバッファロー・ビルの『ワイルドウエストショー』がマイヨ門の近くに作られ、そのショーのひとつはアパッチの族長の降伏であった。ある民族誌学者によれば、インディアン文化はこのときフランス人の一般知識の一部となっており、「決まり文句や紋切り型に陥ることなくこれについて話すことは難しい」[46]ほどであったという。アパッチ族はこうした表象の中心だった。アルフォンス・ドーデの『サフォ』（一八八八）では、仮面舞踏会に招待された芸術家のひとりがアパッチの族長に扮するようすが描かれている。フェリーとエマールの作品は定期的に再版されるか大量発行叢書の中に入れられて安売りされ[47]、アパッチ族は小説や『ジュルナル・デ・ヴォワイヤージュ』のような冒険ものの定期刊行物の中にも多く現れた[48]。

一八八五年、有名なアナーキストの地理学者を弟に持つ民族学者のエリー・ルクリュは、アパッチ民族の姿を学問的に固定した[49]。その人物戯画の冒頭で彼は「アパッチ族とは美しい猛獣である」と書いているが、その構成、動機、結論において、数年後にパリの若い不良たちの中に保たれることになるまったく同じ言説の前兆となっていることから、もう少し引用しておく必要があるだろう。まずは簡単にわかる険しい体つきである。「平然とした表情、しわがより、色つやのない顔つき。大きな顔、平たい鼻、突き出た頬骨、大きく裂けた口、薄い唇、（…）コヨーテの目を思わせるきらめきを持った、軽くつりあがった目」。次いでこの民族の不潔さや食生活によって明らかになる、言葉に尽くせないほどの野蛮さ。「獲物の上に身を投げ、まだ生きている状態でむさぼる。ある者は切りつけ重傷を負わせ、ほかの者は犠牲となった動物の苦しみなど、牡蠣にレモンを一滴かけて丸呑みする文明人ほどにも気にかけず、腕の力で四肢をもぎ取り切り裂くのである。アパッチ族には食人の風習もあると告発されている。事実は証明されていない」。彼らの社会状態はきわめて原始的で、暴力によってのみ課されている。あらゆる道徳性を欠いた彼らはほとんど言語を使用できず、むしろ態度で表現する。「彼らは略奪することでしか生きられず、その略奪行為は誘拐と殺人によってややこしいものとなる。彼らの戦いは、闘争というよりも謀殺である。略奪、殺人、虐殺を誇りとしているのだ」。卑怯で腹黒く残忍な彼らは確実に殺せる者しか襲わず、「囚われの者に身の毛もよだつような拷問をして楽しむ」。「さまよい、餓え、喉を乾かせた民族であり、追いかけられ追いつめられた民族であり、辛抱強く狡猾で興奮しやすい民族であり、疲れや苦しみにも屈することのないアパッチ族、この狼のような人間たちは、きっと狼のような運命にあるのだろう」と学者はしめくくっている。このような状況にあったのだから、この著作が一九〇三年に再版されたとしても驚くべきではない。

文明の、さらには人類の屑としてのアパッチ族の表象がこのように強化されていったのと同じころ、インディアンと不良たちとをはっきりと結びつける、もしくは部族たちのアメリカとどん底のパリとを巧みにつなぐ物語が増えてゆくようすが見られた。すでに一八四五年、ポール・フェヴァルは『パリの恋』の中で、あさましい相続事件の渦中にチェロキー族の族長であるオグア長老（最後には古い領主の館の後継者のひとり、ジャン・ド・マイユプレ侯爵であることが明らかになる）を引き入れている。八年後、同じフェヴァルは、今度は本物のパウニー族であるトワをパリの評判の悪い地域に引き入れることで、はじめて本当の隠喩的使用を無理やり行なっている。「酋長」を殺した者たちへの報復と処罰を成し遂げるべく、カリフォルニアから追いかけてきた悪党たちを見つけて頭皮をはぎ取るまで、インディアンはパリの道々で追跡をするのである。(50) だがトワは、どん底に生きるひとりとしてよりも、クーパーのすぐれた伝統の中に生きる追跡者として現れている。それに対して一九世紀中頃になると、インディアンと悪党とのつながりは一般的なものとなる。一八六〇年、アルフレッド・デルヴォーは外国の友人のひとりを、モーベール広場の「インディアンのところ」、「進歩に沸き立つ偉大な首都の屑のような、文明の未開人、近代パリのインディアン」のところへと連れて行っている。独創的だと思ったのだろうか、彼はこうつけ加えている。「と私は書いたが、消しはしまい。こうした連中はパリのインディアンなのである」[51]。こうした言葉の使い方は、あらゆる脅威的な人間や規範外の人間を示すものともなった。一八七一年、ある語彙論研究者は、パリ・コミューンの参加者が頻繁に「インディアン」とみなされていたことを記録している[52]。一〇年後、あるパリの医師によって、若い不良たちは「手に負えない野生児たち」と表現された[53]。一八八四年になっても、従兄弟を殺したとして起訴された男が、「つま先から頭まで本物の未開人のように刺青をしていた」という理由で、司法官によって「正真正銘のアパッチ」として描かれている[54]。こうした比喩が、文学やメディアの調子にはまだ悪影響を及ぼしてはいなかったとはいえ、社会的言説の中では大いに形作られていたことがわかる。

ソノラとパリの泥棒たちの文学的結合を確固たるものにしたのは、やはりギュスターヴ・エマールないしはその後継者だった（『パリのインディアン』は一八八八年、作者の死から五年後に出版された）。主人公がヒーラ地方でさまざまなアパッチ族の一味と戦うというきわめて古典的な第一部のあと、エマールは筋をオスマン式都市開発が街の構成を一変させていたころのパリに移す。『黄金のナイフ』のフェヴァルをまねて、エマールはコマンチェの戦士タヘラを熱狂的な都市の只中に引き入れるのである。だがここにおいてインディアンとならず者の一致はその頂点に押し上げられる。ヴェルチュ通りやモーベール広場の溜まり場やいかがわしい居酒屋に投入されたこのインディアンは、やがて「偽軍隊」の元首ループールが率いるパリの殺し屋たちと対決することになるのである。古典的な逆転ないしは逆世界の展開により、やがてはごろつきや再犯者こそが本当の『パリのインディアン』となり、戦士タヘラはその征服のために尽力するのである。つまり第一部のアパッチの略奪者たちと、ループールの共犯であるラ・グアップ、カブロ、フィル＝アン＝カトル、ラ・マルルーズたちとの対比は避けられないのだ。エマールが物語の最初から散りばめるインディアンの大量の語彙には、同じくイタリック体で書きこまれたどん底の表現が続く。不良たちとアパッチ族との間にはおのずと、同じ不道徳、同じ野蛮さ、習俗と言語の同じ異国趣味というふうに、明らかなつながりが生じるのだ。ループールは「ちぇっ！　こんな民族の中じゃとても生きていきたかねえや！」と叫ぶ。すでにその中のひとりになっていることなどもちろん知らずに。

次第にわかりやすくなってゆくこうした相関関係に、アメリカが現代化した表象をもたらした、森と狩猟の世界と新興の推理小説が持つ構造との、これまた古典的な類似が加わる。探偵を犬に、犯罪者を猛獣にという行為項の動物化は、推理小説の本質的な要素のひとつだからである。[55] 捜査は思索で行なわれることはまずなく、多くの場合出来事のなかで熟考と行動とをつなげ、追跡や尾行という方法に頼る。多くの連載小説家たちがこうして、クーパーやシューにならって、大都市の背景に移植された狩猟のイマジネールと森の背景とを盛り込んだのだった。デュマは「アメリカの原始林もパリの原始林ほど危険ではない」と書いていたが、[56] フェヴァルは『黒服たち』の章に「パリの森」という題をつけている。やがてこの比喩は、一八五九年、テオドール・ド・バンヴィルによって早くも耐えがたい文学的常套句だと告発されるほど使われるようになる。[57] だが一八六〇年代以降可能性が予感されるようになってきた推理小説のより近代的でつまりはきわめて「知的な」形式はこの比喩によって犯罪小説と結びつけられ、段階的な派生現象によって犯罪小説を一変させることとなる。この状況であれば、オンタリオの長老がシャトゥーの橋の犯罪に巻き込まれるというのも、真実味のある話だった[58]。こうして遍在していたインディアンに、ほどなく毛皮猟師という、別の狩人ないしは追跡者の姿が加わってゆく[59]。

だが隠喩を極限まで押し進めたフェヴァルやエマールのような作家たちも、その限界を示すことを余儀なくされた。『黄金のナイフ』でパリの北の地域に移住させられたインディアンのトワは、自分がどこにいるのかさえほとんどわからない。「人間を追跡するには砂漠が必要だ。敵の足どりがいかに重要かということをかつてとてもよく理解していたトワは、パリ滞在の最初の夜から、道や大通りに沿って、踏み固められた雪の上に足跡を探し始めた。大変な仕事だった。多くて困るということもあるのだ。足跡がありすぎて、トワはがっかりして帰っていった[60]」。最後には一味を見つけることになるのだが、それは猟師の伝統的方法によってではなかった。三〇年ほどのち、『パリのインディアン』は、典型的な対立によってこの問題に立ち向かった。一方にはコマンチェ族のタヘラと追跡仲間たちという、すぐれた「手がかりの発見者」で、「ラストレアドール」〔グレーハウンド〕を賛美し、サバンナの方法を使おうと心に決めている者たち。「パリの森はアリゾナの森よりも危険かもしれないが、必要なときには敵の足跡を見つけることがわれわれにはできるのだ[61]」。他方には猟師のやり方を疑う（「パリは君たちの言う砂漠とは似ても似つかない。君たちが使っている方法はフランスでは実現できないだろう」）。警察庁の対策班の敏腕刑事である警察官パスカル・ボノムが、アメリカ人を嘲笑し警察とその情報網しか恐れないパリの殺し屋たちとまったく同じ確信を見せる。パリの一味の首領であるル・ルーパーは言う。「どんなに抜け目ない奴だろうと、猟師がその妙な才能をパリの通りで使えと言われたら途方にくれるのは請け合いさ。インディアン流の手がかりなんてどれもありえないからな」。パリの警察官と悪党の意見がこの点において一時的に一致し（ヴィドックの形式の無意識の借用だろうか）、インディアンモデルおよび彼らの痕跡の原理と帰納的な論理に由来するすべてをはねのけるという、奇妙な照合が見られる。ひとつの章の間じゅう、「読者はパリの森での戦いの痕跡の暗中模索に立ち会い、名の通った警察官が茫然自失し、知らない方法が使われるのに困惑するようすを目撃する」のである。対立しているのは二つの方法だけでなく、二つの物語でもある。近代の捜査官は暗号を読み解くことでみずからの優位を証明できるかもしれないが、一味の巣窟へと導く猟師たちによる痕跡の正確な控えを前にしては頭を下げざるをえない。少々素朴な方法ではあるが、エマールはこの対決によって、警察のイマジネールの大部分と、社会的な取り締まりと技術的な取り締まりと追跡の巧妙な配合を見せたのであった。アメリカのインディアンはここに貢献していたということになる。

よって、アパッチがパリの新たな王となる準備は一九〇〇年ごろには整っていた。そのうえこの時期は、一九〇七年以降いっとき起こった、アイヒラー社のきわめて精力的な分冊出版によるインディアン表象の巻き返しとも合致する（『シッティング・ブル』、『赤と白』、『バッファロー・ビル』、『テキサス・ジャック』、『インディアンの有名な族長たち』、『ジム・カンナ』、『ファーウエストの秘密』など）[62]。とはいえアパッチ族の中に、ごくふつうのインディアン、アメリカが流行だからという理由で駆り集められた単なるエキゾチックな人物像しか見ないというのは誤りだろう。確固たるインディアン文化を基盤としていたベル・エポック期のフランス人は、イロコイ族とシャイアン族、シュー族とコマンチェ族の区別を熟知していた。つまりアパッチ族を選ぶというのは明確な動機によるものだったのだ。若い不良たちにとって、それは彼らが感じている断絶の論理をとてもよく表していた。社会の植民地化の前線の隅で保護区に閉じ込められた、おとなしくなったインディアンであるほかのプロレタリアたちとは反対に、彼らは武器を捨てることを拒否していたのだ。次第に規準が確立されてゆく文明の前進堡から追いやられ、労働や工業時代の幻想を拒絶し、出し惜しみされる娯楽を味わえるのかどうかが気になっていた彼らは、高慢で束縛のない自由を渇望していたのだ。残忍で反抗的な戦士である彼らは、文明の進歩を支持する者たちに報復攻撃を仕掛けていたが、その絶望した明晰さのなかで、自分たちの闘いに未来がないことを知っていた。彼らに敵対する者たちの側でも、彼らをアパッチ族として扱う理由はたくさんあった。これらの反抗的な一味が引き起こす絶え間ないゲリラ戦は、当然のことながら文明の進歩の脆弱さを、社会の前進堡が持つ開拓者のような性質を思い起こさせた。だがアパッチという言葉はとりわけそれが予告する運命にふさわしかった。インディアン世界の屑であり、嫌悪され、なじめない人物像であるアパッチには、共和国によって少しずつその展開の中に組み入れられた、ほかの穏やかになった未開人たちのような運命を期待することはできなかったのだ。いつまでも残るアパッチのような部族に対しては、逮捕のたびに首領を処刑し、ほかの者は遠い保護区へ追いやるという、徹底的な排除の戦略を推し進めるほかなかったのである。

アパッチによる報復

第3章　「危険階級」の終焉？

『ファントマ』シリーズ（一九一一―一三）における労働者と犯罪者

一九世紀前半、とくに一八二五年から四五年にかけての時期が、犯罪の脅威の認識と描写においてどれだけ決定的な局面を形成しているかは知られている。とくに田舎や「街道」の危険性が都市やその近郊へと移る過程が完了し、人々の不安に明確な形を与えるようになったことが指摘されている。世紀末ごろまで恐怖の種でありつづけた浮浪や放浪生活やいくつかの慢性的な行動をのぞいて[1]、危険はいまや明らかに都市のものであり、その危険はさまざまな「ごろつき」、一九世紀に彼らを表すべく作り出された言葉を使うならば「殺し屋」、「ごろ」、「アパッチ」といった、労働者の世界から脱落した周縁を出身とする若い軽犯罪者たちの姿に体現された。この転換によって、犯罪の脅威を、プロレタリア化された都市の中の貧困化する地域に詰め込まれた出稼ぎ人たちの新しい階層の姿で認めようとする動きが加速した。「勤労階級」と「危険階級」は同じ状況と運命の共同体に所属させられ、その人員の採用においても、また「大都市の流動的な人々(2)」に特有とされた犯罪においても同一視されたのである。それと平行して、軽犯罪の世界の概念と表象も新たに整理される。それまでの、常識破りな人生であるとか個人のモラルとして捉えられた、閉ざされた、独特な、つまりは例外的な犯罪性という考えに基づく、潜入し囲いこみさえすれば無力化できた世界から、当時社会に起こっていた変動とも密接につながった、より拡散する、鈍い、うずくような「社会の傷」としての危険の認識へと移行したのだ。統計学者や社会調査者、それに小説家たちは、ミゼールと犯罪の組み合わせという暗黙の前提を後ろ盾に、犯罪性の社会的な意味を示そうとする、ロマン主義的イマジネールに結びついた新しい描写のパラダイムを吹き込んだ。犯罪は、奇抜、異国的、反自然的の域を出て、堕落という社会的過程の行き着く先、「ミゼラブル」たちのみすぼらしくて悲壮な活動の場となったのである。労働社会が作り出すこの社会の沼地の中で、労働者たちは身の毛もよだつようなミゼールの苦悩に虐げられ、いつだって犯罪の中に沈んでしまいかねない。こうした描写は、新しく強力な普及方法に助けられ、いっそう効力を強めた。この時期は、小説が写実主義的に、すなわち社会派になり、文学的表現の特権的な形式として認められるようになった一大転換期と合致する。そしてその伝播は、同じころ起こった産業出版の考案、普及方法の改良、そして当然のことながら連載小説革命によってさらに活発化したのである。こうしたイマジネールの定着については、一八四二年から四三年に『ジュルナル・デ・デバ』紙に掲載されたウージェーヌ・シューの『パリの秘密』のあの果てしない反響を思い浮かべていただければよい。

だが一九世紀末になると、こうした表象は、とりわけ政治的変化（共和国）の影響を受けて方向を変えてゆく。共和国において、労働社会は同化の過程で次第に罪なきものとされてゆき、かつてよりも自立し職業化した悪人たちが優勢となるのである。いまや善良で有徳の労働者には、労働者とのつながりがますます希薄になってゆく、ちんぴら、アパッチ、犯罪者が対立するようになったのだ。「勤労階級・危険階級」という伝統的な均衡に、犯罪「性」や悪「業」の解明に基づく、もしくは犯罪と反逆の協力に基づく類似関係を置き換えようとする、新しい世論の地理学が輪郭を現していった。

『ファントマ』シリーズは、発表当時のすさまじい成功が知られているが、その規模からも（各巻が三八〇ページを超える全三二巻、ないしは細かく行のつまった印刷で全一万二千ページ）、短い一時期に集中していることからも（一九一一年二月から一三年九月）、また作者であるピエール・スーヴェストルとマルセル・アランの手法からも（大衆のドクサと新聞風の言説の一種の「自動」録音とも言える、口述録音機に向かって「語られる」物語）、上述したような変化の大きさを測るための特別な観測所となってくれるだろう。

生産者のいない世界

ファントマシリーズの地理的イマジネールには、まず、本来ならば同時期のもので不可分でもあったはずの生産世界についてほとんど記されていないという特徴がある。数多くの「パリ情景」を物語の中にちりばめた作者たちの「資料に基づいた」驚くべき精密さを知ると、この欠如は奇妙なものに思える。そうした「パリ情景」の中では、通りの光景であるとか、蛇つかい、吸い殻集め、屑拾い、露天商、屑屋やその他場末の住人といったこまごまとした職業の光景が、三面記事のコラムのような点描主義的で生き生きとした写実主義で描かれているのだ。この点について、ユベール・ジュアンも、「ファントマは第三共和制初期のフランスの真実味あふれる小説の代表である」と記している。[3] しかし、工業社会、都市社会にありながら（ラングリューヌ城やブルターニュの荒れ地といったお決まりの「不吉な」場所をのぞいて、地図上は都市から離れることはめったにない）、この小説は、経済空間とその担い手とを隠蔽しなければ機能しなかったのかもしれない。工場、印刷所、木工所、ジャヴェル河岸、クリメ船渠、いろいろな工房や倉庫といった工業的な場所や風景がときどき現れたとしても、それは必ず、仕事が終わっているときか（第二巻でジューヴは人気《ひとけ》のないベルシーの倉庫群の中でアパッチに立ち向かう）、さもなくば映画のロケーション・ハンティングの際に使われるような、短い、いっときの描写においてである。

彼らのうしろでは、空気をつん裂くような重機の音や蒸気のあえぐ音、それに現場監督の唸り声の中で、男たちが長い鉄の梁を持ち運び、大声をあげながら平底船の上に積んでいた。
（第九巻、一四六頁）

近くには大きな工場がそびえ立っていたが、そこはまさに生産活動と、ひっきりなしの興奮と、生きるための闘いの場であり、そのため独特の活気と明るさを備えた、大衆の、労働者の代表的な地区だった。
（第六巻、三九頁）[4]

社会経済の領域と捜査の領域とが徹底的に区別され、犯罪の陰謀は労働の世界の外でしか繰り広げられないかのような印象を与える。ファントマがサン＝ドニのグランジャール金属工場に入り込んだのも、そのすぐあとで上階にある工場主のアパルトマンに侵入するためだったのだ（第一五巻）。建物の基礎、土台にまで単純化されてしまった工場は、その上部で物語が展開する、空虚で実体を欠いた場所でしかなく、あたかもそうした物語の展開を人為的に工業社会につなぎ止めているかのようである。

このような状況では、労働の世界は、物語の途中であるとか、ほんの一瞬の幕間でしかテクストの表面に顔を出してはくれない。ただでさえ数少ない労働者は（この小説の登場人物の中でたとえば使用人が五％近くであるのに対し労働者は一％に満たない）、物語を維持するためだけの歯車か、さもなくば工場を出てきたり電車から降りてきたりするときに一瞬だけ知覚される端役の状態にされてしまっている。彼らは舞台に上がるやいなやすべての社会的特性を失ってしまっているのだ。貧しさと実直さと生きる喜びとを結びつける常套的なステレオタイプに頼った、型にはまった描写はほとんどされない。よって『家賃の所産』の中でしばらくの間経理を任せられるレディ・ベルタムは、「パリの人々ならではののんきな陽気さと、帳尻を合わせるためにはかなりの計算をしなければならない都会の女ならではの極度の倹約をもって買い物をする、おしゃべりで親切な、女工と下級職員の妻の一団」（第一三巻、三三頁）を相手にすることになるのだ。労働の世界は周縁へと追いやられ、自立した集団を作るに至ることは決してなく、それ自体として体現されることはない。ファントマが動き回る世界は明らかに工業社会のそれであるのに、生産者なしに生産が機能し、社会がまず問題とされない世界なのである。

労働の世界の表象が過度に少ないのに対して、アパッチと「作業場の女〔下級娼婦〕」からなる、パリの泥棒社会に固まる自立した軽犯罪の世界は、明らかに過剰に表象されている。この小説に出てくる主要な軽犯罪者は約六〇人、登場人物全体の七・五％にものぼるのだ。相次ぐ波に運ばれて現れる彼らは（シリーズ全体を横切る「重要な」脇役たちを中心に構成された三つの世代が見られる）、物語全体の構成に必要不可欠であり、第二巻以降すべてのエピソードに登場する、同一の集団を形成している。物語が、第一〇巻のモンテカルロや第一一巻のブルターニュのようにパリの外で、それから第八巻のナタールのようにフランスの外で展開するときでさえ、作者二人はアパッチたちを、まるで、あらゆる犯罪の場面の演出には彼らの存在が必要不可欠であるかのように引きこむのだ。「悪徳の、冷笑の、残酷さのあらゆる烙印」（第二巻、七頁）を持つ彼らは、大量発行新聞が一九〇〇年に作り上げ、大戦まで、さらにはその先に至るまで機械のように拡散させた戯画に、ほとんど気づかれないような方法で応じていた。装飾過多が一般化していた風潮の中、『ファントマ』は、周縁的で立ち入り禁止の「アパッチのパリ」という、きわめてパリ的などん底への異国趣味的な愛着に嫌悪と恐怖を結びつけた、この奇跡小路やいかがわしい酒場の現代版にまつわるあらゆる流行りの幻想を煽ったのだった。

男たちは形のくずれた帽子をかぶっており、上着は奇妙な裁断をされていて、フランネルのシャツの襟のボタンは外され、唯一気を利かせているところといったら、甲の部分が突飛な形をしていて、つま先がきわめて細い、けばけばしい黄色をしたくるぶし丈の靴ぐらいだった。彼らと一緒にいる女たちはもっとひどかった。褐色の髪の女が二、三人いたのだが、襟もとは赤いリボンで飾られ、ホックのとれたスカートは絶えずずり落ち、コルセットをまったくつけていない胸は、あやしい、きわめて露わな起伏を見せていた。

（第二八巻、一〇五五頁）

生まれつき不品行で、怠け者で、アルコール中毒で粗暴なアパッチは、シリーズのすべての犯罪行為の中心に投影されている。一九一〇年代の強迫観念のまさに万華鏡を展開した『ファントマ』は、作品にバザールのような趣と、ちょっとした社会的異国趣味、それにグラン＝ギニョル的な悪臭とを与えてくれる、新しい軽犯罪の絶対的な象徴、「アパッチ社会」(5)を作り出したのだった。

犯罪の「新兵」

周縁へと追いやられたうえ、庶民階級からますます切り離されてゆくせまい縁を割り当てられたこうした軽犯罪者たちは、犯罪の玄人となった。ファントマとアパッチたちの関係は、複雑でときとして変動することはあるものの、こうした変化がどれほどの規模のものかをかなりよく示している。アパッチは、自分たちの利益のために行動できることはほとんどなく、自分たちを「協力者、いやむしろ友」(第一六巻、七二頁)にして必要次第で使うファントマのためだけに存在するのだ。なぜなら、とらえどころがなく、なかなか捕まえることのできないファントマは、彼自身はっきりと自白しているように、まさに犯罪の寓意だからである。「私は、世界中が探しているというのに、誰も見たことがなく、誰も見分けることのできない者なのだ！　私は「犯罪」そのものだ！」(第四巻、三二〇頁)　事実ファントマは、謎に包まれた知られざる雇い主、その場その場で採用したり解雇したりし、支払ったり……支払わないときもある、「なんらかの一味の頭領で、命令を与え、対価を支払うが、まずめったに姿を見せないといった、あの謎だらけの頭領の一人」(第九巻、六六頁)として振舞う。安月給の軽犯罪者で、団結もまとまりもないアパッチたちは、従順な落伍者の、下働きの、手下の、「ファントマの雇われ」(第六巻、三三七頁)の集団でしかない。ファントマは最終話の黙示録的な場面でアパッチ全員を厄介払いする前、彼らを、「この犯罪の将軍が指揮する、真の一味に、軍隊に」（第三二巻、九三〇頁）、数年前から道徳家、小説家、それにジャーナリストが恐怖感を込めて告発していたあの「犯罪の軍隊」に変えてもいる。(6)

この犯罪の新兵たちは、労働者としてのきずなをとっくに失った者たちである。彼らについてもっとも頻繁に使われた付加形容詞の中に「うさんくさい」という語があるが、それははっきりとした社会的識別ができないことをも意味している。そのうえ、作者たちも彼らの出自を明確にしようとはまったくせず、どん底のお決まりの異国趣味が吹き込む紋切り型以外の描写はまれである。しかしながらあちこちに見られるつかの間の描写から、彼らのこれまで歩んできた道を浮かび上がらせることはできる。たとえば娼婦のエルネスティーヌはベルヴィル地区の元金属加工の女工であった（第二巻、五五頁）。それから盗みの玄人であるグルロ親父の若弟子は、「放蕩にふけり、ひもというみじめな仕事をしている若い労働者」（第九巻、二七八頁）である。「街灯」と呼ばれる伝説のアパッチの一人は、「鉛管の仕事を教わったことは覚えていたが、記憶の中にぼんやりと残っているだけだった」（第九巻、五六頁）し、その連れの「女豹」は「怠け癖からいかがわしい歩道の職業に落ちた元女中」（第九巻、五六―五八頁）だった。ポーレとニニ夫婦の説明はより恒例のものだが、作者たちはめずらしく数ページをかけている。ニニ・ギニョンは立派な女工と鉄道会社の職員との間に生まれたまだほんの少女であり、ポーレはグット＝ドール地区の善良な門番の息子である。ファントマ自身もまた、機会に応じて民衆の中に溶け込む術を心得ている。ボノとその共犯者たちに対して警察が行なった最後の襲撃から強く影響を受けた激しい場面で、アパッチたちは一人、また一人と死んでゆくのだが、ファントマはといえば群衆の中に消える。

「民衆は、海のように、ある意味彼を飲み込んだのだった」(第三二巻、一〇〇七頁)。

このように、労働者の世界とどん底の世界との架け橋はすべて断たれているわけではなく、テクストはところどころで、連載小説の伝統から受け継いだ構図と目的とに従っている。だが登場人物が落ちぶれるのはもはやミゼールのせいではない。「アパッチ」は、もはや社会的要因によるものではなく、怠惰に、いまわしい不品行に、もしくは断固たる決意による持続的な状態なのである。

もちろん、中間層が描かれていないことも、大量に普及されるあらゆる文学の中で課されていた制約だろう。そうした文学の「読書契約」は、厳密な語りの計画にとって邪魔な要素や役に立たない要素をできるかぎり全部取り除いてしまうものなのだ。一九世紀初頭のメロドラマや連載小説に、労働者・軽犯罪者の社会対貴族社会といった両極端に偏った社会がすでに見られるのはそのためであり、そうした社会は、悲壮味を出したり劇的な対比を行なおうとするあまり、物語の力学には不必要な職人、商人、店主といった中流階級を端折ってしまうのである(7)。だが犯罪に関するレトリックとそれが要求する善悪二元論的な対立は、登場人物が二つの陣営に機械的に分けられるというこの状況をさらに際立たせてしまう。有徳な階級と罪のある階級は次第に性質を変え、小説的な要請に政治的・社会的欲求が加わるのである。

労働者は罪のないものとされ、善良さの保証がその役割となる。尾行の途中でファンドールもこのように叫ぶ。「女工さんじゃないか。まじめな女工さんが急ぎの仕事を終えて家に帰るところだったか……やれやれ！　間違えるところだった……」(第六巻、二五頁)。また律儀な男だと思っていた者がアパッチだったとわかり、このようにも叫ぶ。「あの人は労働者じゃなかったのか！……」(第六巻、二七頁）。貧しい者を怪しい者とみなす古い考えが依然として現れたとしても、その考えは揺るがされる。だからこそ、「裕福でない者はみな（…）、どんな憲兵が見てもそうだっただろうが――なぜなら憲兵の連帯意識とは並外れたものであるから――危険なミゼラブルなのだった」（第一一巻、一二三頁）と説明されるあの勇敢な憲兵も、愚かで前時代的な人物として登場しているのだ。反対に、「善良なごろつきで（…）いつも軽犯罪すれすれの行動をするが、賢明にも盗みには加わらない」（第六巻、一一一頁）季節労働者の模範であるブージルという登場人物は、シリーズ全体にわたって無害のミゼラブルの証となる。もはや語りの仕掛けにとって必要でなくなった労働者は、かつて職人や商人がそうであったように、小説的なものの領域からは追放される。この追放は逆説的に、新たな犯罪性が演出されるにあたって読者ないしは観客となり、みずからの名目上の再評価に努めていた「正当な」文学の中で昇進した都市の庶民階級が段階的に同化されていったようすをも物語っている。[8] じっさい労働者の世界は、危険な青年期をのぞいては、文化的消費の対象となっていた軽犯罪の原因を提供することはほとんどなかった。社会移動は依然として少なく、「工業の徒刑場」は残っていたとはいえ、学校教育の整備、購買力のゆっくりとした拡大、そして社会法制の効果によって、甚だしい不公平はぼかされ、一九一四年には五五〇万人だったフランスの労働者は少しずつ社会に組み込まれていったのだった。社会の鎮静と和解に腐心する第三共和制期は、レオン・ブルジョワが「連帯」をとなえ、アリスティッド・ブリアンが「参加」を計画する時代だったのだ。

転覆の新しい方程式

こうして、表象の伝統が目覚ましく一変し、新しい演出を可能にした。軽犯罪者はもはやプロレタリアではなく、反対に、労働者であることを拒否する者、仕事の上での反逆者であり、彼らは次第に社会の下もしくは非社会の領域へと吐き出されていったのである。労働と、産業社会の価値や規律を拒絶する者、それは当然のことながらアパッチだった。「努力して、汗を流して、手を痛めて、腹ぺこになるだなんて、(…)ああ、嫌になるぜ、まったく! そんなのは俺の仕事じゃねえ……」。鉛管工としての遠い過去のうち「屋根の上に体を伸ばし、スレートと亜鉛の起伏の中で、太陽にあたためられてしていた快適な昼寝」(第九巻、五六―五八頁)ぐらいしか思い出さない「街灯」は断言する。別のちんぴら、ポーレは、「ぐうたらだった」ため、そして働くのが得意ではなかったために「アパッチ社会」に陥ってしまったことを認めている(第六巻、九頁)。アパッチの仲間であり、一般に「独立心が強く気まぐれで、冒険や悪い奴に夢中になってしまう」(第六巻、九頁)売春婦もまた、品行方正な骨折り仕事には、それがどんなに小さな仕事でも順応できない。性病と道徳の危険のただ中にいたことから、より危険だった売春婦は、労働者を労働の美徳から逸脱させる、まさに社会の傷だった。もう少し婉曲的ではあったものの、労働に逆らおうとする闘士、ストライキをする者、無政府主義者もまたそうだった。

一九〇六年から八年にかけて絶頂を迎えた大規模ストライキの時代が過ぎ去ってまもない当時、労働運動はとくに好戦的で、それを導く労働総同盟は組合に直接的行動をとり革命も視野に入れることを勧めており(ジョルジュ・ソレルの『暴力論』も一九〇八年の作である)、そのうえとくに工場の過酷な状況とそれによる仕事のリズムや規律に反抗する若者たちに向けられた無政府主義のスローガンによって強く特徴づけられており、資本家たちの恐怖を助長し続けていた。これほどまでに五月一日やゼネストや「偉大なる夕べ」への希望がブルジョワたちの側で「偉大なる恐怖」を引き起こしたことはなかった。レピーヌ警視総監も一九〇六年五月一日にはパリに「少々の戒厳令」を敷いたほうがよいと考えたほどだった。大戦が間近に迫った「ファントマの時代」、いくら社会的戦線が比較的小康状態にあったという特徴が見られたとしても、またいくら革命的労働組合運動の衰退の兆しが見られたとしても、労働騒乱は相変わらず政治の主要な成分だったのだ。(9) とりわけ、戦争が近づいたことと、きわめて暴力的な非合法の無政府主義者たちによる過激主義(ボノとその「悲運の一味」はまさにファントマと同じ時代である)によって生まれた攻撃的な反軍思想は、社会主義者、ストライキをする者、無政府主義者、アパッチ、その他働こうとしない者など、あらゆる反抗者たちの恐るべき同盟によって脅かされた、窮地に陥った社会秩序という舞台空間の出現を促したのである。

犯罪と転覆との婚礼をそれぞれ独自のやり方で祝ったファントマとボノとの間の明らかな共犯関係だけでなく、三面記事の角度からいくつかの労働闘争を記録したこの小説自身もまた、こうした新しい演出をわかりやすく見せてくれる。大衆新聞の表象と完全に同調して、作品の中で労働組合は、騒乱と社会不安の有害な機関として描かれているのだ。第一話から、鉄道の工事現場で、作者たちが明言するところによれば給料が上がったにもかかわらずストライキが起こるのはそのためである。ただちに「組合の活動家たちは、いまよりももっともらおうと思って、このとき自分たちの協力がどれだけ必要だったかを知っていながら、扇動者をパリから呼び寄せたのであるが、この扇動者は、〔仕事の〕熱狂的な棄権者をできるだけ多く決めるという任務で給料をもらっているのだった」(第一巻、五九頁)。ほどなく

「黄色組合の勤労さによる感化」を前に失敗したこの転覆の玄人は、工事現場はあきらめて、近くの地域で起こりそうになっていた別のストライキをかきたてに行く。そもそも同志のふりをして「鉄道会社の職員の年金について」（六〇頁）長々と議論している鉄道員たちも、諦めきった、疑り深い、それでいて扱いやすい怠け屋の集団をなしている。『消えた列車』の中でイギリスからアントワープへと向かう乗客たちを足止めするのは、一九一二年の港湾部のゼネストである。その運動はきわめて激しく描かれている。ストライキの参加者たちが「いかなる破壊行為にも身を任すことなく、まったくもって冷静であり、少しも攻撃的ではなかった」（第二巻、六七頁）こと、そしてまた彼らが「自分たちの望みがなにかをわかっている真面目な人々である……大騒ぎなどまったくしないし突飛なことに身を任すこともない……彼らが叫ぶとき、それはなにかを要求するときであり、その要求を知らせることができたなら、寝よう、答えがもたらされるのを待とう、と彼らは穏やかに家に帰る」（七五頁）のだということは認めていても、「波止場では男が、水夫が、火夫が、機械工が、秘密めいた重々しい集団を作っていた」（六七頁）とか、港湾労働者たちは「粗野」で、酒が大量に流れる居酒屋に「毎晩どんちゃん騒ぎをしに行く連中」（六九頁）であるとか、「ストライキはとくにスリに役立った」（六八頁）とか、また「こうした下層民の中は悪人でいっぱいである」（七一頁）とも書いているのだ。それに、土木工たちのストライキを利用して、打ち捨てられた石切場にアパッチたちが集まるようすも見られる（第六巻、三三七頁）。『スズメバチ』では、作者たちは労働組合員と軽犯罪者との協力関係をさらに押し進めている。サンテ刑務所に収監されたファントマは「スト野郎」という名のアパッチに助けを求めるのだが、この男は「自分ではまじめに働いたことなどないのだが、ありとあらゆる職業のストライキを助けるときの熱意ゆえに、仲間内でこのように呼ばれていた」(第一九巻、七四頁)。これはストライキの持つおなじみの性向を改めて示しているだけでなく、労働の世界と軽犯罪の世界とを結びつける新しい共犯性を物語る、独特の暗示である。

ファントマは、大衆小説からそのお涙頂戴の道徳主義を取り除き、写実主義的、さらには超現実主義的な残酷さの、より粗暴で機能的な表現を見せたわけであるが、その引き換えにミゼールと犯罪とは徹底的に分断されることとなった。これが、二〇世紀初頭に出現した軽犯罪の新しい表象にファントマシリーズが大いに関与していたとする理由である。アパッチの大部分は経済発展により周縁へと追いやられたか、さもなくば新しい工業規律をしばしば不明瞭な方法で拒絶した労働者たちであったというのに、アパッチをプロレタリアとの結びつきから切り離し、「職業的犯罪者」や「悪」人たちの閉ざされた世界に帰すためのすべてがなされたのである。一八二五年から四五年にかけて見られた社会的溶解の過程とは逆に、世紀末の表象は軽犯罪の社会を、一定の方法で探索され、差し押さえられ、処遇されるに価する、より限定され、より専門化した枠組み(あの有名な「犯罪の軍隊」)の中に再登録しようとするものだったのだ。ひとつの国家として捉えられた犯罪は、「犯罪の学問」を手本に、規範への不適合を病理学として解釈し、軽犯罪者を病的な人物に変えては流行の「危険性」の概念を振りかざす医学の言説を通して扱われるようになった[10]。この現象は統合に対する、つまり労働者の世界を罪のないものとすることに対する共和国の懸念を再度断ち切るものであっただけにいっそう鮮明なものとなった。労働者の大部分に責任を持たせ、反社会とされるものの支持をかつてのように得ることを断念させる反面、危険な集団であるとか、再犯者や「治療不可能な者」たちから成る不安定な少数派であるとか、革命の闘士や労働組合員から成る活発な少数派に対する抑圧はより重みを増す。善良な人々と騒乱の扇動者との境界線は、もはや資本階級と勤労階級との境界線とは重ならず、いまや被支配階級を貫き、分断するのである。(11) もちろんファントマシリーズは、一九世紀の後半三分の二においては至るところでその途上にあったこうした変化がとくに見て取れるひとつの拠点にすぎない。しかしこのシリーズは、大衆小説がしばしば持つあの素朴で明快な透明度をもって、いまや善良で有徳で勤労な労働者には、あらゆる悪で覆われたアパッチという、忘れたい過去の一部分について語りかけてくるだけにいっそう恐ろしい他者が対立するようになったことを言い表していたのだ。

第4章　夜襲という恐怖

公道上での夜間の強盗、「夜襲」は、司法ないしは刑罰事由としては明確に分類できないものであるが[1]、社会意識の中では何度も繰り返されるモチーフとして現れてきた。田舎の（「街道の」）強盗という伝統的形態と長い間結びつけられてきたこの夜襲は、都市空間にも少しずつ定着し、やがて都市空間特有の暴力と危険性の形を代表するまでになる。七月王政期以降の都市の表象におけるそのしつこいまでの存在感は、軽犯罪の危険が、田舎の道から都市の通りへというその段階的な移動を終えたことを示している[2]。一八三〇年代から四〇年代にかけてのパリにおける不安はとくに強く、まるで夜遊びの面白さを知ると同時に夜襲というものに気づいたかのようであった[3]。とりわけ一九世紀末になると夜襲は、世間一般が暴力と犯罪とに抱くイメージのうちでもとくに強い象徴を集めた、一種の叙述の至上命令のような固定した主題となる。過剰に表象され、体系化され、ほとんど規格化された夜襲は、一八八〇年から一九一四年にかけて、きわめて豊富な媒体（大量印刷新聞・文学、日常生活の案内書や手引書、図像、歌、演劇）を動かし、ひとたび夜の帳が下りると現れる通りの危険を語らせる、まさに表象制度の中心にのしあがったのだった。こうして定着した紋切り型は、たしかに夜と、それよりもさらに強迫的な肉体的暴力との「原始的な」イマジネールに負うものではあるが、それでもやはり、都市の近代性に特有の言説と社会的実践のもととなった、きわめて「歴史的」なものなのである。

描写の苛烈さ

違法行為がこのような描写の乱用に恵まれるというのは稀である。大衆紙に限らず日刊紙が工業生産のリズムと量とを徐々に覚えてゆくにつれて、夜襲は、その生産性の高さからであろうが、まるで何度も反復される三面記事でもあるかのように現れた。「夜襲」という表現は、「夜の攻撃」、「夜の不意打ち」、「野蛮な攻撃」、「ごろつきに襲撃される」といった凡庸なバリアントを伴って、大手の編集部がもっともよく使うタイトル（ときには単に小見出し）のひとつになった。この手の話は、長々と展開されることはまずなかったとはいえ、夜の暴力を昼に思い起こさせる無味乾燥で短い速報を受け継いだ過剰なコラムに話題を供給したのだ。それらは、シリーズ化でき費用もかからないのに、人々の命と財産の危険を告発するつねに的を得た論評を引き起こせるものだったため、いっそう習慣的なモチーフとなった。たとえば『プチ・パリジャン』では、夜襲の話の数は第一次世界大戦前の二〇年間で二倍にふくらんでいる。一九一四年になると、一日につき四回も語られている(4)。

自然とモチーフは新聞から小説へ、とくに「大衆」小説へと移ったのであるが、それらのタイトルに注目すると、しばしば日刊の三面記事からの剽窃であることがわかる。『パリの秘密』と『ファントマ』

という、どちらも非常に有名でありながら年代が隔たった二つの例をあげると、夜襲は、見せ場であったり単に参考としての言及であったりはするものの、いずれも好位置で現れる。(5) 夜襲のテーマは高く評価され、好機を待ち構えていた雑文家たちによって、「感傷的な小話」や写実主義的な話、(6) 娯楽目的であったりかすかに教訓めいたりといった「雑報」(7)、軽喜劇(8)、さらにはカフェ・コンセールの幕間劇(9)のあらすじにされたほどだった。多産となったこの「ジャンル」をわざわざ嘲笑する詩人までいた。

新聞にはお決まりの古い型がある。
記事の中に巣食っては
庶民を恐怖に陥れる
今年で百年の三流新聞。

新聞は言い張る、
夜が昼間の星を追い払うとき
われわれを取り巻き追いかけるもの
それは夜襲であると。(10)

しかしながら文学以上に夜襲の名を高からしめたのは、一九世紀をつうじて花開いた犯罪のさまざまな分類学だった。『ならず者の世界の生理学』(11)は、つねに隠語の表現をちりばめて、そのことによって資料の信憑性を証明していたわけであるが、多くは道徳家や警察官の著作であり、いずれも（犯罪者たちのやり口から身を守るために知っておこうという）社会的有用性という口実のもと、立ち入り禁止とみなされていたどん底の世界について自己満足の探査を行なう、犯罪の手引書だった。こうした犯罪の生理学ものは、一介の賭博師にはじまり「カモからかっぱらう奴」にいたるまで、「スリ」や詐欺師のあらゆる分類を網羅し、犯罪のやり口を巧みに格付けしたが、その格付けの中で夜襲は暴力的犯罪の頂点に置かれ、長々と描写されたのだった。たとえば「この犯罪の軍隊を細かく点検」[12]するのだとしたヴィルメットルの有名な『殺し屋のパリ』、職業的犯罪に関する数多くの調査、[13]それに警察官やウージェーヌ・ヴィリオのような刑事による回想録といった、自身の中に明白な商業手段を見出した「犯罪学的」著作がその例である。[14]

こうした流れに動かされ、夜襲は最終的に公的出版物にも悪影響を及ぼすようになる。一八八〇年に開始された『パリ市統計年鑑』では、「夜襲」という、法律によって把握されているわけでもない犯罪の種類が、セーヌ県で行なわれたいくつかの逮捕の理由とされているのである。[15]とはいえこの『年鑑』は、窃盗の章では、アメリカ式窃盗、スリ行為、馬車荒らし、酔っ払いはぎ、つり銭泥棒など、警察の分類とそこから生じた類型論に由来した呼称も採用している。まるで法律がいくら策をめぐらしても、社会の認識こそが明らかなのだと判断され、一も二もなく優先されたかのように。

典型的な物語

このようにモチーフが遍在していたのと同様に、夜襲そのものも何度も説明されいつでも得々として細かく描かれ、同じような表象の乱用が起こっていた。夜襲という、ユゴーの言葉で言えば「下からのクーデター」[16]は、語られることによって、きわめて体系化され飽くことなく繰り返される少数の不変の要素から成る典型的な物語を作っていたのである。はじめは犯人たちの、つねに同じ人物戯画に従った描写である。すべての物語が一致して言うことには、夜襲を行なう悪人たちは「犯罪階級《ペーグル》の下流」に、悪の軍隊の「下級」に属しているのだ。夜襲とは、危険が大きい割に実入りが少ない、そのため素質のないごろつきや「ばれる」ようなちんぴらだけが行なう、野蛮な犯罪なのである。夜襲とは、「場末に住み、ぼろ家や安酒場に住み着く、ナイフを持った男」[17]の行為なのだ。こうした「厄介な連中」の中には、本職の「凶悪犯」、すなわち再犯者という、まったく別の手合いもいる。まず、ごろつきやちんぴらは、おもに売春と「部屋働き」〔空き巣〕で生活するパリ人から成る。彼らにとって夜襲とは極限の行為でしかなく、通常は不要な暴力を用いることなく成し遂げられる。「通りやベンチや怪しい飲み屋で深夜を越えてもぐずぐずしている酔っ払いから、ひそかに、もしくは乱暴に金品を奪う」[18]、「胡椒屋」〔酔っ払いや、酔っ払いから盗む者を示す隠語〕ないしは「サンギ」〔暴力的な犯罪者集団〕といった者たちもこの中に見られる。他方、凶悪犯はもっと恐ろしく、市門付近のごろつきや強盗殺人犯といった、盗むために殺し、日中はあばら家に隠れ、夜は被害者に襲いかかるためにしか出て来ない、「大通りで働く」者たちで構成される別の部類である。[19]一八四〇年にオノレ・フレジエも嫌悪感をもって触れ、悪徳と監獄での宣伝活動とに毒されて、「奪われそうになった不運な人々がひとたび叫んだり抵抗のそぶりを見せようものならみずからの手を血で濡らす準備ができている」[20]正真正銘のハイエナとして描いた、場末のならず者である。こうした者たちは、まるでどん底と残酷の永遠性の中で固まっているかのようである。

者たちは父も母も知らず、ときには押し込み強盗を働き、稀にではあるが殺害、もしくは殺害未遂をする。土手で暮らし、手には「ヤッパ」、ポケットには「ハジキ」をしのばせてつねに「カモ」を待ち伏せする者たちである」[21]。医師や人類学者のそれに呼応する、類型したいという奇妙な偏執に突き動かされたかのように、こうした犯罪者たちは絶えず分類され形容されてきた。公道で待ち伏せしたときは「ドス」、「草の靴を履いた足」、「曲がり角の仕上げ工」、「締め上げ」などと呼ばれた[22]。一九〇〇年以降は、より単純に「アパッチ」となるだろう。

極端に体系化されていた夜襲には、二週間働いたあとの土曜日や給料日の夜といった日付と、酒屋の閉まる深夜から二時までといった時間と、それになにより特有の場所があった。それはパリにおいては、二つの離れた空間をはっきりと示していた。まずは軽犯罪と重犯罪のエリアとして自然に認識されていたパリ近郊という空間である。それは首都の中心からはずれた一〇の区であり、たとえばベルヴィル、ラ・シャペル、ヴィレットなどは古くから暴力的で危険で犯罪の温床となる正真正銘の殺人通りとして描かれてきたし[23]、ジャヴェル、グルネル、グラシエールなどはパリ南部の労働者地域にある空き地だった。こうした危険性は、市門の屑たちが遅くなった通行人から金を強奪すると言われていた、城壁や市外の大通りや場末の掘っ立て小屋といった前哨が近づくにつれて強まってゆく。そこは夜襲と、夜襲の原始的な暴力性と、夜襲に関する凝ったイマジネールにとっては自然な空間だった。泥棒たちと都市の周縁との無限の陰鬱さを歌った以下のような暗い詩が作り上げられたのも、とりわけ城壁のまわりでだった。ヴィクトル・ムージーは嘆くように歌っている。「市壁の外、夜になれば、君らを殴り、細い骨から身ぐるみはぎとる、ごろつきどもがお目見えさ。悲しそうな叫び声で、人を呼んでも意味はない、城壁の上じゃ、答えてくれるのはこだまだけ」[24]。場末の先には近郊の市町村の、怪しいと評判の空間が広がっており、そこでは取り締まりが甚だしく不十分なせいで夜襲はよりたやすく隆盛をきわめており、一九〇〇年から〇五年以降は新聞による激しいキャンペーンのもとにもなっていた。襲撃が起きてしかるべきもうひとつの空間は、中央市場やボーブール地区のある地域、セバストポル大通り、セーヌ河岸、チュイルリー公園、パレ・ロワイヤル、もう少し遠くではマイユ地区やボンヌ=ヌーヴェル地区といった、首都の中心部だった。すでに見たように、オスマンによる大変動にもかかわらず残った、いわば古き犯罪のパリである。

残るは襲撃という、もっとも重要な最終幕が演じられるのみである。慣例によれば襲撃は集団、ほとんどの場合「愚連隊[25]」のような小さな集団で行なわれ、銃は大きな音が鳴るので避けられ、研ぎすまされた三角やすりや棍棒や鉄槌が使われた。以下の二つの方法は、あまりに独特で、表象の原型となるほどだった。二つのうち野蛮でないほうは、夜歩きする人を酔わせ（通常「娘たち」の役割）、その後暗い小道やあばら家へと導き強奪するというものだった。この方法は「サン＝マルタンを踊らせる」と呼ばれ、「財布をぱんぱんにしている男をひどく酔わせ、家まで送ろうと申し出るのだが、うってつけの道に入るやいなや、男はごっそり奪われ殴打されるというもの」と、ある刑事は記している[26]。これは中央市場界隈の、モントルグイユ通りやサン＝マルタン通りやオーブリ＝ル＝ブーシェ通りの居酒屋で行なわれていた、「モーベールのココ」や、その他多くの「サンギ」の手口だった。これよりもずっと乱暴なもうひとつの襲撃方法は、かの有名な「フランソワ親父の一撃」（「機械運搬」と呼ばれることもある）

であり、軽犯罪の手口の中でももっとも表象されもっとも慣例化したものだった。以下の二つの説明は、一〇ほどの異なる記録の中から選び出したものである。

読者も、フランソワ親父の一撃がどのようなものなのかを知らないわけではあるまい。賊は丈夫な襟巻きの両端を持って、獲物の首に投げかけると、いきなりきびすを返すので、被害者は足が地に届かず背中からひっくり返ってしまう。襟巻きはこの不幸な人を締めつけ、うめき声ひとつあげることはできない。この間に絞殺者の共犯者が被害者の所持品を調べるのである。

三〇秒もすると窒息の初期症状が現れ、気の毒な男はやがて解放されたときには気を失って地面に倒れこんでいるのだが、通行人たちには酔っ払いだと思われてしまう。しばらくして、情け深い夜遊び人か誰かによって立ち上がらせてもらっても、襲撃者たちについてほんのささいなことすらまったく伝えることができない。彼らの顔も見ていなければ、どこから来たのか、どの方向に向かって逃げたのかさえもわからないのだ。

あざのついた喉頭が残酷な現実を物語っていなければ、悪い夢にだまされたのだろうと思えるほどである。(27)

フランソワ親父の一撃をするには、

絹の襟巻きを持て。

客の近くに、見られることなく、

ひそかに滑り込め。
そして、一気に！　客の声を止めろ。
相手が木のようにのびたなら、
ただちに骨を、実をいただけ。
パンタン〔隠語でパリを表す〕では、こうして
自分の指で財をなせ[28]。

ならず者の中でも残忍な者は、このとき、被害者の肩と肩の間にナイフを突き刺して、「足で蹴って肺を押しつぶし、石で頭蓋骨を打ち砕いて」、さもなくば被害者を「鳴らして」、「つまり、道のへり石をハンマーのようにして頭蓋骨を叩き割って」被害者にとどめを刺すのだった[29]。もちろん被害者の上腹部に頭突きして目を回させるとか、被害者の頭蓋骨に鉄槌や棍棒を見舞う「屈強な」襲撃といった、別の形のものもあった。もしくは、ヴァンセンヌの森やブーローニュの森、それにリヨンのボワ＝ノワールの茂みでのように、娼婦の存在を必要とする形態もあった。「夜が来ると娘たちは待ち伏せし、シテール島〔恋の国〕へと誘われるがままの気の毒な老人やつましい年利生活者を窪地へと誘い込む。そして時が来るとひもが飛びかかり、不幸な人を殴り倒し金品を奪うのである。こうした森のニンフたちの客は、死を免れても、警察に名前を告げたくなどないものだから、告訴はせずに、起き上がり、家へと帰るのである[30]」。だがこうしたすべての話のいわば原動力となっていたのが、飽きることなく表象されたフランソワ親父の一撃だった。

アパッチからとくに標的とされた警官を除いて、こうした野蛮な襲撃のおもな被害者となったのは誰だったろうか？　それは当然、財布ゆえに被害をこうむることとなったブルジョワである。しかしながらブルジョワもそれをみずから招くようなところがあり（こうした話はいずれも忠告ではないだろうか？）、かなり不注意だったとも言える。だから被害者はむしろ「給料日の夜にいつまでも飲んでいた労働者、パリの危険を知らない地方住民」、とりわけ「飲み物によって興奮し、悪しき熱情と客引き係のふしだらな女の言い寄りに屈した男」ということになったのだろう。[31]　だがなんの罪もない被害者もい

フランソワ親父の一撃

た。というのも三面記事によれば、ならず者の中には暇つぶしや気晴らしのために夜襲を行なっていた者もいたからである。[32] ほかにも、通過儀礼のようなものもあった。「「五の目」の仲間に入るには、彼らの言葉で言えばカモからかっぱらったことがなければならないということは誰でも知っている」[33]。また、すぐに「かっとなって」「ちくしょう！　誰か殺してやる」と叫ぶような者もいた。[34]

夜のイマジネール？

こうした話を前にすると、どこまでが作り話だったかについて、とくにこのイマジネールにおける夜の役割について、当然のことながら疑問が浮かぶ。事実、この時代の多くの人々にとって、夜襲が持っていた空想的な性質については疑うべきところはなかった。一八四五年以降、デレセール警視総監は警察職員たちに対し、夜襲という不適切な呼称は使わないようにと促している。[35] ならず者への強迫観念の只中にあった一八八〇年には、パリ市議会が警視庁に対して詳細の報告を求め、警視庁は一八八〇年一〇月に新聞が数え上げた一四三の夜襲のうち半分が純然たる作り話だったと論証した。[36] 同じような報告は一八八一年三月にもあり、新聞に掲載された襲撃の話に基づいて調査をした『テレグラフ』は、報告された事件の三分の二が警察にも、また起こったとされた通りでも知られていないことを明らかにした。[37] 数年後、アンドリウー元警視総監も、「記者の想像力は多くの人々の想像力に助けられているが、そうした人々の想像力に有用な題材を与えている」数々の襲撃の信憑性を疑っている。そして副総監は、預けられた金を賭けで失った若者や、帰りが遅くなって途方に暮れる夫、飲むためにブーツや帽子を売ってしまった兵士の話などを雑然と引用する。「こうした者やまた別の者たちに、記者は夜襲という救いの手を述べるのだ」[38]。このような考えは警察官の間で満場一致のものとなり、警視庁の調査部長ルイ・ピュイバローも、夜襲は「財布が空なのを説明するのに便利なからくり」なのだろうとした。「気をつけよう！　重罪裁判所はほとんど一度も夜襲を扱ったことなどないのだから、こうした話にはよけいに気をつけよう（…）新聞が読者に絶えず供給するこの犯罪は、パリでもっとも犯されないもののひとつなのだ」。ピュイバローが推測するところによれば、夜襲とは、良識の範囲を超えて飲んだとか娼婦のところに通ったといった、不用心の結果にほかならないのだ。「穏やかで真面目な正直者なら、夜に家に帰っても襲われはしないだろう」。ピュイバローはこのように結論して、遅く帰ることに慣れてしまったすべてのパリ人に次のような質問を投げかけた。「あなたは一度たりとて襲われたことがあるだろうか？　夜襲を恐れるような機会が一度たりとてあっただろうか？　われわれにはその答えがあらかじめわかっている。一度もない、と。パリは殺人通りなどではまったくないのだ」[39]。ラザリュスのような観察家や、ピュイバローの後継者であるムーカンのような警察官は、数年後に猛威を振るったアパッチに対するヒステリーと、それに伴う紙面での夜襲の蔓延にもかかわらず、一五年後も同じような発言をし、真実がねじ曲げられたコラムに心を動かされ、治安が本当に悪いのだと結論してしまうことがどれだけ軽率かを主張している[40]。パリ人の安全をないがしろにしたとして責められたレピーヌ警視総監は一九〇六年、みずから意見を伝えることに決めた。

パリで起こった夜襲の数は相当誇張されており、新聞の言うように人々が本当に怯えているのだとしたら、その原因はこうした誇張にある。夜、パリの通りには、家から一歩も出ない真面目な人々が口にしている以上の安全があるのだ(41)。

もちろん、こうした夜襲の現実に異議を唱えた警視庁の、そしてその後ろで全警察機関の、一貫した努力のほどもうかがうことができる。これは夜襲が、市議会と警視庁とを対立させる衝突のかなり頻繁なきっかけとなっており、さらには急進野党による一八七九年のジゴ警視総監に対する、もしくは一八八一年、その後継者のアンドリウー警視総監に対する闘いの中で、政治的な論拠にもなっていただけになおさらのことだった(42)。大衆日刊紙の編集方針が出来始めていたこの時期、犯罪と「人々の治安」の問題がどれだけ決定的な要素だったか、そして検証不可能なこうした類の話が、何行か追加できないかとつねに待ち構えている三面記事の記者たちが首都に放った「三流新聞《カナール》」のどれだけ多くを占めていたかがわかっているだけに、夜襲の話の大部分が持つ空想的な性質を否定することは難しい(43)。

夜襲の話が過剰に飛び交っていたことは、たしかに〔新聞関係者の〕職業的要請であるとか、身体や肉体の保全に対して一九世紀が抱いていた関心の増大を証明するものではあるが、やはり夜のイマジネール、とくに混沌の、深淵の、悪のといった隠喩に富んだ夜の深さに多くを負うものである。夜の恐怖の深さを測ることは、歴史家としてはあまり手段を持たないし、またわれわれの目的でもない。とはいえ夜が、明らかにこうした話の鍵であることに変わりはない。まるで夜襲の過剰な表象が唯一なしえたのは、行為そのものの不明瞭さに対して闘うことであったかのような印象さえある。なぜならいくら夜襲をめぐる話が凝り固まった同じシナリオを引き継いで繰り返したとしても、描写の過度の充満はこれらの話を覆う闇を消し去ってはくれなかったからである。ルイ・シュヴァリエも記している。「新聞の話はそれ自体暗闇でいっぱいである」[44]。これほどまでに執拗でありながら、こうした話はなにを語っていただろうか？　ごろつき？　暗闇から現れ暗闇へと戻るその輪郭についてはなにもわからない。場所？　夜によってぼやけ、輪郭がにじむ、「人気がなく、曲がりくねって灯りが少なく、ときおりごろつきや売春婦の怪しげな輪郭によって活気づく通り」[45]ではないだろうか。襲撃？　義務的な絵が繰り返されていることと、一貫して関連性がないことをのぞいては[46]、ほとんどなにもわからないではないか。多くの場合、あいまいな語彙にとどまっており、そこではごっそり奪う、脅しとる、襲いかかる、脅かすといった総称的な言葉が優先され、行為そのものは、いくつかの漠然とした事件の沈黙の中に溶けてしまっていて、習慣的で取り止めがない不明瞭な行からは見ることはできない。

ジョゼフ・パラ、三〇歳、暖炉職人、トックヴィル通り五三番地、は昨夜ルヴァロワのヴィクトル・ユゴー通りにて、ごろつきたちからナイフで二突きされた。
被害者はボージョン病院に移送された。症状はきわめて重い。
フォーブール・サン＝タントワーヌ通り、火夫でラ・ガール大通りに住むランドルルーはならず者たちに襲われた。ならず者たちは楽に奪えるようランドルルーの首にロープを回した。そこにちょうど運良く警察官がやって来て彼は解放された[47]。

被害者自身、動揺、衝撃、それにフランソワ親父の一撃に続く窒息の初期症状が引き起こす精神的な暗闇に少しずつ見舞われていったのかもしれない。こうしてすべてが夜の闇にぼやけるのである。このあいまいさのなかで、あらゆるシルエットを法に背く者かもしれないと思わせる、夜襲という暗闇の軽犯罪だけがつきまといつづける。夜、暗闇、犯罪的な闇、深淵の測り知れない暗さが襲撃を連れてくるのだ。「第三の奈落」の深層部で深淵の暗さを描き出したユゴーもこのことをよく把握していた。深夜、人気《ひとけ》のない大通りでかすかに見られるこれらのシルエットは、とても人間のものとは思えない。

彼らは人間とは思えない。生きた靄でできているように見える。あたかも、いつも闇とひとつになって、区別がつかず、暗黒以外の魂を持たず、彼らが夜から抜け出してくるのは、ほんの一時だけで、しばらく恐ろしい生命を生きるためだというようだ。

このシルエットは「暗闇の論理」とは別の、社会の地下にある奈落の論理、「不治の黒さが人間の内部に達すると、そこで「悪」となる」醜悪な奥底の論理にも従っているのではないだろうか？「彼らの仕事が終わる時刻（…）明け方は幽霊が消え失せ、強盗どもが別れるときである」ことに由来する名を持つパトロン・ミネットという一味は、抽出物の、行為の、魂のこのうえない黒さをまとめた存在である。(48) まるで彼らが解体されるにはユゴーの勧めるようにどん底を照らすだけで済むかのように。ジュール・ルナールも、暗闇の中でちらりと見えたシルエットに恐怖を覚え、記している。「彼らは遠ざかっていった。われわれは明るい場所に来たのだ」。(49) ある道徳家が主張したように、「夜の静寂」を壊すべての夜襲に終止符を打つには、カフェに営業を続けさせる許可を出すだけでよかったのではないだろうか？(50)「通りに光と動きとが増えれば、それだけ夜襲は減るだろう」。アンドリウー警視総監もそう確証し、酒屋の閉店を深夜二時まで延ばすことにしたのだった。[51]

このイマジネールは、夜襲を加重情状にする法律によっても公式に認められていた。卑劣と極悪の印である夜襲は、犯罪の邪悪で不道徳な側面を誇張するものだったのだ。啓蒙時代のジュネーヴでは、窃盗や殺人の「夜性」（一七八〇年のデュ・ロヴレー検事の表現）は、予謀や再犯と同様「残忍な情状」であり、社会からの排除をもたらすものだった。[52] フランスでは、窃盗を規定するのに夜だけでは不十分であったものの、夜が暴力や武器の使用、協力、それに不法侵入を伴えば、窃盗を重罪にする五つの加重情状のうちのひとつとなるのだった（刑法第三八一条）。一九世紀末の法律家たちも説明している。「防御の効果を弱めることから、より簡単な襲撃方法であり、より恐るべき暴力である」。[53] 夜の意味と長さについても一致させなければならず、多くの論争の対象となっていた。夕暮れから夜明けまでの、現実の夜のことなのか、それともそれぞれが住居に帰ったあとという慣例的な夜のことなのか、もしくは四月一日から九月三〇日までは一九時から四時、一〇月一日から三月三一日までは一八時から六時という法定の夜のことなのか？　裁判所は最終的に、常識の味方をし、夜を日没と日の出を分ける時間帯として定義することで一致したのだった。

具体的状況

なんらかの職種にとって好都合な論拠になったとしても、もしくは一六歳の無邪気な少女に夢の種を与えていたとしても、[54] だからといって夜襲はただイマジネールの領域にだけ属していたということにはならない。演出された危機が明らかに過大評価されていたとしても、夜襲を専門とした、そしてたしかに短い期間ではあれ局地的な強迫観念を引き起こしえた「一味」の現実を否定するわけにはいかない。一八四〇年代初頭にサン゠マルタン運河近辺を支配していた悪名高い「殺し屋」の一味の例がそうである。それからもう少し後では一八八三年、ヌイイで、マルクレ一味が市外の大通りで二〇もの夜襲を行なっていたことが立証されたのもその例である。(55) さらには一八九七年、このヌイイの一味が、ヌイイ、ルヴァロワ、クールブヴォワ界隈で、「帰宅の遅くなった通行人を待ち伏せし、財布を手に入れるためにナイフか銃を喉もとに突きつけて、このうえないほど激しく殴打し、少しでも抵抗しようものなら水の中に投げ入れるという、中世に存在していたような犯罪行為」(56)を蘇らせていたこともそうした例である。ピュトーとサン゠トゥーアンの間で引き揚げられた屍体すべての原因ではなくとも、一八九九年一月にセーヌ県の重罪裁判所で裁かれたこれら作業場と縁を切った若い労働者たちは、一八九七年七月一二日から一三日にかけての夜に、大通りや城壁付近で起こした一〇件の夜襲によって重い宣告を受けたのだった。それからまた、カスク・ドールの事件によって伝説入りをするずっと前、一九〇〇年一二月のピア通りの事件（ほろ酔いで帰宅していた二人の労働者に対する襲撃と殺害）によって前面に映し出されることとなったベルヴィルのアパッチも例にあげられる。マク゠マオン大通り沿いでいっとき通行人たちから奪ったり、何人かの女性を軍用地のほうへと引っ張って暴行したりしていた、同じ時期の、同じちんぴら集団による略奪行為もそうである。(57) 一九〇五年二月に中央市場で通行人を剃刀で襲った「殺戮者たち」もそうである。(58) まさに現実であるこうした事件は、しかしながら、正当な不安を引き起こしうるものではあったものの稀な、短い期間のものであって、おもな「夜襲」はむしろ酔っ払った労働者が居酒屋を出るときに喧嘩を装って奪うというものだった。

こうした夜襲の具体的状況に、言説の次元でも実践の次元でも夜襲の効果と結びついた、ずっと明白な別の具体的状況を加えなければならない。都市の危険性と治安の悪さの象徴であった夜襲は、空き巣とともに、一九世紀末に新聞がこのテーマで率いていたキャンペーンの主たる支点だったのだ。一八八〇年のキャンペーンは多岐にわたるもので、非難の的だった警視庁に対する急進派の敵意と、「善良な人々」の治安を保証することもできない共和国に対する君主制擁護論者の敵意だけでなく、統計が明らかにし生まれたばかりの犯罪学が封じ込めようとしていた再犯の害悪を前にした世論の懸念をも述べていた。もっとも激しかったのは一九〇〇年代を特徴づける「人々の治安」のためのキャンペーンで、これによって夜襲は月並みなモチーフ（この時期に『プチ・パリジャン』紙が報道した犯罪の三面記事の一五％にあたる）、さらに大戦前のこの時代が強迫観念となるまであおっていたアパッチの姿に助長されたモチーフとなったのだった。夜襲はこうして、「夜のパリ」、「血まみれの夜」、「赤のシリーズ」、「治安の悪さ」といった多くのコラムの題材となり、以下のような不安をあおる前書きの下に盛り上がりに欠けた短信が並ぶこととなる。

夜襲は数日前から憂慮すべき形で増えている。昨日も、深夜ごろ、（…）

新たな夜襲を書き留めずに済む夜はない。昨日もまた（…）[59]

ありふれた三面記事のようなこうした話は、一揃いにならなければはっきりとはしない。だが情報の不足を押しの強い表現方法の中で希釈してくれる表面的な注釈を盛り込み、「夜になると、四つ辻に出るたびに「フランソワ親父の一撃」につきまとわれ、震えながらでなければ家に戻れない」[60]ような人の潜在的な恐怖をかきたてることで、こうした話は治安問題の根本の源となったのだった。それは一時的にではあれ世論を動かすこととなり、この問題の中に有益な主題と新機軸の論法とを見出した政治家たちの注意を引くこととなる。[61]

警察の実践もしばしば夜襲とその表象に依存していた。というのも一九世紀を通じて警察に寄せられた批判の大部分は、襲撃されるという強迫観念によってもたらされたものだからである。そのことは、怯えた商人やブルジョワが、灰色パトロール[62]やその後の夜間巡回といった公的な措置に満足せず、警視庁に定期的に提出していた数多くの「夜警」の計画が証明している。たとえば一八一二年一月以降、ルザーヴル＝カイイエという人物は警視庁に「首都にはびこる堕落した連中を首都から一掃」できるような夜警の構想を送っている。この計画は、それぞれ五人から成る二四の中隊をつくり、パトロールをしながら巡回しては深夜から明け方までの間に徒歩で通行しているすべての人物を派出所まで連れてゆくという任に就かせ、借家人たちから給料を支払わせることを想定していた。疑われた人々は、レジオン・ドヌール勲章を持つ者、役人、医者、助産婦、それに御者は例外として、五〇サンチームを支払ったならば通行許可証を与えられるとされていた。[63]一八三二年に市の予算で負担されることとなった夜間巡回は定期的に再編成されたものの、とりわけ一八二六年から四八年にかけては、ほかにも多くの提案が同じような形で提出されており、『パリ市警察計画集』にはその跡が残っている。より詳しいのが一八四三年に出版された『治安のための夜間特別警備の設立計画』で、それが想定していたのは「独自の合図で連絡を取り合うことのできる、三〇軒ごとに配置された警備員たち」[64]による民間業務だった。ときには市町村の側から発案されることもあり、たとえば入市税関を警備し、街灯を確認し、帰宅の遅くなった通行人を護衛する一八六九年にヌイイでつくられた夜間保安員の一定時間ごとの任務や、[65]ベジエで昔から存在していたという夜間保安員（セレーノ）などがその例である。パリでは九区の議員ジョルジュ・ベリーが一八九一年に二、三千人の警備員から成る夜警業務の創設を勧めているが、それは、維持は依然として住民たちの負担であるものの、人員は警視庁の信任によるというものだった。一九〇〇年以降自転車が普及すると、警察の担当区分と夜間巡回の効率は上がったが、それでも民間警備員の計画は残り続けた。[66]一九〇五年から〇七年にかけてのアパッチに対するヒステリーに導かれ、構想は一九〇六年六月に市議会で議論されたエミール・マッサール議員の計画として新たな展開を見せる。それは警視総監によって任命され、元警察官の中から採用されるが、依頼するのは街区の家主たちで、支払うのも家主たちという、夜間警備員の部隊の計画だった。計画は実現されることはなかったが、この計画は公開されていたことから、パリで、リールで、ニースで、パリ夜警、人と財産の保護防衛組合、セーヌ警備などといった監視と治安の商業の発展を促した。[67]ごろつきに対する予防措置を専門とす

見張り中の夜警

るパリ刑事社のような民間警察の職場は、夜襲を減少させるにあたって積極的な役割を演じることを自負していた。一九〇七年、こうした職場は「ブーローニュの森での夜襲という安楽さに浸っていた三つの犯罪者集団に一斉射撃を」行ないはしなかっただろうか？「そのうちの一人、アンドレ・ジリエ、二六歳、住所不定は、タイルの上で半死状態で見つかった。これはわれわれの社会浄化のはじまりにすぎない」。[68]一九一三年には「あらゆる押し込み強盗と夜襲を不可能にする」[69]べく警備員と犬とを個人にも使わせる、夜警の実質的な活動が開始された。並行して、呼び子笛を持つ、善良な人々が「正当防衛」する、つまり武器を携帯するといった、一人ひとりが自主性に頼ることも推奨された。自衛の手引書は女性も含むすべての市民に、ごろつきに抵抗するさまざまな手段を写真を用いて教え、評論家はアパッチに対し通行人が発砲することも勧めたのだった。[70]

あらゆる社会契約の形式を徹底的に侵害するものである夜襲は、こうして、一九世紀を通じて都市の危険性のこのうえない形態となったのだった。その危険性の中には犯罪の、経済の、身体および性の三つの大きな核が重なり合っており、そのすべての脅威がひとつひとつの夜襲に隠れているように思えたのである。夜襲の危険をあれほどまでに表象し規格化しようとする必要性は、暗闇から現れるこの危険の不確かではっきりしない性質から生じたものなのかもしれない。この原始的で強迫的な襲撃の恐怖を合理化してしまえば、つまるところ夜襲は安心できるものになるからである。このようにメディア化され体系化され、ステレオタイプの状態にまで単純化されてしまった夜襲は、逆に、型にはまったモチーフになりすぎて、無化されてしまったほどだった。[71]真の大胆不敵、真の恐怖は、夜ではないところに探すべきだったのではないだろうか？　一八二二年の秋にパリ近郊で強盗をしていた者たちについて、ヴィドックは言っている。「この連中は真昼間でも盗んでいた」[72]。それからほぼ一世紀ののち、女性たちから昼前に盗んだり、ボノ団のように通行人に「通りの真ん中で、真昼間に」[73]一斉射撃を加えたりした者のおぞましさと比較したとき、そこには驚くべき類似がある。

第二部　捜査

第5章　警察官の回想録

ひとつのジャンルの出現？

あなたがた犯罪学者、歴史家、生理学者、道徳家、博愛家、医師に、私はこの研究を届けよう。これはあなたがたに当然の権利として属するものなのだ。ここからあなたがたはどのような結論を、法則を、打開策を引き出してくれるだろうか？(1)

一八七九年から八四年までパリの警察庁長官であったギュスターヴ・マセは、自身の記憶をもとに編んだ数多くの作品のうちのひとつを、このように未来の学者たちに捧げている。彼の呼びかけが真面目に取られたことは一度もなかった。もしかしたら曲解されていたかもしれない、というのもこの呼びかけは、当時の警察官たちに見られた、回想録や告白を出版するという変わった癖のほうに注目を集めてしまったからである。事実、マセは稀なケースではなかった。一八二八年にヴィドックの『回想録』が出版されてからというもの、警察官は頻繁に筆を執っては自分たちの経験を生々しく描いてきた。そこからひとつの形式、文体、「ジャンル」が生じ、シャルル・シュヌヴィエ、ロジェ・ボルニッシュ、ロベール・ブルッサールといった近年の警察の名士たちの著作も証明しているように、こんにちでもなお存在する堂々たる叢書のもととなった。[2] もちろん歴史家たちもずっと前からこうした物語は知っており、その参考資料としての可能性や隠れた史実や「新事実」を評価している。ときには一般読者もまた、定期的に再版されるヴィドックやゴロンやその他有名な「刑事《いぬ》」たちをいまだに愛好している。だがそうした刑事たちの多くは、図書館や収集家のカタログの奥深くに閉じこもったままでいる。しかもこれらの回想録や回想記は、「資料」として求められたことこそあれ、それ自体が歴史学の対象として考察されたことは一度もない。本章は警察官の回想録を歴史学の対象として捉えようとするものであるが、それはわれわれが、こうした回想録が世界について語ってくれる内容を求めているからではなく、回想録自身について確実に語ってくれる内容を求めているからである。一部の文化史が正当にも勧めているような、資料への回帰のようなものである。このようにそれ自体で、また（シリーズをなしていたわけであるから）そのシリーズで捉えられることで、警察官の何世代にもわたって伝えられてきたこうした物語は、まったく別の歴史をわれわれに語ってくれる。まずは、地味でぱっとしない役人を、作家に、ときにはヒット作家に変えてしまった奇妙な作用である、エクリチュールの歴史と制作の歴史。次に、長い間否定され、歩みの遅い困難な過程の中で始まった、警察官という職業の歴史。最後に、これらの回想録を横切るさまざまな思惑にもかかわらず、警察官という職業の再認識と少しばかりの再評価の主たる手段となっていった、イマジネールの歴史である。

ひとつの「ジャンル」の識別

一八二八年にトゥノン社から出版された『一八二七年まで警察庁長官であったヴィドックの回想録』は、このジャンルの始祖であるとしばしばみなされてきた。そこではひとりの警察官が、みずからの職業上の経験の物語とも重なる人生の物語を読ませてくれ、どちらも歴史資料となっている。とはいえ単数の報告書が〔mémoire は単数形では報告書、複数形では回想録の意味になる〕役人においては古典的な表現方法であり、一八二八年以前にも多くの警察官が実践していたことを忘れてしまうわけにはいかない。もちろんヴィドックが発表した複数形の報告書〔回想録〕は、覚え書きや伝統的な警察論とはあらゆる観点で異なるひとつのテクストの、個人的、文学的かつ歴史的な側面を明示しようとしたものである。しかし単数と複数の言葉が持つ二つの意味の境界はしばしばきわめてせまい。有名なドゥラマールの『警察論』から、ギョーテやルメールの著作を経て、一七七六年から八五年まで警視総監をつとめたルノワールの『手記』に至るまで、一八世紀によく見られた覚え書きの多くで、作者たちはみずからの計画を個人的に擁護している。(3) 彼らのエクリチュールに固有であり、覚え書きというジャンルの中で頂点に達した正当化という側面もまた、二つの形式を類似したものにしている。自身の身を守るということは、自己について語るということだったのだ。それに対して警察官の回想録の多くは、技術的な余談や、部局の構成や行政の機構や数多くの機能不全、さらには改革案を細かく述べた無味乾燥な説明で満ちている。したがってヴィドックの作品の新しさは、慎重に、重複する範囲を示したうえで理解されるべきなのである。それでもやはりこのジャンルの始祖とみなすことはできるのだが、それは回想録ならではのきわめて古典的な冒頭(「私はアラスで生まれた。……」)によるものというよりも、模倣者たちが作品に認めている指示対象としての機能（それも肯定的というより否定的な）によるものなのである。

本研究の区切りである王政復古の最後の数年から一九四〇年までの間に、警察官の回想録を名乗る作品は百点近く出版されている。すべてが本物の回想録というわけではなく、大雑把に三つのかたまりを見ることができる。みずからの職業的経験を多かれ少なかれ批判的に回顧する、たいていは退職した役人による本物の回想録、同じ作者たちが成功を活かし少しずつセミフィクションのほうへと流れていった、回想録の派生ないしは延長、そして小説が不当にも警察官の回想録を装った、偽の回想録である。だが、真実性が疑わしく、あちこちが架空の断片で補強された、二人の「ゴーストライター」（当時は染物屋と呼ばれていた）の作品であり、最終的にひとりの作家〔ヴィドック自身のこと〕が引き受け、これを支えにみずからの手で小説めいた延長を行なうこととなったヴィドックの作品を筆頭に、こうした境界はそれ自体絶えずかき混ぜられた。よって、ひとつひとつの物語特有の性質をもちろん特定しつつも、物語と編集が集中したことで最終的に独特の空間が浮かび上がることとなった、この百点もの作品全体について考えるほうがよいということになるだろう。その空間は三つの時期に現れた。

■出　現

王政復古の終わりから第二帝政にかけての最初の時期は、この文学形式の台頭期である。一八二〇年代中期以降、警察の公務に特に好意的な一時期《シークエンス》が、つまりアントワーヌ・アネによれば「それが良い投機になると見た[4]」出版業者の間での一種の「ブーム」が始まった。多くの注釈が施されたフーシェの『回想録』が、一八二四年、その動きの幕を開けたのである。フーシェを読むとわかるように、登場人物〔フーシェのこと〕は警察官としてよりも「政治家」であるように感じられるかもしれないが、じっさい彼がこの近代機構の考案者であることを知らない者はいない。この時期は警察組織内部の大掛かりな抗争の時期でもあったのだ。一八二一年一二月にパリ警察のトップに任命されたドゥラヴォー警視総監とその部下で警察総局長のフランシェは、どちらもコングレガシオン〔当時の極右宗教団体〕に近い存在であったが、あまりに抑圧的な警察の観念と機能に対する敵意を引き起こし、それは次第に高まっていった。こうして一八二六年、パリ市の四八人の警視のうち四五人の辛辣な肖像を描くことでこの嫌われた機構の「不正を指摘」しようとしたルイ・ギュイヨンの攻撃的な著作、『パリ市の警察官および警部の伝記』が出版されたのだった(そのうちのひとりはコンバ地区のメグレ警視という名だった。)元徒刑囚が率いる警察の存在、「警察に重くのしかかる怪物性」(二二九頁)が、さらに荷を重くしていた。一八二八年一月のフランシェとドゥラヴォーの解任の直後は、こうした批判を助長することでより「近代的」で専門的で自由な警察の新時代の幕開けを示そうとした新たな警視総監ルイ・ドゥベイエームによって、批判はさらに強まることとなった。(5) 一八二九年、フロマンの『暴かれた王政復古以降の警察』(じっさいにはルイ・ギュイヨンが執筆)や、アントワーヌ・アネの『ドゥラヴォー氏とフランシェ氏の魔術書』のような、ドゥラヴォー警視総監の「嘆かわしい在職期間」に率いられた「謎の、秘密の、異端審問のような警察」をはっきりと告発する作品が現れたのは、こうした再構成の状況の中でのことだった。もちろんこれらの作品のいずれも、報告書ではあっても回想録ではなく、自伝契約のようなものの痕跡を見つけようとしても無駄である。しかしどれもが、密告者や工作員を暴くのであれ(「スパイをそのいまわしい現実の中に浮かび上がらせる」、アネ、七〇頁)、「警察の迫害による犠牲者を読者たちに教える」

のであれ、伝記の骨組みの中で作用している。こうした作者たちは、役人たちが公務上知りえた情報を私的な、もしくは商業的な目的で使うのを決して許さない機構との間で繰り返される争いの初期において、「警察資料」を後ろ盾に、「警察という劇場でなければ演じられないような卑劣な策略の、謎めいた不正の、憎むべき不実の、ひどい裏切りの、その他スキャンダラスな、さもなくば悲劇的な場面のよりピトレスクなシーン」(アネ)を描くべく、厳密な行政記録からはみ出したのだった。

二年前から経営が困難であったジャック＝アンドレ・トゥノン編集社はこうして、この有望な状況に便乗できればと願い、二万フラン〔約二千万円〕という信じがたい値段でヴィドック(ドゥラヴォー警視総監から一八二七年に解雇されていた)の草稿を購入した。(6) やはり伝記的なものと物語的なものとの接点にありながらも、ヴィドックの作品はいくつもの特徴において確かに最初のものとなっている。作品は、一目でわかる自伝的次元だけでなく、個人的かつ職業的な正当化の手段と考えられた、取り調べや犯罪捜査という司法のスタイルにも目覚めている。同時期の小説のエクリチュールにも影響を及ぼしていたこの乱入によって、自伝的なものと「推理」ものと文学とが重なり合う作品の攪乱と多孔性が際立っているのだ。ほかの要因もまたこの混乱に貢献している。作品の作者がヴィドックではなく、エミール・モリスとルイ＝フランソワ・レリチエという二人のプロの雑文家に託されたものであることは知られているが、彼らによって作品は最初からフィクション化され、一八二七年にトゥノン社から出たレリチエの長編小説であるアデル・デスカールの挿話まで無理やり組み込まれているほどだった。販売が開始されるやいなや作品はすぐさま流用ないしは剽窃され、ルイ・ラバンとマルコ・サン＝ティレールは一八二八年に『ある徒刑囚もしくはベールを脱いだヴィドックの回想録』を出版、その後一八三〇年にはレリチエが『ヴィドック回想録補足』を書いた。草稿を奪われたヴィドックは、そこでは小説の登場人物や人物像となり、やがてバルザックはもちろんのことデュマやユゴーといったほかの作家たちによっても利用される、ひとつの人格でもあった。ヴィドック自身もまた、『北の火あぶり強盗』や『本当のパリの秘密』といった数多くの架空の、しかし個人的な記憶と経験から成る物語に署名したことで、あいまいさを残している。この『回想録』の始祖としての主たる側面のひとつは、その立場の極度のあいまいさ、およびそれと文学とを結びつけている厄介な親密さにあるのだろう。

一八二六年から二九年に開始されたこの作品群は、犯罪の話に対する人々の熱狂や、警察官の人物像の小説的で社会的な根強さに助けられ、その後の数年間も、なんの障害もなく持続した。一八四〇年のジスケ警視総監の『回想録』の出版は、より政治的で「歴史的」なところが多いものの、やはり素晴らしい未来を約束されたひとつのサブジャンルを創始することとなった。有名な警察官が、そのキャリアののちに、みずからの経験を生き生きと語るべく筆を執るというのは、次第に当然の反応であるかのように見えていったのである。こうして一八四九年から五一年のパリ警察庁長官であったピエール・カンレーは、一八六二年に『回想録』を出版した。ヴィドックを批判しつつも、彼と同じ言説のスタイルに含まれることとなったカンレーによって、いまやはっきりと認められるようになったひとつのジャンルの境界は定められた。同じころ、文学もこのジャンルに見誤ることなく投資し、真正の偽回想録を生み出した。シャルル・バルバラは、監視されているある警察官の幻滅した精神状態を描く短編小説に、一八五六年、すでに、「ある警察官の報告書抜粋」という題をつけている。このジャンルが完全にフィクション化されたのは、とりわけきわめて多弁な連載小説家であるジュール・ボージョワンによるものである。一八六八年にファイヤールから出版された彼の『ある警察官の回想録』の八一もの絵入り分冊は、某「V」氏から作者に渡されたノートをもとに描かれたとする、警察の非常に細かな事件を読ませてくれるものであった。現実であれイマジネールであれ、警察官の回想録は、第二帝政の末期にはこうしてありふれた読み物となったのだった。

■開　花

一八八〇年から一九一四年にかけては第二段階にあたる。むしろ五〇ほどの作品が出版されたことで、この時期はこの現象の中心でさえある。三つの理由がともにこうした発展を説明してくれる。出版の、読者の、そして警察官の期待的展望に支えられ、このジャンルはいまや確固たるものとなり、警察の大物であればみなそのために時間を費やさなければならないほどだった。それを免れようとするのは怪しいとさえ見られかねなかった。こうして警視総監(マルク・コーシディエール、エルネスト・クレッソン、アルベール・ジゴ、ルイ・アンドリウー、ルイ・レピーヌ)や、パリ市警の所長ジャン＝マリ・コーべといった警視庁の高官、警察庁長官(フィリップ・カットラン、アントワーヌ・クロード、ギュスターヴ・マセ、フランソワ・ゴロン)、それにジョームやロシニョルのような名うての捜査官の回想録が増えることとなったのである。重要だと判断された警察官がみずから回想録を執筆しようとしないときは、執筆するよう働きかけられたり、身元の怪しい回想録が出版されたりした。第二帝政期の警察庁長官であり、出版の提案はあるが自分は回想録は執筆しないとはっきり言っていたクロードの回想録が、連載小説家テオドール・ラブリウーによるものなのはそのためである。「クロードのノートをもとにほとんど信用できない作品が出版された」と一八八三年にラルースも記している。同じく真実性の疑わしいコーベの『回想録』も、フリーメーソンの同志で哲学者のグレゴワール・ヴィルーボフによって書き上げられた。カメスカッス警視総監の回想録はなかったが、世紀末のあらゆるサロンに出入りしていた社交家である妻の回想録で満足してもらえたようである。この急激な増加のなかでの記者の役割はしばしば決定的だった。ロシニョル捜査官は回想録を書こうという決意を次のように述べている。「ある記者が私と話をしに来た。かつて私が警視庁の執務室や居酒屋の奥で殺し屋たちに働きかけたように、私に「働きかけた」のはこの記者であったように思う。私は屈し、最後の報告書を書くこととなった」。もちろん、当時犯罪問題や推理小説がまとっていた重要性も、こうしたやり方を助長していた。大量発行新聞は警察庁の「刑事《いぬ》」たちの回想録を、依頼したり、出版にさきがけて一部発表したりしさえした。一八九七年の『ル・ジュルナル』のゴロンの回想録や『ル・マタン』のロシニョルの回想録がそうである。警察官の作品の大部分を出版し、おもに大量発行の核であった出版社（ダンチュ、シャルパンティエ、ルッフ、ジュヴァン、ファイヤール、オッフェンスタッドなど）は、しばしば作者たちを大衆小説家と同一視して依頼しさえした。ピエール・ザコンヌの『ある警察官の回想録』や、それまでは家庭劇を専門としていたアンリ・ドゥメッスの『ある警察庁職員の回想録』、それにアンリ・モレルの『警察官モタールの記録簿』のような模造品も同じく増えた。こうした関心を表すかのように、出版社は古い作品や忘れ去られた作品を掘り起こした。すでに一八六三年にダンチュは『ド・サルティーヌ氏の捜査日誌』という、「ルイ一五世統治下の未発表資料」を出版している。世紀末にはほかの出版社も、パリ警視総監フェドー・ド・マルヴィルの『未公開日誌』（一七四四）や、一八一五年に解任された「下級職員もしくは警察官フランソワ・ディウゼ」の未発表の回想録を持ちかけるなどした。

この増加の二つめの理由は、より地味な、より下級の役人たちが書き始めたことにある。ロシニョル捜査官は書いている。「これまで回想録を書いてきたのは、第一級の重要な役職の人間たちだった。今度は、もっとも地味な仕事から始めた警察官が、地位を飛び出して、見聞きしたことを語るのだ。彼の物語にあるのは、じっさいに経験した一部始終、職業上必然的に起こった劇的な急展開といった価値だけである」。評判の警察官であるロシニョルは、みずからの功績と役割についていくぶん卑下しているのであるが、もっと無名の者もこの時期には筆を執っていた。エミール・アルシェやD・B、ルイ・アモンやシャルル・ペシャールのような地域の一介の警視たち、捜査官や警部や補佐官（アルベール・ビズアール、エミール・デュフレーヌ）、さらにはゴロンの時代に警察庁でほんの少しだけ働き、その後モナコのカジノで「公国監視長」として出世したウィリアム・ル・クーのようなただの端役にいたるまで。一九〇七年には巡査のウージェーヌ・コルジーが筆を執ったものの、発表されずにいた。(7) 一九〇〇年ごろには型にはまった生産と表象の空間が存在していたことが、昇進や栄誉への関心と同じくらい、こうした通俗化にはっきりと表れている。反面、物語は少しずつ規格化してゆき、コードやステレオタイプがはびこっていった。

回想録が増加した最後の理由は、マセとゴロンという二人の回想録作家の態度にあり、彼らの過剰な生産は全体にいちじるしい影響力を及ぼしていた。一八七九年から八四年にかけて警察庁長官であったギュスターヴ・マセは、退職後すぐに『回想録』を出版した。だがそれだけにとどまらず、翌年には、みずからの最初の捜査の物語を出版した。シャルパンティエ（次いでファスケル）との契約のもと、彼は文学とみずからの経験の断片とを混ぜ合わせた回想録や三面記事小説やどん底の描写を、きわめて定期的に発表したのだった（一八八四年から一九〇九年の間に一二冊）。出版社はマセのために「パリ警察」というひとつの叢書と、ときとして一万から二万部の大量の部数を費やした。数年後、ゴロンも同じような道のりを歩むこととなった。一八八七年から九四年にかけて警察庁長官であった彼は、離職の三年後に『回想録』を出版した（その前に連載小説にしていたが）。その後一六作品がフラマリオン社から定期的に出版され、「警察研究」はますます明らかにフィクションへと流れていった。最後の作品は子ども向けの小説『警察犬プーンの回想録』であり、それは意識的もしくは無意識的に、このジャンルをパロディーに寝返らせたのだった。

■通俗化

両大戦間期には伸び悩みのようなものが見られ、数えられた作品は三〇ほどである。とはいえ回想録の出版は警察の名士（警視総監、高官、評判の捜査官）にとっては義務的な仕事であり続けたものの、もっとも地味な、とくに地方の役人（リヨンのセザール警察官とドゥグット警察官、トゥールーズのステレ警察官）までもが執筆するようになっていた。それはレオン・ビザールのような警視庁の医師、エドモン・ロカールのような犯罪学者、ウージェーヌ・ヴィリオのような私立探偵といったふうに、付随的な職業にまで達した。だが文字通り文学的な鉱脈の枯渇は明らかだった。その輝きを保ち続けていたのはただリヨンの科学捜査研究所所長で、回想録や犯罪学の本のほかに一九三〇年代には多くの「有名事件簿」（フュアルデス、ラスネール、ラファルジュ、オルシーニ〔ナポレオン三世の暗殺未遂犯〕、カゼリオ〔第三共和制大統領カルノの暗殺者』)、「流血と愛情の犯罪」、三面記事小説、その他数々の『リヨンの秘密』を発表したエドモン・ロカールだけであった。文学の舞台からの相対的な撤退の原因は、当然のことながら、推理小説の叢書、一九二〇年代の終わりから増えていたアングロサクソンの翻訳書、フェレンチやタランディエといった出版社から一貫したペースで出版されていたフランスの「プチ・リーヴル」シリーズとの競争によるものである。出版の背景が少しずつ悪化しつつあったのだ。多くの警察官がその散文を二流の出版社や地方の出版社(アンドレ・ブノワの回想録を「詐欺師と盗人の巨匠」シリーズの中で出版したフランス出版とラテン出版、ラ・ルネサンス・デュ・リーヴル、リュグデュヌム、フルーヴ出版)に提供することを強いられた。その他の者たちは販路を見つけられず、定期刊行物の中での掲載にとどまらなければならなかった。何人かの警察の名士を除いては、彼らの回想録は少しずつサブジャンルとして捉えられるようになっていったのである。

筆を執る

警視総監から捜査官ないしは警視まで、警察機構の中で異なる役割と立場に就き、しばしば大きく異なる希望、動機、戦略に従うこれら作者たちとその作品には、それだけ多くの態度や思惑が分散しているように思われる。いずれも、まずは栄誉や社会的評価に関心を抱き、そこに、大部分のこうしたささやかな月給と年金の役人にとっては、金銭的な補償の期待が加わったのだろう。だが個人的な動機は多くの場合もっと複雑であり、たったひとつの特徴を割り当てることはできない。彼らの作品では少なくとも三つの糸が交差していた。

■歴史の呼びかけ

一九一二年にパオリ巡査が書いているように、「われわれの時代の歴史に有用な貢献」をしようというのは、回想録を書く主要な意図のひとつであり、当然警察官の場合も例外ではない。よって、ほかの多くの回想録作家のように、警察官も自発的に、彼らの時代の「証人」であろうとする。この傾向は、警察の人間というより権力者、もしくは政治家である警視総監にとくに顕著である。彼らの回想録は、観察する者であり政治を動かす特権的な者でもあるみずからの役割によってとくに興味深いものになるだろうと思われた情報や「新事実」に彩られた大壁画を好んで粗描する。コーシディエールのような者はまさに歴史概論とも言えるものを執筆し、そこでは警察の側面はほとんど消されてしまっている。序論で彼は記している。「これは、すでに消えかかっているある革命の、この奇妙ではかない歴史に光を投げかけるべく書かれた」。パリ攻囲戦の間のみずからの行動の場面を描いたエルネスト・クレッソン、また、警視総監になってから観察した主要な政治危機や政治事件を作品の中で報告したルイ・アンドリウーにとっても、関心は同じだった。ベル・エポック期の外国君主たちの安全の責任者であったグザヴィエ・パオリや、ドレフュス事件の「滑稽な日々の生き残り」を自称する警察庁警視であり、「たくさんの物事（…）たくさんの出来事（…）たくさんの尊敬すべき人々」の記憶がまだ生々しいジャン・フランスのように、警察官の中でもより「政治的」な者にとっても動機は似通っていた。事実、この証言したいというきわめて歴史的な意志は、たとえそれが主たる目的ではなくとも、どの時期においてもこうした物語の多くを貫いていた。こうしてカンレーはラマルク将軍の葬儀や一八四八年の日々についての、ビズアールは一八四八年のブランキの事件についての、クロードはオルシーニの襲撃やヴィクトル・ノワール〔一八七〇年、ピエール＝ナポレオン・ボナパルトに殺されたジャーナリスト〕殺害についての自身の解釈を詳細に述べるのである。「その時代の社会的大危機の証人」であるシャルル・ペシャールやエルネスト・レノーのような、自身が巻き込まれた出来事の報告に没頭する一介の警視においても反応は同じだった。三区の主任捜査官であったガストン・ファラリックにとっては、それはたとえば一九〇三年八月の地下鉄の大惨事や一九一〇年の洪水、それにマタ・ハリの処刑ということになる。

　この歴史の欲求はすべての回想録作家にはなじみの、自分の作品ないしは自己を正当化しようという意図を伴ったとき、当然のことながら強まることとなる。回想録の冒頭でジスケ警視総監はこのように書いている。「この作品の目的は、わが省庁の行為を、それを率いてきた政治的な方針を伝え、警察に対する根拠のない悪意に対して戦い、一八三〇年以来警察がこうむってきた場違いな非難の原因と性質についてこの国に教えることである」。それはとりわけ「憎しみや事実に関する無知から霊感を授かった」新聞の「悪意にひたったペン」に反駁し、警視庁の頂点でのみずからの行為の意義を復元することだった。制度の歴史はこうして国家の歴史に代わろうとしたわけであるが、それはしばしば警察を国家の命を左右するものとして捉えようとする者たちにとっては正当な回復だった。こうしてほぼ全員が、それぞれ警察史の長い一シーンを届け、自分たちの記憶を警察の伝統的な回想録に加えることとなったのである。それはまた、一八二六年から二九年にかけての始祖的な作品と同様、警察のなかの有害であるとか下劣であると思われる概念を暴き、批判し、前任者による管理を攻撃するという、警視総監や警察庁長官によく見られる反応にもなりえた。異なる部署同士の（そしてそれぞれが体現する警察の概念の）

対立もまた非常に強力な原動力だった。のちに述べることになるが、おもな、ほとんど最初からあった対立とは、もちろん司法警察と政治警察の間の対立である。だがその航跡に数々の争い、とくに「別の警察」に対する恨みに満ちたエルネスト・レノーの回想録のような、多くの回想録を貫く警視庁と警察庁との間の強力な敵対関係が入り込んできたのだ。パリ警察の内部でも、部署間の敵意は強かった。警察庁の対策班とパリ市警との敵対関係はギュスターヴ・マセに回想録の大部分を書かせることとなった。マセはその中で「警視総監よりも権力があり、政治に口を出しすぎて仕事を犠牲にしている」パリ市警のコーベ所長を徹底的に攻撃し、つまるところこの迷惑な監視を厄介払いした警察庁の業務のありうべき姿を示したのだった。政治的な対立もまた参加の動機をなしていた。シアップ警視総監の『秩序の言葉』(雑文家ジョアンニ作)に、司法警察の元局長アンドレ・ブノワがこの「新たなフーシェ」に対して述べた荒々しい非難が答え(「私は真実を渇望している。私はすべて言おうと誓う」)、反対に、警視庁の元室長リュシアン・ジメールの回想録は、「私も協力者で友人であったことを誇りに思う、名高いジャン・シアップ警視総監」を擁護しようとしていた。

この証言と歴史への関心のより下卑たバージョンが、読者になんらかの「暴露」をもたらし、秘密や難解な歯車を多く保有していると思われていた警察という機構の、それらを覆っているヴェールを取り払おうとするものである。復古王政期の最後の数年、第三共和制のはじめ、両大戦間のようなとくに政治危機の時代に出版社が奨励したこの種の物語によく見られる動機はそれである。最後に歴史は、より個人的に、単なる自己や利益の防衛にもなりうる。このとき回想録は攻撃文書へと回帰し、原因を説明したり埋め合わせを得たりするのだ。こうしてヴァル・ド・グラース地区の警視セサックは一八七〇年九月四日の解任ののち、正義を要求している。それからまた、数年後、ペリグーの補佐官デュフレーヌやタラスコンの警視ダラッスはみずからの生涯を見直し、自分たちにのしかかっていた「軽々しい社会道徳」の非難をはねのけている。最悪の場合、一八二四年に解任された警部で、復職させないと筆を執るぞとおどしたアントワーヌ・アネのように恐喝にもなりえた。「警視庁が私を居場所のないままにするというのなら、私もいま警察についての本にもたらされている流行を利用しないとは言わない」。だがこのような偏向は例外だった。職務を擁護し、幻想や根拠のない非難から遠ざけて正しい価値へ戻すというのが、依然としてもっともよく見られる感情だったのだ。二〇世紀初頭のパリの警視マルセル・ギヨームもまた、この「歴史」への関心をとてもよくまとめている。「多くのただひたすら勇敢でまじめな人々と知り合うこととなった、みずから選びそして愛している職務の名誉を回復させること」。

■ピトレスクの呼びかけ

この歴史への関心は、こうした作品の物語的な面白さの大部分を導き、その編集上の運命を輝かしいものにするピトレスクの関心とも緊密につながっている。しかし遍在するその鉱脈は側面ごとに変化する。ひとつめの側面は、きわめて高く評価されるものであるが、たいていの場合風変わりなものと想像されている、警察署の日常生活、飾り気のない現実、そしてひとつの世界のありふれた内情に関するものである。それはどれもが「ありのままの」生活を語る、逸話や小さな出来事や親身の忠告からなる、取るに足らない年代記の形をしている。それは調書ふうの、いわば帳簿のようなものであり、そこではピトレスクは逆に、もしくは暗に表れ、軽い筋書きが警察の凡庸な詩を編んでいるのである。長い間サン＝タンブロワーズ地区の警視だったルイ・アモンや、警視で詩人のエルネスト・レノーが「警視の私生活」と呼んだものだ。ファラリックのような者たちは素人に対し木賃宿《ガルニ》の巡回や「特別許可」の実際を説明し、こうした私生活をより技術的ないしは専門的な解説によって面白くしている。クロードやマセのようなまた別の者たちにおいては、物語は、「警察」という出処と手法とが唯一の統一性をなしている、大きな構造もまとまりもない寄せ集め、逸話や三面記事的事件やうわさや個人的な妄想のコレクションの中に撒き散らされがちである。

二つめのピトレスクの原動力は、より意外であるが、軽喜劇のものである。一九世紀末以降、多くの軽喜劇は、愉快で皮肉でときにはほのかにみだらな調子の物語であった。ベル・エポック期のパリの警視であるエミール・アルシェは、彼によれば「警察署を喜劇に変えた」数多くの不貞の記録や寝取られ事件を、陽気かつ好意的に物語ることにした。このような思いつきに打ち込んだのは当時彼だけではなかった。ペシャールの、ゴロンの、セザールの、ロカールの回想録もまた、リヨンの警視ポール・セザールが「閨房の密猟者」や「恋愛の変質者」（女たらし、誘惑者、のぞき、露出狂、色情狂）と呼ぶところの逸話やおかしな寸劇を見せている。ペシャール警視は『恋愛の紆余曲折』について、「いわば事務的な形式を取り除き上機嫌に伝えられる調書のようなもの」と書いているが、そこでは別の性格、「ほのかに懐疑的だけれども好ましい人生観」を持つ者としての警察の、また別のイメージの輪郭が現れている。

だが主要なピトレスクは当然のことながら、こうした作品が見せてくれるとともに案内もしてくれる、どん底のピトレスクだった。その現実はまず暴かれないとはいえ、「ならず者の世界」の探検は、ヴィドック以来、こうした物語の主たる領域のひとつとなっていた。「私はいまだに文明を避けているいくつかの社会階級の独特な表情を紹介しようと思う」とヴィドックは『回想録』の第四五章で書いている。「これらの不可触賤民のカーストの特徴を忠実に再現してゆくことになるだろう」[8]。ここから展示のひとつの対象が、というよりひとつの共通原則が生じるのだが、ここでもまたヴィドックが規則を定めている。「私は悪人のさまざまな種類を、人殺しからスリまで整理し、ラ・ブールドネによる一八一五年の読者への分類より役に立つ分類を作ろうと思う」。それは、個人はもちろんのこと、活動、生き方、言語、場所など、すべてが学術的な一覧の中に分類される、どん底の繊細な分類学を打ち立てるということだった。というのもこの分類は明らかに、当時輝きを放っていた博物学のモデルに従って機能し、リンネ、キュヴィエ、ガル、もしくはシュプルツハイムを参照させるものだったからである。ヴィドックは盗人たちを分類するのに「リンネの方法」を採用したことを自慢する。「読者が思いもよらないこうした類似により、私は自然史の境界のところまで来ることとなったのである」。ジョフロワ・サン＝ティレールの怪物学理論にふれて、押し込み強盗を「シュロドマット」、いかさま師を「バランシオトミスト」とするなど、学問の世界に入るにあたってより学術的な専門用語を身につけることとさえ考えていたようだ。だが最終的にはこう言ってあきらめている。「私は盗人たちが洗礼を受けるのを見た。私は彼らの名付け親になどなるまい。彼らの修史官であるだけで十分だ」。

当時とても流行していた『生理学』ものやパノラマ文学に近いこうした分類学は広い陳列室を開き、そこでは、ヴィドックの『回想録』の後半の章（第六四～七七章）のタイトルをあげると、押し込み強盗、空き巣、店の強盗、両替泥棒、浮浪者、スリ、いかさま師、客引き、債務者、いんちき、人殺し、偽宝石商、強盗殺人犯、放火魔など、おもな犯罪者の「類型」が展示されたのだった。それぞれの技術的細部一式を含むこうした分類学は警察官の文学全体を貫いており、多かれ少なかれ創造されつつ、カンレー、クロード、マセ、ゴロン、ヴィリオ、ブラン、その他多くによって続けられることとなった。類型には、職業的、社会的行動、さらには人種的特徴までが加えられ、そのことは警察官や司法官に、犯罪人類学の主張を受け入れる準備をさせることとなった。こうした方法は隠語という、どの作家も読者に教授するばかりかヴィドックやロシニョルのような語彙論研究者まで現れる、展示種の言語を用いることを正当化してくれるものでもあった。本から本へと引き継がれたこの分類学が作り出した果てしない説明は、やむをえない一節なのか見せ場なのかの違いはあれ、これらがゾロ製品であることの正真正銘の印だった。分類学の生産力の高さは冗漫な作家たち（とくにギュスターヴ・マセ）に、遊び人と娼婦の、安酒場と賭博場の、危険な場所と殺人通りの、監獄と徒刑場の類型学という、これまた果てしない続きも書かせたほどではなかっただろうか。

こうした人気は、より深い理由からも説明される。この分類法は警察の役人たちの通常のハビトゥスに由来するものであり、彼らにとってそれは違法行為を押さえ解釈するための日常の範疇なのだ。カンレーが長々と説明するように、よい警察官とは、悪事の型が、つまり悪事を犯した人々、集団、個人がわかるようになった者なのである。このような必要技術を越えて、こうした分類法は、世界を秩序づけることへの関心、一人ひとりがみずからに割り当てられた枠に戻らなければならないような、社会的役割の合理的分配への関心をも示している。悪人たちや「ぺてん師たち」のやり口に対する警戒でもあるこうした分類法は、警察の労苦に明らかな公的有用性を付与し、警察官の物語を学術的で「犯罪学的」

な記述で飾ったのだった。この分類法はこうして作者たちに、小説家たちを苦しめた道徳的非難を受けることなく「悪」の世界を探検し、さまざまな「社会の傷」のしばしば寛大な描写を提供することを許してくれたのである。カンレーは言う。「人間の卑劣さのもっとも恥ずべき秘密をも可能なかぎり暴く使命を私はみずからに課した」（三四〇頁）。ポール・ジニスティはマセの回想録について「サロンの手の届くところに嫌悪すべきものを置いた」と書いている。[9] 社会的異国趣味へとすでに強く導かれていたこの枠組みに、いくつもの奇妙な話が、小さな犯罪が、パリの泥棒仲間による大きな事件や「有名事件」が加わってゆき、それによって警察官の作品は、一九世紀に大きく発展した犯罪の文学の中心に組み入れられたのだった。ラスネール、トロップマン、プランジーニ、ボノ、ランドリュ〔アンリ＝デジレ。「ガンベの青ひげ」と呼ばれた連続殺人犯〕、その他多くが、彼らが容疑を否認しているときでさえ、警察官の物語に養われていた有名事件選集に登場した。よってパリ市警の所長であり、その立場で死刑の前の「おそろしい夜」に立ち会うことに執着していた（二五〇頁）コーベは、死刑に処せられるという犯罪者の運命のもう何度目にもなるバージョンを提供する機会を有効活用していたのだった。

■文学の呼びかけ

残るは、エクリチュールの問題と、それから執筆へとつながる困難な道においては無意識の、しかしたいがいは決定的な動機となる、文学作品を作ることへの個人的な欲求の問題である。文学への関心は二つの異なる方向性を持ちうるものだった。ひとつは芸術としての文学への関心であるが、警察官の回想録にこれを見出せるとは思われていない。だがそこまでとっぴな話でもない。一八四〇年、『フランス人の自画像』の中でアレクサンドル・デュファイは「警視はいつだって多かれ少なかれ文学と芸術の愛好家なのだ」と書いている。[10] それに警察の訓練も、基本的には書く仕事であり、記録文書はわれわれにその文章の緻密さと文字の模範的な美しさを思い起こさせてくれる。とくにその活動は、納得のゆく仕事を探している文筆家には逃げ場を提供してくれるものだった。事実一九世紀末には多くの若い自然主義作家たちが、共和国の官僚主義の、オスカル・メテニエ（警官を父に持ち自分自身「警察の犬」であり、演劇人でグラン＝ギニョルの創始者でアントワーヌの自由劇場の協力者でもあり、どん底の画家でブリュアンの作詞者でもあった）の言うところの「黒ずんだ紙を作る工場」で生計を立ててゆくことを甘んじて受け入れたのだった。[11] われらが回想録作家たちの多くが文学との特権的な関係を維持していた。もっともよい例が、全三巻の『警察の回想録』の作者であり、とりわけ一八八七年から一九三六年にかけて発表された三五の詩集の作者であり、『象徴主義の混沌』やいくつかの試論をボードレール、モレアス、ヴェルレーヌに割いたエルネスト・レノーの例だろう。「詩人警視」と呼ばれたレノーは第一に文人であり、象徴主義のサークルに通い、『メルキュール・ド・フランス』、『詩と散文』、そして一時期編集長にもなった『ラ・グリーヴ』に参加していた。父親が作家で大学教員だったルイ・アモンは、全二巻からなる短編物語と伝集『ある古参警官の所感』を仕上げた。パリの警視シャルル・ペシャールも、小説集、詩、「研究書」、それに劇作品（うち四作品が喜劇）を発表した。同じく「詩人警視」とあだ名されたルネ・ファラリックは詩集を三冊出版しており、うち一冊はユゴーをたたえたものだった。

だが警察官の文学が実現を熱望していたのは、詩情よりも大量の発行部数だった。『本当のパリの秘密』でシューに張り合おうとしていたヴィドックに始まった連載小説からのひらめきは当然のことながら大きく残っていた。犯罪小説、司法小説、次いで推理小説の高まる人気により、こうした傾向はひたすら強まった。シャルパンティエ出版とつながっていたギュスターヴ・マセは、おそらくこうした関心の集中を利用した最初の人物だった。大量印刷部数のほかにも、出版社はときに一万冊を超える作品集をマセに提供したのだ。「パリ警察」、「見逃された犯罪」、それに「ほとんどが人々には知らされていない」「激情犯罪」によって、マセの作品は犯罪ものの中にはっきりと組み込まれることになった。警視庁では「小説家」と呼ばれていたマセは最初の本が出るやいなや文人協会に加盟し、一八八七年一〇月にはエクトール・マロとウージェーヌ・モレの推薦で正規会員になった。[12] マセは新聞でも多くの「司法」小説を書いており、それらは製本されることはなかったものの、彼の本の多くは一〇サンチームの週刊分冊として出版された。マセの例はただちに真似られることとなった。ゴロンがフラマリオン社との契約のもと、とくに『マタン』紙のような大衆新聞ともしっかりとつながりつつ、連載小説や文学へと至る似たような経路を、もしかしたらマセよりもはっきりと示したのはすでに見たとおりである。回想録を本の形では出せなかったジョームも、かわりに三面記事小説をいくつも発表したし、エミール・アルシェはファイヤールのために推理小説を執筆し、エドモン・ロカールは第一次世界大戦後有名事件を専門とするようになった。たいして報酬をもらえなかったとはいえ（マセの妻は夫の死後たばこ屋に職を求めている）[13]、少なくとも一九一四年まで出版社はこれらを多く買っていたのだから（数年後ギョーム警視は書いている。「こうした冒険にはなにかしら読者の関心を引くものがある。イマジネールのではない、本物の犯罪者の一味や危険な殺人犯を探し追いかけることは、推理小説の急展開と同じくらいおもしろいものとなりうるのだ」）、やはりこうした活動は警察の職員の年金と恩給の安さに結びつけて考えるべきである。

捜査官の栄光

こうした警察の産物は、作者の、目的の、立場の、使われる個人的ないし職業的戦略の多様性の向こうに、どのような意味を持っているのだろうか？　治安と犯罪の問題に強迫観念を抱いていた人々の受容や出版市場によって少々人工的にではあれ与えられていた重要性のほかに、どのような重要性があるのだろうか？　まとめて読むことで二つの原則が浮かび上がってくる。

■人物像の発明

警察官は一九世紀において、嫌われた、軽蔑された、拒絶された存在であったとだけ言うのでは不十分である。間諜の冷徹で邪悪なシルエットほどの狡猾さはないものの、同じくらいけなされていた、しきたりにがんじがらめで思い上がっていて動こうともせず役立たずで鈍い役人のシルエットとの間で警察官は揺れ動いており、立派な人物像でもなければ受け入れてもらえる行為者でもなかったのだ。生まれはっきりしないし将来は泥だらけだった。もちろんその発端には、フーシェによって情報の媒介と戦略的な取り締まりという新たな意義を見出され実践されることとなったこの職業の、きわめて政治的な側面がある。その後もあらゆる政体によって維持され、イギリスではフランス式警備の象徴とまでなったこのスパイとしての人物像は、小説のイマジネールを相当培うこととなった。たとえばジャッカルとジャヴェールという二つの同時期の人物像を思い浮かべてほしい。また一八四〇年、アルマン・デュランタンは、『フランス人の自画像』というあの見事な「一九世紀の道徳百科事典」のなかで、「エルサレム通りの職員」を以下のように描いている。「彼は不名誉と悪口に四方から取り囲まれ、社会は彼を追い出し、不可触賤民のように孤立させ、後悔も申し訳なさも憐れみもなしにその傷口に侮蔑の言葉を吐きかける。彼とは、警察官であり、スパイである、この言葉ですべては語られる。ポケットの中の警察証は恥辱の証明書でもあるのだ。誰もが彼の顔に泥を投げつける権利があると思っている」[14]。デュランタンは警察官の「典型」を築き上げるにあたって当然その表情を誇張していたのであるが、ほかの多くの観察家たち(警察の中の観察家も含め)も評価を共にしていた。クロードの説明によれば、それは「警察に与えられた偏見のせいで、世間では尊敬されない謎の仕事」(九〇頁)だった。つねに下級政治の類義語であった警察は、スパイという、反感と拒否感を抱かせる下劣な存在しか作り出していなかったのである。間諜とは「不名誉な行為」であり、警察は恥ずべき職業だった。一八世紀に確立されたこの確信は、一九世紀になっても通用していた[15]。このイメージを逃れることのできた者がいても、ヴィドックとその部下たちが警察のスパイとしてのイメージの上に重ね合わせた、犯罪の一味、悪人、「泥棒のスパイ」のイメージがほどなくその埋め合わせをしてしまうのだった。

よって、職務の正当性を立て直すことは、人に受け入れられるような職業的・社会的自己同一性を示すことのできる、自覚と、そして自己のレトリックの表現を必要とした。文学が自己同一性の主たる供給源であり経験が述べられる場でありつづけた時代、唯一の有効な手段は文学的人物像としての警察官を組み立てることだけだったのだ。不名誉から抜け出すには、登場人物として、俳優として、作者として、はっきりわかるようなテクストの空間に存在することが不可欠だった。バルザックを筆頭に、小説家をはじめとするほかの者たちも、この組み立てに参加した。だがなにより警察官が書くという動きが同じ時期に現れたことこそが、このことへの関心を表していた。自己の英雄化は、当然のことながら警察の活動に特有のものではなく、一九世紀を通じて強まっていったものであるが、個人が全体のために、自己の記録が集団の自己同一性のために使われることによって、専門職化のもっとも古典的な過程と重なったのである。ペンを執り自伝へと至ることは、よって、単独の個人を集団の伝記へ、個人的な回想録を、行為者と集団とが相互認証関係の中で互いに試されるような作品の共同体へと組みこもうとする、ひとつの社会活動として姿を現してくる[16]。こうして警察官の物語のほとんどが、警察官の人物像に、自分たち自身のため、そして集団の存続のため、作品的であり職業的でもある頑健な自己同一性を与えようとしているのである。

とはいえこの取りかえられた自己同一性は、新しくしかも価値のある空間に住む必要があった。嫌われていた政治的な警察に対して、もしくはさえない行政的な警察に対しては、司法的なもののみが正当化の手段になりえた。警視総監の回想録は例外として、警察官の回想録が描き強調していたのも、もちろんこの側面だった。警察官の物語は、俳優として存在するということは捜査官として存在することなのだとたえず教えてくれる。それは、社会を探査し解明することができ(分類学と専門用語の重要性はここから来ている)、社会の悪を沈静化でき、さらにはひとたび修復できたなら社会を解読させてくれる者として現れることである。警察官の人物像の発明は、よって、探索者の人物像の発明と一致するのだ。ヴィドックが母体となっているのはそのためでもある。警察庁に養われた最初の人物であるヴィドックは、徒刑囚としての過去にもかかわらず、この職業に、まずまずの解決策を与えた最初の人物でもあった。だからこそ『回想録』には二重の書き出しがあるのだ。本の幕開けとなる最初の書き出し（「私はアラスで生まれた……」）に、数百ページののち、彼の作品の本当のはじまりである二番めの書き出しが続く。「この『回想録』のおもしろいところが本当に始まったのは、警察庁の対策班結成のところからだったのではないだろうか。長い間読者を個人的でしかないことがらに引き止めすぎたと思われるかもしれないが、地上からおそろしい怪物を一掃し、アウゲイアスの牛小屋を掃除するよう運命づけられたこのヘラクレスとなる以前、どのような苦難を乗り越えなければならなかったかは知っておかれる必要があったのだ」[17]。これ以降、この本全体は、そんなことをしなくても十分真実らしいのに、ヴィドックが政治警察は放っておき、「予算が割り当てた資金の大部分を独占してしかるべき、唯一必要な警察庁」しか助けなかったことを説得しようとするのである。

ヴィドックの後を追った作家たちもみな似たような戦略を採用したが、政治警察だけでなく、ヴィドックが司法警察に教えた不道徳で破廉恥だとされたやり方も非難する必要があったため、その戦略はより複雑なものとなった。政治的間諜行為へのみずからの敵意を念押しして、カンレーは、自分は司法警察に全力を捧げているが、ヴィドックは休みなく間諜を行なっていたと指摘している（一八一四年以降「ヴィドックはもはや警察庁を飾りとしか見ておらず、ほとんど政治にしか専念していなかった」とカンレーは説明する）[18]。『回想録』の冒頭で「私がみずからを本当の日のもとで見ることになったのは、とりわけ一八五九年六月に始まった、秘密警察としての役割においてであった」と書いているクロードも同じ正当化を行なった。嫌われ者のコーベが体現する政治警察に対する敵意を作品中ずっとわめいていたギュスターヴ・マセはより明らかだった。一八八五年に出版された『私の最初の犯罪』では、この原則の、明快できわめて象徴的な対置を見せている。典型的な捜査の物語に沿って、マセは一八六九年、ドーフィーヌ通りの室内装飾業者を殺害し遺体を切断したヴォワルボという名の男をどのように見抜き、逮捕するに至ったかを語る。男は機密予算の欄外に署名し、スパイとして働いていたのだ。こうして「連中」はヴォワルボが独房で自殺する手助けをし、マセから手柄を奪った。マセはこの話の結論で次のように書いている。「ヴォワルボがしてくれた政治的奉仕に、連中は剃刀の刃で支払いをしたのだ。司法はいつも政治警察の秘密の抵抗に屈しなければならないのか？」[19]

■表象の原則の発明

つまりヴィドックからカンレー、クロード、マセ、ゴロン、ロシニョル、ブラン、ファラリックを経てギョームまで、警察官の回想録という「ジャンル」を確立した目立った作品は、刑事《いぬ》の人物像を生み出し示したものでもあった。彼らの物語は、そこまで巧妙に構成されているわけではなく、通常は基本的な骨組みに従ったものである。すなわち大なり小なり捜査の物語の連続であったり、単純かつ写実的な策略の、それより多いのが逸話や三面記事的事件の並置であって、すべてに、格言や小話の調子を意識的に取り入れた、技術的、職業的、もしくは道徳的な注釈が散りばめられているのだ。だが捜査の実践はつねに物語から推進力を奪ってしまう。たとえば一九三三年に出版された警視ファラリックの回想録である『血まみれの足跡をたどって』では、それをなしているひとつひとつの物語が、法律の説明であるとか警察捜査の展開の原則の説明でしめくくられている。だがじっさいに書くのは単純なことではない。というのも、捜査という職業的実践の特異性を証明し、凡庸な主人公の捜査を讃え、それでいてとりわけ推理小説から受け継いだあまりに平凡な効果や描写は慎まなければならないからである。

「私はシャーロック・ホームズではない」と回想録の冒頭でマルセル・シコは書いているが、この表現には一般的な感情がとてもよくまとめられている。回想録作家はみな、その方法を借用した者でさえも、文学の「幻想」とは一線を画そうとしていたからだ。犯罪小説の流行の数年後に『回想録』を発表したヴィドック自身も、すぐに違いを示す必要性を感じていた。真実らしくなくでっちあげだとしてウージェーヌ・シューを非難するヴィドックは、『本当のパリの秘密』(その翌年には『北の火あぶり強盗』が続く)を絶対的な真実性のうちに根づかせてシューに反論する。だがきわめて矛盾することに、ヴィドックの反論はそれ自体文学を通じてなされたものであり、この点において警察のエクリチュールが持つきわめて小さな自由を表している。その後犯罪小説が得ることとなったとてつもない成功が状況をさらに複雑にしてしまう。職務の専門化が進み、当然のことながら「小説の警察官[20]」とは一線が画されなければならなくなり、それによりこのジャンルのステレオタイプ化は助長されたのであるが、それでも編集と読者のこうした有利な地平を完全に越えることはできなかったのである。もっとも単純な方法は、シャーロック・ホームズのような論理家の、数学的で頭脳的な捜査のスタイルを拒絶し、現場の捜査官のより「本物」でつらい実務を描くことだった。英雄ものの描写も真似ようとした。だが事はそこまで単純ではなかった、というのもすでに見たように作者たちはみな自己を演出したいという頑固な欲望に突き動かされていたからである。ヴィドックの『回想録』のページごとにあふれる、とてつもない、増大した自我に匹敵する作品はなかっただろう。一八二九年一一月一八日の『ル・コルセール』紙は「うぬぼれ男の告白!」という見出しをつけている。だがどの作品も、拒絶できたはずの文学の力学の中にみずからの物語を投入して、「私」を過度に使用し、みずからを俳優のように作り上げ、みずからの人生を筋書きのように築き上げたのだった。フィクションに対する障壁を築いてくれると思われていた技術的な、行政的な、もしくは専門的なくだりがあるにもかかわらず、これらの作品に対する警察官のものも含めた慎重な反応には、混乱した受容の様子が表れている。ゴロンは前任者アントワーヌ・クロードの「小説じみた冒険」にふれているが、自身もその『回想録』をこのように書いて終えている。「私の冒険仕事は終わった」。ガストン・ファラリックは「追跡の恍惚」を、ギヨームはすでに見たように推理小説にふさわしい「急展開」を物語っている。一八八三年九月一八日の『ル・タン』紙でジュール・クラルティは「マセ氏は独創的な作家にも、どんでん返しが上手な劇作家にもなれるだろう」と書いている。『ルルージュ事件』で推理小説の生みの親となったエミール・ガボリオが、これらを明らかに主人公タバレのインスピレーションの源のひとつにしていたことも知られている。「有名な警察官の回想録を読み、このうえなく仕組まれた作り話に集中するなかで、私はこうした、嗅覚が鋭く、絹よりも繊細で、鋼のようにしなやかで、炯眼で抜け目なく、意外な能力に長けていて、法典を手に合法性のやぶを越え、アメリカの森の中で敵を追いかけるクーパーの未開人のように犯罪の足跡を追う男たちに熱狂したものだった(21)」。

単純で地味で時代遅れでさえある警察官による捜査の世界は、よって狩猟の世界だということになり、そこにはイマジネールとともに表現の原則も表れている。足跡、痕跡、形跡、待ち伏せ、獲物、追跡、住処など、町と森の連想が発展していった一九世紀後半以降はとくに狩猟の語彙が目立つ。頻繁に用いられた「人間を追跡する者」の姿は登場人物をただちに動物化した。嗅覚の隠喩はとくに多く、それをもっともよく代弁しているクロードの作品にはこのようにある。「私は嗅覚に恵まれており、そのため私の性分とは関係なしにエネルギーは駆り立てられる、いや駆り立てられていたので、数多くの追跡の中でも弱まることはなかった。警視庁が私に指定した一味や殺人犯は、私にとっては餌食となり、私はすぐにその足跡を見分けてしまうのだった。というのも奴らが通ったどんな小さな痕跡も私の情熱を刺激し、私に第二の視力を与えてくれたからである。(…)動物が狩猟犬として生まれるように、私は警察官として生まれたのだ。トロップマンの足跡へと私を誘ってくれたものは、野獣の足跡についての猟犬の嗅覚と説明するほかない。(…)足跡が気になり、私はそれを追うのだ」。捜査が終了すると、クロードは「へとへとに疲れてねぐらに戻る犬」以外のなにものでもなかった。

嗅覚に代わりえたものは、数年前にちらっと見た犯罪者をすぐに「見分ける」カンレーや、オフタルモ〔眼球〕とあだ名されたペシャール、それから序文を書いたエミール・ゴーチエに「この錐のようなまなざしの、とがった、鋭い、厳しい、「レントゲンのような」光」と描写されたゴロンに見られたような目、視線、観察だった。エドモン・ロカールのようなより「近代的な」警察官においては、捜査の技術的で科学的な側面がさらに強調された。その変化も、獲物の捕獲が最終目的である狩猟のイマジネールを左右することは少しもなかった。追い詰め、捕らえ、ときには殺すが、相手に見くびられたとしてもいくつかの例外は除いてこちらから軽蔑はしないという、獲物に対するあの態度もそこから生じる。「逮捕された人間は、寛大に接してやるべき敗者なのだと私はいつも考えてきた」とゴロンは書いている。「はっきり言うが、私はこうした殺人犯たちを憎んだことは一度もない」と、みずからが処刑台へと連行した四二人の犯罪者についてブランも負けじと言っている。(22)

あらゆる調査と同様、警察の捜査は、観察と痕跡の原則と帰納的推論とに基づいた、経験的で実践的な知識の活用を必要とする。「どんなにありふれた出来事にも必ず原因がある。その原因を見つけるためには、生じた結果に先立つ小さな事実を無視してはならない。理論的な帰納法で真実へとたどりつくためには、それらの小さな事実の理由と思しきものを、起こりうる結果を分析しなければならないのだ」。こうカンレーは説明している。[23] もっともすぐれた捜査とは、この点では推理小説にも類似するが、顧みられずにいた細部から始める捜査である。だがこうした捜査は、その進展が専門的な状況と、日々の仕事の平凡さの中に組み込まれることによってそれとわかるものである。観察も帰納法もじっさい十分ではないことを、こうした作品はわれわれに語っている。観察や帰納法には、長くてしばしばやりがいのない「警察の仕事」を加えなければならないのだ。たとえば、情報提供者から寄せられるつねに必要不可欠な情報、木賃宿《ガルニ》の巡回、門番や洗濯女の証言、なにより偶然という、多くの場合捜査の決定的な立役者である。そこにさらに、待機、いつ終わるとも知れない見張り、しくじった尾行、それに失敗が加えられなければならない。ブラン警視は書いている。「これが警察だ。それは観察と忍耐の訓練なのだ」。そしてその欠陥も非力さも偽るべきではないのだ。(「警察の内側には華々しくない部分もある」。[24])
こうして大切なのは専門的な知識に頼ることだということになり、それは解決の主たる道具でありつづけた。どん底の分類学という、この文化の鍵となる要素に与えられた重要性はここから来ている。カンレーに説明してもらおう。「できるかぎり記憶の中に盗人ひとりひとりの名前と特徴、それに彼らが行なった悪事の種類を分類しようと、私はとても特別な方法を使っていた。ほかにも、窃盗が犯されたときや窃取犯が見つかったり密告されたりしたときには、盗人のかなり詳細な目録をみずから保持するようにしていた。自分のもとに寄せられた人相書きは誰のものなのかを、私は頭の中や目録の中で探り、ただちに疑った人物を逮捕させたものだった。そしてその人物を何人もの警察官の間に混ぜ、誰もが容疑者に見えるようにしたあとで、私は被害者に入ってもらい、盗んだ者がいたら言うようにと言う。私のねらいはほぼ決まって正しかったのだった[25]」。

警察官の回想録がわれわれに語るこの歴史は、そこまで斬新なものではないかもしれない。それはある意味では、近代に古典的な専門化の過程に入ったどの職業にも関わるものである。それにまたこの歴史は、フランスに特有のものでは決してないだろう。警察の出現がいまだ根深い抵抗を乗り越えなければならなかったイギリスでも、同じような物語が現れた。一八二七年以降イギリスではリッチモンドの『あるボウ通りの警官の人生の出来事』が出版され、ヴィドックの『回想録』もただちに翻訳された[26]。文学とのもつれもイギリスでは似通っている。たとえば一八五二年には、ウォーターの筆名のもとヴィクトリア期の小説家ウィリアム・ラッセルが書いた、名高い『ある刑事の回想』が出版された[27]。同じころ、ディケンズは『ハウスホールド・ワーズ』向けに、スコットランド・ヤードの友人フィールズ警部の都会での東奔西走を書き上げた[28]。フランスと同様、この動きは世紀末に強まり、とりわけ巡査長チャドウィックや、ベント警視やジャーヴィス警視の回想録が出版された[29]。いずれも警察の物語がもたらしていた人気の流れを利用しようとしたものではあるが、いずれも「警察での経験の素描」（ウォーター）を展示することで、批判されていた職業を正当化し擁護しようとするものでもあった。フランスではもちろん状況は異なるものの、基本は似ている。その不均質性の大きさにもかかわらず、これらの物語は、みずからの職業から警察のスパイや間諜といった憎むべきイメージを取り除き、立派で有益な活動として紹介するという、共通の目的を追求しているのだ。回想録の執筆はこのアイデンティティの回復のひとつの方法をなしており、そのもっともよい手段となったのが捜査の描写だったのである。近代的で活動的で有効で、明らかに万人の財産と安全のためになされる捜査は、警察官の仕事の象徴的かつ社会的な再評価に確かに努めたのだった。

第6章　捜査官ジャヴェール

トゥーロン徒刑場の副監督、モントルイユ＝シュル＝メールの警部、それからパリのサン＝マルソー地区にあるポントワーズ通りの警察署の一等警部を次々に務めたジャヴェール（名前は不詳、一七七五—一八三二）は、架空の人物である。よって、作者であるヴィクトル・ユゴーが彼をその一部に位置づけた、登場人物たちの体系や小説上の社会学の外では、彼のことは少しも理解できないことについては、おそらくだれもが同意するだろう。(1) この登場人物体系の中で、ジャヴェールは、少なくとも三重の複雑な任務に就いている。『生理学』もののような正真正銘の典型である彼は、まずボードレールの表現によれば「生ける観念」であり、(2) 権力の絶対的な化身でもあり、そして「あらゆる役所の換喩的な凝固物」(3) として、その階級の論理だけでなく厳しさをも象徴する。彼の体つき、醜さ、襟のところまできちんとボタンの留められた着古したフロックコートは、長い間、警察官の肖像と図像に強い影響を及ぼすことになる。この点でジャヴェールは、小説の中の、とりわけテナルディエやマリウスといったほかの登場人物たちとは正反対で補完しあう関係を保ちつつ、彼の不正かつ公正な裏面であるジャン・ヴァルジャンを二重に逆転させたものであることを自任している。つまるところジャヴェールは、このジャン・ヴァルジャンと同様に、物語の力学の大部分を担う、内的かつ外的、個人的かつ社会的な重大な心理的緊張の舞台である、ユゴーの「名所」のひとつなのである。もちろんここまでで、つまり小説の厳密な場で——その外では登場人物は存在もしなければ意味も持たない——とどまることはできるだろう。だが歴史家たちも、テクストの役割と制度に少しずつではあるが敏感になってきており、テクストを異なるコンテクストとの関係において、いやむしろクロード・デュシェの言うところのコテクスト（cotexte）との関係において考察することを好むのである(4)。

そこで本章では、あくまでも発見的な実験として、ジャヴェールを彼の属する虚構の社会学から一時的に切り離し、テクストの世界から引き抜いて、ユゴーもまた知らないわけではなかったある別の体系へと入れてみる、この非正統派の活動をあえて行なってみたい。その体系とは、まさに一九世紀中期に発達した捜査官と捜査方法の体系のことである。本論では警察という職務上の彼のやり口、行為、実践のいくつかだけを検討する必要から、ジャヴェールという登場人物の心理や、彼が物語の構成の中で担う特殊な役割さえも、なおざりにされることだろう。こうしたアプローチは、小説がそのまわりに織り出されたところの年代学という観点からだけでも根拠を示しているように思われる。一八三二年六月にフェルマータが打たれ、一八六二年六月が終止点となるその間には、たとえば捜査権力の明確化という容易に予想できる一時期《シークエンス》が浮かび上がってくるのである。社会調査は〔捜査も調査もフランス語では enquête となる〕、当然のことながらもっと古くからある方法ではあったが、七月王政の最初の数年の政治的、社会的、それからとくに人口上の出来事〔コレラの流行とそれが引き起こした不安や新たな反応〕によって最初の絶頂へと至ったそのブームは、かなりはっきりしたものだった。[5] おもな調査や社会観察の成果が出版されたのもこのときだった。一八三二年にはビゴ・ド・モログ〔ピエール。労働者の貧困について調査した〕が、一八三五年にはゲパンとボナミ〔アンジュとウージェーヌ。ナントの工業と道徳の状況について調査した〕が、一八三六年にはパラン＝デュシャトレ〔アレクサンドル。パリの売春について調査した〕が、一八四〇年にはビュレ〔ウージェーヌ。イギリスとフランスの労働階級について調査した〕、それにヴィレルメ〔ルイ＝ルネ。紡績工場の労働者の身体と道徳について調査した〕、一八四三年にはデュクペシオ〔エドゥアール。炭鉱夫や若い労働者の身体と道徳について調査した〕、フレジエ〔オノレ＝アントワーヌ。大都市の危険階級について調査した〕、一八四八年にはブランキ〔アドルフ。労働者階級について調査した〕、それに失敗に終わったとはいえ労働に関する国による一八四八年の一大調査と、一八五五年に『ヨーロッパの労働者』として出版されることとなったル・プレーによる最初の個別研究シリーズも忘れてはならない。

そもそも社会調査の動きがこのように力強かったのは、調査が急速に増加したからでもあったが、それと同じくらい、調査が「周辺」ジャンルにはみ出したからでもあった。社会問題を解明しようというロマネスクな計画である『タブロー』ものや『生理学』もののような「パノラマ」文学、それに、この探索の力学を次第に担うようになってゆく新聞の文体の成熟。一八四〇年代の労働者新聞もそうであったし、イギリスのような近隣諸国における社会調査の形式もそうだった。この点において近隣諸国での社会調査の発達とフランスのそれとを切り離すことはできない。一八三二年にジェームズ・ケー＝シャトルワースが行なったような大調査は、やはりその後の一連の観察と調査の発端となったが〔P・ガスケル、アンドリュー・ユーア、マイケル・サドラー、エドウィン・チャドウィックなど）[6]、ジャーナリストのヘンリー・メーヒューが行なったような――彼の社会的ルポルタージュは一八四九年以降『モーニング・クロニクル』誌に掲載され、数年後には分冊や巻として増刷された――、より「メディア的な」形式もただちにそれに応える。『ロンドンの労働とロンドンの貧困』の完全版はちょうど一八六二年に入手可能となった。

こうしたさまざまな社会調査に対し、ほぼ同時に警察捜査も、より確かなものへと向けた活発な発達を見せ、とりわけ新たな表象の形式を得ることとなった。この段階的な成熟には三組の出来事が関連している。ひとつは「ジャンル」としての警察官の回想録の出現である。一八六二年、つまり『レ・ミゼラブル』と同じ年、元捜査官で一八四九年に警察庁長官となったカンレーの回想録が出版され、その後継者であるアントワーヌ・クロードも覚え書きをつけはじめ、それをもとにして数年後に回想録を執筆することとなる。[7] 当時主流であった警察活動（情報を集めたり抑圧したりといった「下等政治」[8]の機械）にはっきりと意義を唱えるこれらのテクストは、司法活動に集中したより新しく正当な行為を、捜査の優位を、「人間の追跡」を推進しようとしていた。二つめの出来事は、いずれも手がかりと追跡についてのイマジネールが当時（王政復古末期と七月王政期）受けていた文学の強い反響と深い影響によるものである――たとえばそのイマジネールはアメリカのフェニモア・クーパーによって刷新されたものだった――。三つめの出来事もやはり一点に集中するのだが、一八三〇年代半ば以降に際立ち（「刑事《いぬ》」という語句も一八三五年のアカデミーの辞書に載せられた）[9]、ユゴーが『レ・ミゼラブル』を着想し執筆したころにはより顕著になった、警察の人間をおもに捜査官の輪郭で虚構化する連続した過程に関わる。

ヴィドックの多彩な経験を後ろ盾に、バルザックのコランタンやペラード（『娼婦の栄光と悲惨』、一八四三―四七年）は非常に有名な典型となった。この動きはとくにイギリスで一八五〇年代に勢いを増し、ディケンズは『黒い家』（一八五二―五三年）で、文学のなかで初めての身のある警察捜査官の役である、バケット捜査官を生み出した。小説の中にちょこちょこと出てくる彼は、ほどなくすべての糸をつなぎ最終的に緊迫を緩めるまとめ役となる。

「高等警察」の政治的影響力が依然として強かったフランスでは、そこまで確かな現象ではなかったものの、やはり進展はあった。アレクサンドル・デュマの『パリのモヒカン族』（一八五四―五九）のジャッカルはその点で重要な節目をなしている。「元警視で、その素晴らしい能力により一段、また一段と警察の頂点まで登りつめた」ジャッカルは、まだ古い警察の型に多くを負っているが（彼は徒刑囚を使い、集め、「古きパリの泥にまみれた伏魔殿」に潜入し、もっとも低劣な政治的陰謀に加わっている）、ときには痕跡や形跡を読み取り、独自の尺度で鋭敏な仮説を立て、はっとさせられるような経験的な捜査を率いもする。(10) これらのさまざまな発意が一八六〇年代の初頭、すなわちユゴーが『レ・ミゼラブル』を再開し仕上げたときに花開いていたのである。ディケンズの助手をしていたウィルキー・コリンズの『センセーション・ノヴェル』がそのひとつで、最初の長編（『白衣の女』）は一八六一年に出版された。フランスではポール・フェヴァルが一八六二年に小説『悪魔のジャン』と、スコットランド・ヤード中央部局の備品管理係長で知性派のグレゴリー・テンプルを描いた同名の小説を発表した。「演繹的な予測」で知られ、『犯罪者を見つける方法』や驚くべき「探知機」の作者でもあるこの近代的な警察官は、たくさんの穴の空いた巨大な絵を、彼の捜査の展開には不可欠な、数字と仮説と確率とで埋めてゆく。(11)

翌年には『悪魔のジャン』の冒険の間じゅうフェヴァルの助手をしていたエミール・ガボリオが、みずからの司法小説の執筆にとりかかり、ルコックの人物像を少しずつ作り出すが、これはまったくもって完成された刑事《いぬ》の化身となった。

捜査と捜査官がこのようにさまざまに特別扱いされた背景には、当然のことながら、それぞれ異なる、そして部分的には特殊な目的や手順や問題点があった。とはいえそれらは二つの点で重なっている。それぞれの起源や対象がどのようなものであれ、すべては、新しく、個人的で、工業化された、都市としての社会のなかで明らかになってきた「真実」の、生産と伝播のための特別な方法として現れた。だがすべては、三つのおもな原則を組み合わせた、類似した手続きに寄りかかっていたのである。まずは直接的な観察と証拠集めに基づく一種の実践と実地経験である予備作業、次に集まった痕跡の合理的・帰納的解釈に基づく知的作業、そして解明や暴露の論理から離れ、真実がつながりによって作り出されそして読まれるような、過去にさかのぼる物語を提供する叙述作業である。微妙な変化はあれ、しかもしばしば失敗するものの、この理想的な規則のまわりに、社会観察家であれ新聞記者であれ警察官であれ、よりよい捜査＝調査官たちは集まるのである。

ジャヴェールの経歴と実践とに目を向けてみると、彼がこのような手続きにはまったく従っていないことがすぐにわかる。社会観察は、彼には完全に無縁である。彼を動かすもの、それは法律であり、「正義」や「真実」などであることは決してない。博愛主義や慈愛は、彼にとっては役に立たず、彼が気づきもしない価値なのだ。彼の社会的自覚は、彼には内在的なもののように見える秩序を防衛することに頑丈に固定されている。この原則に疑いを抱きはじめたとき彼がどうなるかも、われわれの知るとおりである。そのうえ、社会調査の視点はユゴーの小説とは正反対である。こうした急増する調査について は知らなかったはずであり、『死刑囚最後の日』のために集めた資料が不十分であったと感じていた作者は、迷わずみずからどん底の個人的な探究を行なったのだった。こうしてユゴーは一八三〇年代の終わりにブレストとトゥーロンの徒刑場を訪問し、一八四六年にはコンシェルジュリー監獄を、翌年には小ロケット監獄と大ロケット監獄を視察した。(12)だが調査の立場や理由を批判したり、文字通り表現不可能な現実であるミゼールを把握するにあたりあらゆる現実主義的なアプローチを分解してしまうといったふうに、まさに正反対の方向へ機能してゆくテクストにおいては、これらのいずれもはっきりと感じられることはない。(13)

それでもジャヴェールという、弁護士デマレの言葉で言うところの完璧な「警察というものの性質の権化」が、(14)一級警部の職務のなかで、捜査の近代的な概念に関連した方法をもっと動員しようとしないのは依然として謎である。事実ジャヴェールはそうした方法に対し、完全な軽蔑すら見せているのだ。たしかに彼も、少なくともヴィドック以降すべての警察捜査官が捜査の重要な手段にしようとしてきた変装術を完全にはねのけているわけではない。だからこそジャヴェールは乞食のなりをして、サン＝メダール教会近くのへり石に腰掛けた老案内人にすり代わり、ジャン・ヴァルジャンを驚かせることになるのである。彼は少し前にヴィドックやカンレーのような警察の長官によって技法にまで高められた尾行、ポンソン・デュ・テライユの表現によれば「尾行業」(15)も行なう。ジャン・ヴァルジャンに対する、セーヌ右岸、廃兵院からシャンゼリゼにかけての長く綿密な追跡は、警察の見事な作戦であり、ジャヴェールの最後の「職務上の意見書」も、尾行と、それを改善するための方法に関するものであったことが思い出されることだろう。

だがこれだけではまだジャヴェールも本当の捜査官にはならない。そもそも彼はまずめったに証拠を見ようとしないし、証拠の判読や分析にも苦労している。ジャン・ヴァルジャンとコゼットをジャンロ袋小路で見つけたときの、切られた街灯のロープもそうであり、ジャヴェールはその意味をただちに見抜くことはできない。情報を求め突き合わせることはいくらかうまくできるが、それは面白みのない捜査であり、物語の中では描かれない。たとえばモントルイユ＝シュル＝メールの市長が元徒刑囚なのではないかと疑ったジャヴェールは、「マドレーヌさんがよそに残してきたであろうありとあらゆる昔の痕跡」(16)を集めている。しばらく後に、モンフェルメイユやパリで、コゼット誘拐事件についての新聞記事や警察記録を集めたり、「ゴルボー屋敷の奇襲の後の取り調べ」を指揮したときもそうである。それでもこれらは雑音であり、作品の中に偶然入り込んでしまった、物語外、分野外のものである。ジャヴェールの職業実践は、明らかに別種のものなのだ。捜査官の近代的な方程式（踏査、解釈、特定）よりも、ジャヴェールは伝統的形式（見張り、見抜き、密告）を好む。彼が携わる警察とは、なによりも識別の警察なのである。ジャヴェールはマドレーヌという人物の中にヴァルジャンを特定するのではない、見分けるのだ。ジャヴェールにはこれで十分なのだ、どんな証拠調べの仕組みも熟練が整える手はずも識別には勝らないのだから。シャンマチウ裁判で彼は言い切っている。「被告の否認を打ち消すのに、精神的な推定も物質的な証拠もいりません。私はこの男を完璧に見抜いているのです」。彼のやり方は、囚人の容貌をじっと見つめて記録して忘れない看守のやり方であり、密告者の、「犬」の、ヴァレスが『タブロー・ド・パリ』で言っている「偵察者」(17)のやり方なのだ。

見抜く手段であるが、それはもちろん警察活動の絶対的な隠喩・象徴である目である。[18] だがこの目つきを避けるにはいくつも方法がある。ジャヴェールの目は、知らない人間を見抜き理解する探査・探知の目ではなく、人々の意見を、厳重な警戒を、人民の主権を象徴する新しい目でもない。[19] それは「鷹の目」であり、「疑いに満ちた目」であり、「冷たくえぐるような錐」なのだ。それは暗闇の目であり、「警察による間諜」という任務に付随する言葉である、あの「監視と警戒」の目なのだ。一種警察の旧制度とでも言うべきものを、その害悪と弱点——なぜなら見抜くということは混同するということであり、それにはあらゆるリスクが伴うからだ。（だからこそブルヴェ、シュニルデュー、コシュパイユもシャンマチウの中にヴァルジャンを見出してしまう）——とを思い起こさせる識別の論理が、ここでは捜査と特定という論理に取って代わっているのだ。だが見抜くということはもともと知っていなければならないということであり、警察の対策を閉ざされた環境に閉じ込めることになる。たとえばジャヴェールはパトロン＝ミネットのすべてを把握しており、マリウスを招き入れたポントワーズ通りの暖かな事務所の中にいながら共犯者たちを「かすかに見ている」。犯罪とは、社会の大波や都市の動揺によってかろうじて乱されるような、閉ざされた、特異な、限定された世界であり、それを減らすためには潜入できさえすればよいのだ。ヴィドックの「結合」〔捜査に犯罪者を使うこと〕をジャヴェールは「警視庁の秘密」と呼び異をとなえているが、少なくともこうした犯罪社会に関する概念と、そこからもたらされる潜り込みの原則は取り入れているのである。

一八五〇年代に第二帝政が用いたものに近い、しかし捜査の知的で個人的な実践とは遠くかけ離れた、警察の非常に軍隊的な概念もまたここから生じている。監視、尾行、掃討が捜査の実践に大いに勝るのである。エペ＝ド＝ボワからプチ＝ピクピュスにかけてジャヴェールが指揮したのは、尾行というよりも軍事作戦であり、「壁のありとあらゆる片隅や、門や小路のありとあらゆる開口部を調べ回る」「七、八人ごとの一団で配置された兵士たち」に率いられた網の目作戦である。そのうえ場面は「袋小路や通りを探し回る警邏隊の騒々しい音、石に当たる銃床の音」で完成されるのだ。警視庁の人間たちが文字通り入り込んだゴルボー屋敷でも同じである。「剣を握った警察官と鈍器や棍棒で武装した警察官からなる一隊」。もちろん狩りの用語と狩猟の比喩は小説中かなり執拗に見られるのだが、それは痕跡や足跡よりも狩り出しや猟師の叫び声を中心とする、特殊な狩りである。ジャヴェールが察知するのは、獣の痕跡や足跡よりも獣そのものなのだ。軍事用語の競合もまた頻繁である。プチ＝ピクピュスで、ジャヴェールは「見張りを置き、罠や伏兵を整え、夜じゅうこの地区を探し回った」。動物を用いた登場人物像もまたこうした混乱をよく表している。ジャヴェールは刑事というよりも、蜘蛛であり、イタチであり、鷹であり、猛禽類であり、狼であり、虎である。そして犬《いぬ》の輪郭が浮かび上がってきたとしても、ユゴーが引き合いに出すのは番犬であり、それも「番犬はときとして狼よりも人を不安にする」ことを想起させたうえでのことである。

ユゴーにおける捜査のこうした不在、むしろ拒否は二重の政治的意味を持つものであることがわかるだろう。まずは、警察自身のねらいとは反対に、下等政治の手先として現れつづけている警察制度についてである。多くの面から見てジャヴェールは、ユゴーの多くの同時代人が指摘したように、一八六二年においては旧弊とはいかないまでも、いささか古めかしい。批評家のレオン・ゴーチエも、「ヴィクトル・ユゴー氏が古い社会組織の典型にしようとしたあの警察官」と書いている。[20] ジャヴェールは、ポンソン・デュ・テライユの表現によれば、「古い警察の人間[21]」であり、その悪徳をほとんどすべて体現しているのだ。たとえば間諜と密偵でいっぱいの、クロードの言葉で言えば「もっとも卑しい安酒場からチュイルリーのサロンまでつながる、目にも見えず断つこともできない鎖[22]」を形作っている、暗い、地下の組織網。またたとえば、しばらく後で警視庁の予算書に受け取りの署名をしていたことが明らかになるクラクズーのように（刑務所で占い師の母親と徒刑囚の父親の間に生まれたジャヴェール自身については言うまでもない）、ならず者や悪党によって実行される警察という危険をはらんだ、潜入と見分けの戦略。そして監視の、弾圧の、おとりの絶えざる実践。ジャン・ヴァルジャンの迫害者を「ビエット通り」の工作員の姿で見出しても、読者は意外には思わない。司法捜査という合理性と近代化の手段を拒み、「密偵ジャヴェール」は政治の、ないしは国の情報部の負の遺産、陰謀と奸計の結び目、もしくはデュマの言うような「暗い地下の道しか通らない（どんな目的に向かって？　誰も知らない。本人でさえいつわかるだろうか）陰険で腹黒い女神[23]」でしかない警察の恒常性を語っているのだ。

だがこの捜査の拒絶は象徴的な構想のなかによりはっきりと現れているのかもしれない。というのも司法という陰気で不気味な分野において、実験にもとづく判断力のなせるわざである捜査は、民主主義への強い熱望を抱いているからである。監視と見分けという内部の論理に対して、捜査は証拠と痕跡の合理的な読解と、世界の自由な解釈を推奨する。この、理性を持った個人個人に与えられた、真実の探求に加わる、独自の観察を行なう、そして他者の観察に異議を唱える権利を、捜査は体現しているのだ。公衆と世論の絶対的影響力の表れである捜査は、真実の散在だけでなく、多数派意見の必然的な後退を、真実の分配を、合理的で交渉にもとづく合意をも示しているのだ。こうして捜査は、民主主義的で落ち着いた、参加型の空間への突入を合図するとともに、そうした空間を象徴的に体現するのである。警察制度に関しては、問題はより大きなものとなる。というのも捜査は、警察の人間の名誉を回復させ、密偵としての狡猾な恥ずべき過去を洗い流し、政治的処女性を取り戻すための唯一の道であるからだ。警察官の自伝文学のすべてが一九世紀中期以降に花開き、精一杯に刑事《いぬ》を描こうとしたのも偶然ではない。新たな社会階層の出身である、この単純だが有能な刑事という人間は、すべてのページにおいて警察の捜査がなにをしうるものなのかを証明する。それは、犯罪による傷を減らすことであり、最終的に人間の安全と平和に貢献する、世の中の合理的な慣習にもとづいて社会的関係を再び秩序づけることである。それは、すでに述べたように、ディケンズのあの緻密な『黒い家』におけるバケットの役割である。(24) 当時あらゆる表象過程が実現しようとしていた、警察に対する新たな資格の象徴的付与の代価である。しかしながら、みずからのまわりで起こっているこれら一連の動きをはねのけたユゴーは、こうしたイメージや新たな戦略に対して不信感を示した。ジャヴェールの自殺は、この点から言えば、やはり政治的な意味を持っている。(当然の作業だが) 時代を一八三二年から一八六二年に移してみると、彼の自殺は警察のある形式とスタイルの自発的で予言的な死を示し、捜査にもとづく別の姿の到来と民主主義的時代への突入を予告しているのである。

第7章　二〇世紀初頭の「危険性」と「社会防衛」

二〇世紀の最初の数十年間の特徴は、フランスでは、犯罪現象に対する敏感さが頂点に達したことである。アパッチから、アズブルックの強盗団、ペペールの一行、ドロームの「火あぶり強盗」といった田舎の軽犯罪の再活発化を経てボノの一味にいたるまで、一九〇〇年から一三年にかけて、国家の重大な危険として名指しされるようになった犯罪問題は、政治社会の最重要課題の域に達したのだった。大量印刷新聞のキャンペーンによって増大し、「人々の安全」の問題にますます熱心さを見せるようになった議会へと引き継がれたこうした不安は、正真正銘の強迫観念を生み出し、そこから安全のレトリックが現れ、その主題と論拠は少しずつ形を整えてゆく。(1) この現象は刑罰の領域では、二〇年来の、しかし一九〇八年に死刑廃止の試みに失敗してからはいっとき収まっていた、激しい政策批判をふたたび引き起こした。そして、司法分野の内外を問わず、法律の過度の寛容さと裁判所の「人道主義罪」とによって生まれた、「処罰の危機」という執拗な感情が広がっていったのだった。「防衛」や「社会の保護」

といった主題は、新聞によって大衆化され、あらゆる人々によって書かれることとなった。ときに、ヨーロッパで「社会防衛」の動きが花開いたのも同じころである。一九世紀の終わり三〇年に生まれた「犯罪学的な」議論に端を発するこの動きは、少しずつ形を整え、概念的な道具一式を作り上げていった。この社会防衛の動きによって発達させられたおもな概念が、「危険性」や「不定期刑」であり、ここではこれらについて、当時フランスで増加していた分析や論争への影響力をはかるべく検討してゆく。

犯罪人類学と社会防衛

「社会防衛」の動きは、大戦前の一〇年間に花開いたものであるとはいえ、もう少し大まかに言うと、伝統的な刑罰に対する一九世紀後半の反動という大きな流れの中に組み込まれるものである。(2) 犯罪者の道徳的責任と応報刑の厳格な合法性にもとづいたベッカリーア的制度に、とくに精神医学と、司法統計によって明らかになった再犯の影響を受けて、(3) 犯罪者の人格をめぐる新しい処罰方法が徐々に対立していったのである。この視点の転換に、イタリア実証学派の著作が決定的な推進力を与えたことは知られている。「社会防衛」という表現を持ち込んだロンブローゾ、ガロファロ、フェッリとともに、視線は少しずつ、非難された行為から犯罪の行為主およびその動機へと移り、これらは彼らの生物学的・社会的原因の中で理解されるべきものとなったのだ。こうした要因が強調されたことは、犯罪者の道徳的責任の問題をよりあいまいにし、応報刑から解き放たれ、より合理化され未来に結びついた形式を取るよう促した。犯罪者を改心させるか、改心させられない場合は将来のあらゆる違反から社会を守る、このことは以降、刑罰の主たる役割として現れるようになるが、それは社会の保護の厳密な計画のなかで行なわれるからこそ正しいとされたのだった。社会を守ることに比べたら犯罪者を罰することはそれほど大事ではないかのような、刑罰のまた別の概念も輪郭を現し始める。一九世紀全体を通じて目立った刑罰の個別化の動きも、この重要な変化を証明している。(4) イタリアとフランスの犯罪「学派」を仲違いさせた論争も、こうした全体的な傾向に作用することはなかった。(5) 生物学的な先祖返りであれ社会的な決定論であれ、いまや優先されたのは犯罪の性質ではなく犯罪者の類型であり、その潜在的な危険性こそが無力化すべき脅威だったのだ。こうして、軽犯罪と重罪の正規の階梯に、犯罪者を二つの明確な集団に分ける分類が重なった。予防的で「人道的な」方法が優先される初犯もしくは機会犯と、反対に無力に追い込むか排除すべき、矯正不可能な再犯者である。一八八五年の流刑と仮釈放、一八九二年の執行猶予に関する法といった、一九世紀末のフランスのおもな規定はこの観点によるものである。犯罪学的論争の弱まりと一八九〇年代以降浮かび上がってきた一応の同意は、「社会防衛」に、この新しい刑罰思想の総論を準備させることとなる。

一八八九年に設立された国際刑法連盟は、ほどなく社会防衛の動きの震央となった。そのおもな発起人であるベルギー人のアドルフ・プリンス、オランダ人のヘラルト・ファン・ハメル、それにドイツ人のフランツ・フォン・リストが、機会犯を改心・社会復帰させ、危険な犯罪者が社会を害することのないようにするという、二つの相補的な観点を組み合わせて、これを中心に据えた社会防衛学説を練り上げたのである。一九一〇年にプリンスが出版した『社会防衛と刑法の変化』は、その最初の論証的総論だった。(6) プリンスは人間性の複雑さがどれだけ刑法を不完全なものにしているかを強調し、犯罪者の責任に関する主観的な概念を捨て、実用的な見方に変えることの必要性をとくに示したが、その究極の目的は、犯罪者が公共の秩序に対して示している危険性に処罰方法を合致させることだった。「われわれはローマ法およびナポレオン法典の伝統とは反対の、以下のような大胆な解決策に行き着く。それは過失の証拠と権利の回復とを切り離すことである」(五六頁)。以降「危険状態」と「不定期刑」という互いに結びついた二つの概念が現れ、それを中心にして大部分の措置が構成されていったのだった。

「危険状態」と「不定期刑」

一九世紀初期の精神科医らによる「殺人モノマニー」をめぐる論争の際に導入された「危険状態」の概念は[7]、一八八二年、イタリア人犯罪学者ラファエル・ガロファロによって temibilità や pericolosità〔いずれも危険性を示す〕という言葉で、刑罰体系の中枢として現れた。すでに一九〇五年のハンブルグでの国際会議でフォン・リストやプリンスが擁護を表明していたこの方針は、プリンスの著作の半分近くを占めている。「刑法の変化によってわれわれは、まだ犯罪者も国家が介入する権利も存在しないときでさえ、まだ犯罪も軽犯罪も起こっていないときでさえ、危険状態に気づくことができるのだ」(一四一頁)。精神病者や「欠陥のある犯罪者」に対して取られていた方法から着想を得たこの社会的予防は、ひとたび危険な個人という部類にも広がれば、未来のあらゆる犯罪を避けることができるはずであった。一九一〇年夏にブリュッセルで行なわれた国際刑法会議のおもな仕事もこれを議論することだった。「犯罪者の危険状態という概念は、法律が定めるどのような場合において、訴えられた行動の性質に代わりうるのか、またこの概念は、法律の中で定められているどのような状況において、社会防衛の措置という観点から、個人の自由の保証と両立するのか[8]」。この問題は、慎重に提起されたものではあったが、犯罪をすべての刑罰の条件にしていた伝統的原則に対し、潜在的な危険が犯罪者を構成するという考えを有利にしようとする、正々堂々とした攻撃だった。アドルフ・プリンスはこの会議で「処罰の基軸はもはや犯罪者の責任ではなく、社会に対する危険状態であるべきだ」とはっきりと述べ、フォン・リストはさらに、犯罪の概念を「危険状態」の概念で置きかえ、個人が罪を犯していなくても裁判官が危険と宣言できるようにしたらどうかと勧めた。フランスでの動きはもう少し穏やかであったが、その代表であるポール・キュッシュもまた、生き方や暮らし方を罰するべきなのであって、個人が「社会秩序に対するいかなる攻撃によっても目下のところとがめられていないとき[9]」でさえ、その犯罪傾向を捕まえなければならないのだとした。ベッカリーア的刑罰装置のすべてが問題となっていたと言えるだろう。

とはいえ数ヶ月前の一九一〇年五月にレンヌで開催された第三回フランス刑法会議でも強調されていたように、この問題は危険性の基準と自由裁量のリスクについて熟考することなしに済むものではなかった。「精神状態によるものであれ罪深い生活によるものであれ、危険とみなされるべき個人がいる」という原則については合意していたものの、最終動議では個人の自由という点から見たこの原則の危険が強調され、第一の役割は犯罪に残す必要性が結論されたのである。「危険状態の条件を定めるべきなのは法律であり、それも客観的な重大性や犯罪の繰り返しを考慮に入れた上でしかできない[10]」。こうしたためらいはブリュッセルでも同種のものであり、会議参加者の大多数は、「安全と社会防衛の特別な措置を取らなければならない」ような危険な個人の存在は認識しながらも、エミール・ガルソンが表明したレンヌ会議の結論をほぼ繰り返したフランス的提案に賛同した。そして最終決議には、「法律が定める再犯状態によるものであれ法律が定める生活習慣によるものであれ、法律が定める重罪ないし軽犯罪に表れた遺伝的・個人的な病歴によるものであれ、危険な犯罪者に対する社会の安全のための特別な措置を法律は定めなければならない」[11]と明示されたのだった。この平和的な表明は、真の同意というよりは行き詰まった状況を証言しているわけであるが（方法については一九一二年八月のコペンハーゲンでふたたび話し合われることになる）[12]、それでも概念自体の可能性は一斉に認められることとなったのだった。

この「危険状態」の考えに、明白な相補関係のもと、不定期の刑罰と判決の概念が加わっていった。無力化すべきなのは犯罪者の潜在的な危険性である以上、固定した刑罰にもはや根拠はなかった。犯罪者が危険なままなら、決まった日時に釈放すると決めることはできないし、犯罪者が改心の可能性を見せていたら、できるだけ早く自由にしてやらなければならない。どちらの場合も、刑罰はもはや犯罪の重大性ではなく、改心不可能性の度合いに釣り合わなければならなかったのである。恩赦と仮釈放という方法も、この趣旨に沿ったものではなかっただろうか？　刑罰の個別化の賜物として考えられた不定期刑には、改善された刑罰であると同時に安全のための刑罰でもあり、その点において「社会防衛」の原理にかなうという利点があった。一九世紀の最初の三〇年間から修正論者たちが導入していたこの概念は、ニューヨーク州のアルミラ刑務所での試用という形で一八七七年以降復活し、翌年にはストックホルムの監獄会議で議論された[13]。そこにとりわけ改心不可能な者に対する排除の方法を見出したイタリア学派もまた、この概念を採用した[14]。フランスでは一八七七年以降法律と共和国の刑罰とを考える研究所となっていた全国監獄協会が、一八九九年の議題にやはりこの概念を加えている[15]。フランスの法律家や刑罰論者がいまだに大切にしていた大なり小なりの合法性を合わせたうえではあるが、この概念が再分類の手段になるとともに、とくに「それが再犯のおそれを生むものであれば」初犯の段階で宣告される予防と安全の刑罰になるという点で意見は一致したのだった。しかしながら議論はきわめて激しいものであり、この措置の危険性が明らかにされた。囚人の道徳と社会復帰能力を定期的に評価する任務が課せられるのは、おもにこうした分野では能力が疑問視されていた監獄の看守たちであるだけに、独断であるとか、個人の自由の侵害であるとか、刑罰の不正な加重といったリスクがあったのである。同じような慎重な意見は一九〇〇年のブリュッセルでの監獄会議、それに一九〇一年のアムステルダムでの犯罪人類学会でも表明された[16]。だがこの構想を発展させたプリンスは、これは「危険状態」の概念にとっては当然の副次的主題であるし、ひとたび独断というリスクが少なくなればこの措置は終身刑よりもずっと深刻でなくなるはずだと考え、『社会防衛』の中でこの原則を擁護したのだった（一三一―一三七頁）。一九一一年にケルンで行なわれた第七回犯罪人類学会も、フォン・クライスパッハ伯爵の発案のもと、「不定期刑、すなわち期間が本人の社会秩序への適応の度合いによって決まる刑の宣告（期限は長くすることもできる）」の導入を推奨した[17]。

公的な使われ方

こうした原則とそれがもたらす不処罰の過程の中には、独断と、とくに個人の隷属ないしは社会統制が重くなるというリスクが見られるが（潜在的に危険な集団に印をつけることは、識別とリストアップと監視の拡大を正当化するものだった[18]）、だからといってこの動きが、フランスで世紀転換期に表明されていたような安全のイデオロギーを発展させたというのではもちろんない。というのも「社会防衛」の概念は大筋のところ、安全措置の支持者たちが要求していたようなあらゆる抑圧的なものとは対極の、予防と人間主義の歩みのなかにあるからである。ジャン＝ルイ・ド・ラネッサンも「社会の義務とは（…）犯罪者になることを社会が妨げられないような」者たちを遠ざけることによって「ただ犯罪から社会を守ること」であると書き、結果としてあらゆる刑罰に処罰としての性質はないとしている。[19] そもそも危険性と不定期刑は計画の段階に留まっていたため、それらを補っていた教育的な面や予防的な面と切り離すことはできなかった。それに、記者たちやリヨンの検事ギョーム・ルーバなどのおもな批評が表明されたのも、「社会防衛」が勧める刑罰の相対性に対する反動としてであった。過度の博愛主義と心理主義、そしてそれらによる犯罪者の不処罰を告発したルーバは、犯罪者の処罰と、個別化のための措置の制限と、そして彼からすれば見せしめで威嚇するものであるべき刑罰の厳密な適用の優先を推奨したのだった。法務大臣ショーミエの通達により司法のしきたりの中に入れられようとしていた「責任緩和」に対するルーバの非難は、この点で意味深いものだった。[20] フランスの新聞全体から広く支持されたその分析は、責任と「処罰権」[21] の回復に腐心する多くの司法官や法律家の分析とも一致しており、まさに交唱として現れたのだった。プリンスはこのリヨンの検事による警告を正当なものだとし、司法の信頼性を損なううぬぼれた感傷癖については自身もまた告発したが、自由主義にもとづく法律を見直すことにも、またルーバの要求する処罰措置の制定、とりわけ身体刑の復活にも反対した。「われわれは社会安全の、社会排除の、社会衛生の措置を支持するのであって、身体刑を支持するのではない」[22]。第四回フランス刑法会議（一九一二年五月、グルノーブル）の、「処罰の危機」と情状酌量の乱用を争点とした議論の中で、エミール・ガルソンもプリンスに呼応し、彼からすれば反動、もしくは野蛮状態への立ち戻りである意見を拒絶した。「一部の反響の大きな犯罪によってもたらされた印象も、フランスという共和国を、恐怖の提案するままにこのうえなく盲目的な反応へと身を投じるよう導くことはできないだろう(23)」。

このように火がついていた状況では、ラネッサンのように予防措置だけにこだわる者はめずらしかった。法律家や刑罰論者は世論の動きにつねに注意を払っていたからである。ガブリエル・タルドも、刑罰は「その利点は軽視すべきではないものの、多くの場合善良な人々を安心させる役にしか立たないのかもしれない」としながらも、刑罰は長期的に見れば群衆に影響するだろうとし、刑罰を総意の上に築く必要性を強調した(24)。だが抑圧的な政策とは偏狭に敵対していたエミール・ガルソンもまた、世論の流れから孤立する危険には注意を払っていた。「秩序と社会規律が本当に脅かされていると世論が感じたとき、世論はこの規律を、私としては避けたい方法で回復することになるだろう。社会から武器を取り上げるなら、過激な激しい反動を恐れるべきである(25)」。

二元的だった社会防衛の概念は、刑罰を増大させる方向へと傾いていた。「危険状態」の追求は刑事介入の主たる目的となり、排除を目的とする刑罰を概念的に支えることにもなった。社会防衛の概念は、責任の「緩和」されるべき個人に対しても人々の安全の名のもと公平に宣告を下すことを医師に認めさせるものであったから、司法官と医師との間の相互的変容の過程にとって有利に働くという大きな利点も持っていた。この変容は精神医学と元来の博愛主義的情熱とを切り離すものであったが、「臨床医学の成果」に、司法制度と大きく衝突することなく、ともに進歩してゆくことを許したのである(26)。よって、フランスの主たる「犯罪学者たち」は、それぞれ見解が相違していたにもかかわらず、予防措置の推奨という点で全員が一致した幼少期は例外として、刑罰のこのうえなく厳格な適用に好意的な立場を取ったのだった。これ以降、情状酌量の機能の制限、死刑、さらにはいくつかの身体刑は、社会防衛の装備一式には不可欠なものと捉えられるようになる。長い間、とりわけ上院議員のベランジェによって道徳・経済的大失敗として告発されてきた移送と流刑も、一九〇九年には全国監獄協会によって「人々の安全」と社会の保護という名目で承認されたのだった(27)。

あやふやで、あいまいで、どのようにも解釈できる「防衛」や「社会の保護」といった言葉は、以降あらゆる人物によって書かれることとなり、その中には社会防衛の主唱者たちが勧めた予防のための刑罰と排除の措置の均衡とは両立困難であるはずの、重い処罰制度を望む者も含まれた。とくに新聞はこうした言葉を、誤解も気にせず過度に使った。たとえば一九〇四年五月三日、『ル・フランセ』紙にはこのようにある。「社会の保護、法律の目的であるこの社会の保護への配慮は、浮浪者の「心理学研究」が引き起こした哀れみの中で消えてしまった。(…)司法は犯罪者の思惑の中に入りこんだり思惑を測ったりすることはできない。司法はある犯罪行為が社会に見せる危険の量を客観的に見積もるにとどめなければならないのだ。新しい法律は司法をその役割からそらしてしまったのである」。一九〇七年二月一五日付の『プチ・パリジャン』の「犯罪と社会防衛」というタイトルの社説も、「自由の切符」(仮釈放)や安楽な監獄や司法の人道主義に対して堂々たる攻撃を行ない、人道主義に対立するものとしては死刑が正しくて有効であるとしている。社会防衛という言葉は文字通りに取られ、ただ安全と排除の措置だけを要求するために使われるようになったのだ(28)。こうして危険性と不定期刑の概念は、全体的な仕組みから切り離され、きわめて抑圧的な計画に一種の概念的正当性を与え、その中に組み込まれてしまったのだった。もともとはおもに家庭に害をなしていた、謎だらけで凶悪な「大犯罪」を理解するためのものと考えられていた危険性の概念は、ほどなく軽犯罪や平凡な放蕩にまで広げられてしまう。犯罪を必ずしも必要とせず、あとにならなければ確認できず、犯罪者が無力化されてしまえば確認することすらできないという、あやしげな学術性の疑わしい尺度である危険性の概念は、社会復帰不可能性という考えを正当化し、前もって処罰することを可能にしてしまったのだった。生活様式によって周縁化され、昔から矯正不可能と推定され苦しめられてきた「あらゆる社会的なものとは無縁のごろつき、泥棒、反抗的で定住しない一大集団」[29]に焼印を押し、新しい「不審人物法」を要求する者たちを、はからずも支援してしまったのである。「都市のならず者たちは売春によってか、少なくとも女衒の世界で生きてきており、怠惰や悪徳ゆえにさまよっており、ほとんどが治療不可能である」と司教座聖堂参事会員のローは書いた[30]。素質理論は危険性の名の下に、反社会的とみなされるすべてのはみ出し者、すなわち再犯者、放浪の民、浮浪者に物乞い、ひもにアパッチといった、襲撃を引き起こす潜在能力を持つ危険な軽犯罪者の原型に対しても広げられたのだった。危険性の概念は、なんの融通を利かせることもなく操られ、流刑、予防入院、死刑といった「危険な」犯罪者の排除、ないしは生き方と行動を罰する差別的な措置を目的とする、このうえなく独断的な分類を可能にしてしまう。一九一二年七月の放浪の民の通行に関する法律がとくにそうである。「拘禁されていたことで疑わしくなった、資格を剥奪された者」である釈放囚に対しての高等警察の監視の復活もまた、社会防衛措置、ならびに不定期刑の軽いバージョンとなりうるものだった[31]。一九一二年に出版されたトゥールーズの検事代理ジャン・シニョレルによる『犯罪と社会防衛』は、社会防衛の不当な利用のよい例である。[32] ルーバの例にならって、「かれこれ二〇年前から処罰の斧を鈍らせて、フランスにたえず大損害を与えてきた、この世間知らずで感傷過多で風紀を乱す法律と学説」が引き起こした「刑法の危機」を告発し（一三頁）、シニョレルは、これまで恩赦や仮釈放があまりに寛容なやり方で認められてきたことを受けて、鞭や重労働といった新たな処罰方法のほか、「危険状態」の基準と不定期刑の導入を勧めたのだが、その不定期刑は刑罰の加重という意味でのみ考察されているのだった。

処罰の側面を強調するためにしか使われなかったこうした「社会防衛」の受容と、この言葉の押しつけがましい使用法は、部分的には偽物に属すものであったかもしれない。だが犯罪の病理と自衛の原則とを対立させる病原菌モデルについて立場を超えて考察していた社会においては、社会防衛の動きによって発展させられた危険性と不定期刑というおもな概念は、排除の厳格な政策を支持する者や刑罰の衰弱を中傷する者にとっては土台となりえたのだった。こうした者たちは、犯罪リスクのさまざまな形を描き出しては、自分と違う者はすべて潜在的に疑わしい者となるような、敵意に満ちた異人種嫌いを助長していった。彼らは新聞のキャンペーンと世論の動きが課した制限や、予防策に対して寄せられた懐疑的な態度を結集させて、安全の説得手段のうちでももっとも極端な理由を支持し、そして維持したのだった。犯罪人類学が逆説的に犯罪者を非人格化したのと同様、[33] 二〇世紀初頭にフランスで理解されていた「社会防衛」も、犯罪者を非社会化しようとしていたのである。

第8章　処罰の危機？

「一五―二〇年前から、大部分の法律が悪人たちに有利な形で作られていることは当然ご存じでしょう。これらの迷える者たちをより良い感情に立ち戻らせようという、快適で体に良く衛生的な監獄や、執行猶予に関する法律などのことです。死刑がほとんど廃止されていることをここに加えてみれば、どのような結果が得られるかはわかるでしょう。強盗団の数の恐るべき増加、彼らの犠牲者の、未亡人の、孤児のひどい苦しみ、死んでゆく者たちの長い断末魔、簡単に言えばこれらが怪物たちへの甘さの結果なのです[1]」。「処罰の危機」の真っ只中の一九一二年五月一八日に法務大臣に宛てられたこの匿名の手紙は、当時司法機関と司法世界とを揺るがしていた、そして大量発行新聞が躍起になって正真正銘の「社会」問題へと変えようとしていた興奮状態をとてもよく物語っている。その論拠は至って単純なものである。啓蒙時代以降「人道主義」の刻印のある刑罰が増えたことに加え、司法官たちの寛大さが、犯罪の急速な増加をもたらし、フランスを深淵のふちへといざなっているというのだ。道徳的政策のなかで身動きが取れなくなり、途方もない「社会の非力」のなかにあるフランスは、「犯罪の軍隊」の襲撃に直面できなくなってしまったというのだ。こうした意見は当然新しいものではなかったが、戦争直前のこの時代、突如として激しい現実味を帯びることとなる。これはもちろん、国会議員や道徳家の一部に支持された大衆新聞が二〇世紀初頭以来保ってきた、そして一九一一年の「自動車に乗った強盗団」によって頂点に達した、治安の「強迫観念」という背景によるものである。だがこの「危機」は、リヨンの控訴院検事長ギヨーム・ルーバによる二重のエネルギッシュな介入とも関係している。ルーバはそれまで断片的であった論拠を一貫性のある「理論」のなかに集めるとともに、みずからの管轄にある裁判所のやり方を強制的に変えようとしたことで決定的な立役者となったのである。ルーバという高級官吏によるイニシアチブはこの問題に全国的な反響をもたらしたほか、司法省との非常に激しい衝突も引き起こし、最終的にフランス(およびアルジェリア)の二七の控訴院に管轄内での処罰の状態と行なわれるべき改革について問う、大規模な調査を開始させることとなったのだった。一九一二年春のこの興奮は、少なくとも三つの点においてこだわるに価する。まず、それは二〇世紀初頭にフランスの刑罰体系に見られた動向と変化に対して意義を唱えた、あらゆる者たちによる処罰計画を間近で的確に捉えさせてくれるからである。次にそれは、第四の権力を演じることを決意したメディアが注意深く見つめるなか、高級官吏を大臣に対立させた、近代の制度の危機の只中へと導いてくれるからである。そして最後にそれは、高等司法官という、遠慮の義務によって通常公の場では口輪をはめられていたにもかかわらず、処罰と刑罰と治安についての自身の考えを公言させられた役者たちの声を聞かせてくれるからである。

「哲学」対治安

「処罰の危機」は、ボノ事件や格好の状況が引き起こした人々の不安の激化とともに現れたわけであるが、ベッカリーアの著作によって司法の領域に入りこんだままでいた啓蒙思想と「ルソー主義」に対する批判を通して培われてきた古い反応である。(2)「哲学を法律学に適用する」ことや、普遍的で合理的な制度として捉えられた刑法を人間的なものにし世俗化しようとするベッカリーアの思想は、司法界では一度たりとて満場一致で合意されたことはなかったのだ。一般予防よりも個人の改心を目指すその主意主義は、司法の専門家たちが「空論家」たちに対立させてきた教条主義と実用主義の混合物としばしば衝突した。この昔ながらの反自由主義の土地に、処罰の危機学説「大全」ともいうべきものの大部分はその基礎を置いている。共和国の到来はこうしたひそかな対立にふたたび拍車をかけ、啓蒙思想の跡を継ぐ制度は、一八世紀半ばに始まった社会と道徳の変質《デジェネレッサンス》の過程を急がせるだけだと考えられるようになってゆく。司法官が大幅に共和主義化した時期には多かれ少なかれ暗黙裡であったこうした考えに、自分たちの特権を制限するかのような改心理論であるとか社会防衛の予防的装備に対する司法界の大部分の反感が加わった。すでに一八八八年、学会は、処罰を「弱らせる」感傷主義の行き過ぎを告発し、(3)このテーマは司法の出版物の中で何度もよみがえった。たとえば一八九四年、ポール・キュッシュは情状酌量の乱用に対して苦情を述べ、アメデ・ルーヴァンはフランスを苦しませている悪の主たる原因を裁判所の寛容のうちに見出した。(4)「こうして処罰は弱まり、犯罪は増大するのだ」と、一八九五年、エルネスト・クレミューは『犯罪司法管理報告』の解説に書いている。(5)

一八九六年に『ル・コレスポンダン』に掲載されたある有名な記事で、アンリ・ジョリはこの「処罰の崩壊」を論拠とした最初の総括を行なった。ジョリは、収監の数の削減、猶予の乱用、再犯者の流刑の失敗、とりわけ「処罰を一種の博愛主義的な入院で替えよう」とする幻想が、犯罪を取り返しのつかないほどに増加させてしまったのだと説明している。[6] カトリック的犯罪学の、穏健的だが活動的な縦隊の指揮官であったジョリは、これ以降、多くの著作でこの交唱を繰り返し、罰することにさえ関心を示さない博愛主義を遠慮なく批判したのだった。[7] こうして司法界では、過度の人道主義の危険に対する意見が発展していった。「無罪が多すぎる！　免訴が多すぎる！　処罰が甘すぎる！」一九〇二年、これでも慎重なほうである『監獄紀要』の司法コラムニストは記している。「善良な人々は悪人たちから効果的に守ってほしいと言っている。（…）こうした反動は起こってしかるべきものだ。治安が問題になっているとき、博愛主義の学説は間違っているのだ」[8]。

　こうした考え方は、裁判官たちが言い渡す免訴や仮釈放に対して繰り返し憤ってきた警察官たちにも支持された。警察が逮捕した犯罪者たちを裁判所が放免してしまうというのは、警察官からすれば理解しがたい機能不全だったのだ。すでに一八八五年、アンドリウー警視総監は司法官たちの「職業上のライバル意識」を非難し、「夜襲」と軽犯罪の再発は、警察官たちが苦労して捕まえたごろつきやひもを釈放してしまう検察の行ないによるものだと説明していた。[9] この種の反応はその後の数年間も繰り返し現れたが、裁判所の「一貫性のなさ」に対するもっとも辛辣な中傷家のひとりだったのはおそらくレピーヌ警視総監だろう。一九〇七年一〇月二〇日の報告書で、警視総監は法務大臣に、「（犯罪の増加の）おもな原因は、率直に言えば処罰の緩み」であり、司法官が法律を適用しないことによるものだと説明している。[10] 三年後レピーヌは、アパッチに暗殺された警察官ペルティエの死後、「もうかれこれ二〇年前から、処罰の剣を鈍らせてフランスに被害ばかりもたらしているこの愚かな感傷主義の、風紀を乱すような意見」[11] を痛烈に批判した。こうした分析は警察機構の中ではありふれたものとなり、もっと激しく言う者たちも現れた。たとえば一九〇七年、元警察官たちは、「こんにち検察がアパッチを応援している確かな証拠がわれわれにはある」[12] と書いている。こうした考えは、当時の決まり文句となり、犯罪に関する現実がどうであれ支持されるほどだった。ローヌ県の警察本部長も、リヨンでは治安が完全であることに満足しつつ、処罰の不十分と裁判所の寛大さに対して苦情を述べている。[13]

司法省はしかし、こうした解釈に対して長い間かたくななままだった。たとえば一九〇〇年一月二〇日、法務大臣のモニは、『犯罪司法管理報告』の満足ゆく結果をもとに、これまでの分析とはちょうど正反対の立場を取る、「司法の緩和の上首尾な進行について」という通達を発している。

> フランスの犯罪訴訟法の過酷さと刑法の厳しさは数年来修正され、多くの点で緩和されてきた。防衛の権利と個人の自由の権利に対する敬意はますます高まり、正義はより細かくより確かな意味を持つようになり、処罰は公正かつ寛容で、罰よりも罪人の改心を追求することで捕らえた悪人たちに立ち直りの希望と手段を残さねばならないと考えられるようになり、こうして共和国の議会には寛大で情け深い法律がもたらされたのだ。

法務大臣は近年の措置（仮釈放、執行猶予の法律、対審など）全体に言及したうえで、それらの方法も

「フランスの刑法がより厳しくない形に改正されるための序文」にすぎないとしている。そして裁判所に対し、執行猶予をより使い、予防逮捕を制限するようにと勧めたのだった。一九〇一年七月八日にビュロ検事が検事代理に要求したのも同じ内容だった。[14] 一九〇三年の『犯罪司法管理報告』のきわめて楽観的な総集編（一八八〇年から一九〇〇年まで）も同じ方向性を持つものだった。じっさい、こうした人間化の過程の当然の帰結とみなされた死刑廃止計画がサリアン内閣によって提出される一九〇六年まで、公的な見解は補助と予防という考えにとどまっていたのだった。

しかし状況はそれほど順風ではなかった。二〇世紀のはじめ以降、厳罰への回帰に賛成する動きが見られるようになったのだ。一九〇二年以降は、とくに陪審員や地方議会からの、より厳しくより見せしめとなる刑罰の要求が増えた。[15] 人々の不安を煽ろうとした新聞もまた、犯罪の推定増加の直接的責任があるとみなされた裁判所の有害な行為や、司法官たちの過度の寛容さを告発する、「公共の安全」を目的とした騒々しいキャンペーンに加担した。[16] こうした話題は「大衆」新聞だけに限られたものではなかった。たとえば、このような議論にきわめて敏感であった『ル・タン』紙のような日刊紙は、とがめられるべき司法官の表象を積極的に売り込んだ。かつて人道的な判決によって有名であったシャトー＝ティエリの裁判所長、「善判事」マニョーは、いまや思慮の浅い司法官の典型を体現することとなった。[17] そしてマニョーが急進党と統一党の左翼に共鳴していたことがよく知られていたことから、議論は政治化した。「公共の治安」は少しずつ、ジャーナリスト、道徳家、代議士、それに政治家と、ますます多様になってゆく役者たちを動かす主要な争点になっていった。こうした状況の中、一九〇七年から〇八年にかけて死刑に関する議論が引き起こした深刻な動揺は、のちに「処罰」というテーマが大当たりすることを保証していた。一九〇七年、トゥールーズの軽罪裁判所長は「判事がおのれの弱さから守られますように」と叫んでいる。[18] 二年の間、この問題は、発行部数の多い新聞や司法紀要を埋め尽くす強迫的なライトモチーフのひとつとなった。一九〇八年一二月の評決は、死刑を「復活」させたことで「人道主義者たち」の攻撃に終止符を打つだけでなく、全面的な反動のはじまりを示す、良識の勝利とみなされた。[19] 事実、死刑をめぐる議論はさまざまな力を結集させ、緩和した法律と処罰の「衰弱」への批判の声をますます高めたのである。司法省からも犯罪者たちをより厳しく罰するようにとの通達が発せられ、セーヌ県の検事総長は検事代理たちに「こんにち憂慮してしかるべき社会的危険を作り出している治療不可能な再犯者たちに対する、法律のより厳格な適用[20]」を求めている。法務大臣であったルイ・バルトゥは、一九〇九年の『犯罪司法管理報告』を解説するなかで、「三〇年来、処罰の弱体化が日に日に強まっていった」ことを公式に認めた。戦争の直前、刑事分野においても「秩序への回帰」の時期が見られたのである。[21]

「ルーバ制度」

一九一一年六月、「処罰の危機」と題し大注目を集めた論文を『政治議会紀要』に載せたリヨン控訴院の検事総長ギヨーム・ルーバは、よって、古い議論を投げかけるにあたり、ただ格好の状況を利用しただけだったということになる。[22] だがルーバはその議論の論拠を秩序だった総論の中に圧縮する術を心得ており、司法制度の内部から議論に決定的な推進力を与えることができた。裁判官たちの寛容さの告発が現職の司法官によってなされたことで、このテーマに確かな正当性が付与されたのだ。一九一二年春の全国監獄協会の「紛糾した会議」は、ルーバが自身の分析を練り上げる機会となった。[23] 報告は古典的であったが（処罰機関の効率の悪さによって犯罪の「尋常でない」高まりが生じており、司法統計もその学問的な測量結果を示しているというもの）、彼の論の特徴は共和国の刑罰を「制度」として分析し、ひとつひとつを細かく説明しているところにある。共和国の設立以来可決されてきた七つの法律がこうして非難されている。一、刑罰が個別収監制度で受けられた場合、刑期は四分の一減らされると制定した一八七五年六月五日の法律。二、ルーバいわく、単に予算の削減の目的でなんの代償もなしに同意された一八八五年八月一四日の仮釈放に関する法律。三、限度を超えて、不処罰の道具と「無償の再犯許可」になり下がってしまった、収監の猶予に関するベランジェ法（一八九一年）。四、刑期から予防拘禁期間を差し引くことで、言い渡された刑罰による一罰百戒を無駄にしてしまう一八九二年一一月一五日の法律。五、前科簿からいくつかの軽犯罪を消去し権利の回復を進めた一八九九年四月五日の法律。六、「少年犯罪の憂慮すべき急増が表面化している」ときであるにもかかわらず、刑法適用年齢を一六歳から一八歳に引き上げた一九〇六年四月一二日の法律。七、議院によって定期的に可決される恩赦。ルーバは結論する。「そしていま、独房拘禁の四分の一の刑期短縮、残り四分の三のうち仮釈放による半分の短縮、予防拘禁の控除、執行猶予、最大限の権利の回復、それに恩赦を加えたら、残るものはなにか？　刑罰のかけらの粉塵ではないか！」[24] そのうえこの調査報告では、ルーバによればもはや自動的なものとなっている、この「すべての処罰力が漏れ出してしまう大きな隙間」[25] である情状酌量の恵与も、一八九七年の対審に関する法律も、流刑を適用するにあたっての司法官たちのためらいも考慮に入れられていない。こうした処罰の挫折は、犯罪の増加に直接的な責任があると考えられた。強盗団と善良な人々が対立する容赦ない戦争においては、戦い合う両者のうち一方の弱さは決定的に他方の勝利を意味していたのだ。このような描写は当然のことながら、最終的に、制度とその哲学的土台を問題視させることとなった。ルーバは説明する。「思いやりと正義の理想を抱く共和国は、ほかのどの政体よりも、親切心の過剰に陥る危険にさらされている[26]」。

ルーバは、みずからが危機的状態とみなすところのものに終止符を打つべく、精力的に情勢を立て直すことで対応しようと提案した。「寛容さと親切さが失敗したのだから、いまや毅然とした態度を試みるときだ[27]」。まずはいまある法律、とくに恩赦の権利によって危険なほど制限されている、流刑と居住禁止と死刑を適用するべきである。ルーバは書いている。「死刑が恩赦を受けると、強制労働という、相対的に自由で、少々暑いとはいえ屋外で生活ができ、つねに脱走の希望を抱ける寛大な刑罰に替えられるというのは容認しがたい[28]」。同様に、上記の一から七の措置すべてについても立ち戻り、それらに綿密に理由をつけ、つまりは例外的なものにするべきである。そして最後に、「無気力な」正義にいくばくかの力をふたたび与えるためにも、新しい法律をいくつか導入することが必要となる。ジャーナリストや法律家の一部がふたたび流行らせたばかりであった鞭打ちと身体刑が、このリヨンの司法官には格好の手段に思われた。「苦痛というものは」、とくにそれが支援団体の与える道徳的ないし宗教的な忠告と合わせて使われるときにであるが、「処罰が有効なものになるための主要な条件である[29]」と彼は説明している。

騒動を引き起こす危険をこうして冒した役人ルーバであったが、かといって簡単な成功を求める新人でも野心家でもなかった。一八五六年に生まれた彼は、検事代理、検事、そして法院検事と、職業の階段を次々にすべて上りつめていた。[30] 一八九八年、四二歳で検事総長に任命されると、まずニームで、次にグルノーブルで働き、そしてリヨンの管轄地域でトップとなったのだった。一八八四年から、すでに彼は刑法についていくつかの試論を発表していたが、とりわけ注目されたのは、無政府主義者たちによる攻撃の直後に発表された、「犯罪者法」を提案した一八九三年と九四年の長い解説だった。[31] 有名であり古参の司法官でもあったルーバは、よって一九一一年には、ただ状況が深刻になったから公の議論の場に出てきただけの、主義と信条の人だったのだ。[32] 彼の発言にもたらされることとなった反応も、きわめて好意的なものだった。このような「良識ある」計画をずっと前から擁護してきた大量発行新聞は、「善良な人々の集団」の公認の代表となったルーバの意見をほぼ一致して支持した。とくにみずからの陣営をためらうことなく批判し、「われわれに希望を抱かせてくれた」司法官の「見事な勇気」は賞賛された。[33] その無節操とフランスの「不道徳化」における責任をルーバによって嘲笑されたはずの新聞が、こうして彼の意見を積極的に支持することの矛盾に気づく者はいなかった。[34] より政治的な『ル・タン』紙は、ルーバの意見を利用し、司法官たちの活動を無力化させている議会と政府を厳しく批判した。右派も当然のことながらこの思いがけない突破口に殺到した。『エコー・ド・パリ』に掲載された激しい風刺の中で、ジュール・ドラフォッスは、「組織的な強盗」を助長する「一八七五年以来フランスに定着した制度」を痛烈に非難している。[35]

司法界の反応はよりコントラストをなすものだった。全国監獄協会は、みずからの司法的成果の根本に異議を唱えた者との討議を勇敢にも受け入れ、議論はとくに緊迫したものとなった。もっとも批判的な表明をしたのは外国のメンバーで、とくに専制国家出身の者たちはルーバの提案に突然の退行を見出したのだった。たとえばサンクトペテルブルク大学の刑法学教授でロシア議会の元議長でもあったロシア人のナボコフは言っている。「立ち上がりながら私は一種の気詰まりを覚えています。というのも、わが国で私が誇りを持って守ってきたあらゆる改革に対する徹底的な誇張を前にしたとき、私はまるで昔の学界に、刑法学者のクリュニー美術館のようなものの中に突如として運びこまれてしまったかのような気がしたからです」。ルーマニア人のヴィゾイユ＝コルナチアニュも言う。「ある日私は、セーヌ川をのぼる途中、炎を表したブロンズ像を見ました。これはなにかとたずねたところ、これは世界を啓蒙するフランスだと教えられたものです」[36]。フランスの法律学者たちの反応はもっと慎重だった。ルーバが告発したほとんどすべての措置の元凶、ベランジェ上院議員は、長い発言の中で、問題となっているのはただ法律の適用だけなのにリヨンの司法官が法律そのものを告発しているのは意外だとしている。大部分の会員がとどまっていたのは、こうした慎重な立場だった。報告は極端であると、そしてたとえば身体刑のような提案の一部はフランスの精神とは真逆であると考えられた。しかし「危機」とまではいかないまでも、「気力」や「社会的規律」の「衰え」が存在することはみな認めていた。ルーバは「処罰権」を強調することで、そこにいた法律学者や司法官の元来の傾向を明らかにかき立てたのだ。とはいえおもな感情はといえば、リヨンの検事の理論を支持する大量の「世論」から孤立しないよう、実用主義の観点から賛同しておこうというものだった。

制度内の危機

スキャンダルを生んだのは、しかし、こうした「専門的な」議論ではなかった。スキャンダルの起源は、管轄内の裁判所でみずからの意見を優先させようとしたルーバのより実践的な行動にあったのだ。一九一二年五月二日、彼は昨今の一部の判決の「スキャンダラスな弱さ」を指摘したうえで、司法官たちが再犯者に対して「無慈悲な刑罰」を要求し、とりわけ情状酌量や執行猶予の特権を拒み、「流刑となるときにはつねに」流刑を適用するよう、検事代理たちに通達を出したのである。(37)ルーバは続ける。「司法官は誠実で公平であるだけでは足りず、犯罪に対し精力的で毅然とした態度を見せることで公共の秩序を守る義務があるのだということを念押ししておかなくてはならない」。たしかに口調は激しいものの、発言自体は結局のところ一般的なものであり、そのころの司法省の勧告とも合致していた。だが文書の効果と効力はすべて以下の最後の二文に含まれていたのだ。

最後に、この通達がじっさいに報いられるためには、司法官の揺るぎなさがどれほどのものかということについて、諸君自身が昇進資格者名簿への申請の際にはっきりと説明する必要がある。処罰に際し弱さを見せた司法官はもはやひとりとしてこの名簿にも上級のポストにも推薦するつもりはない。

司法省はすぐさま反応を見せた。翌日、早くも法務大臣アリスティッド・ブリアンの署名のついた電信が、次のような言葉で心外さを示している。

処罰の危機について貴下が検事代理たちに宛てたという指示の抜粋を新聞で読みました。こうした指示がほんとうに送られたのかどうか教えていただきたい、またその場合には文書の全文をお伝えいただきたい。だが貴下が私の同意を求めようとも得ようともしなかったことがらについてのこの書類の信憑性は信じがたいものです。処罰に関する法律の一般的な適用条件にまつわるこうした指示は、司法省からしか出されるものではなく、各管轄の検事総長ごとに異なる指示の対象にはならないのだということを貴下もお忘れではないはずです。

こうして新聞各紙の注視のもと、新種の司法連載小説めいたものが開始されたわけであるが、その展開はひとつとして見逃されることはなかった。五月四日、ルーバは法務大臣に長い手紙を送っているが、その口調は忍従と、憤りまじりの心外さとの間で揺れ動いている。ルーバは司法省が抱いた不満について弁明するつもりはないと白状し、とりわけみずからのイニシアチブを正当化しようとした。そして手紙の中で、自分が通達を出そうと思うに至った昨今の「スキャンダラスな」判決についてとくに詳細に述べ、[38] 裁判所の弱さや警察の失望や「公衆の意識」の無理解についての、いまや慣れきった話題を繰返したのだった。しかし彼がとくに心外に思ったのは電信の内容だった。ルーバいわく、検事総長の通常の権限に属するこうした通達について、司法省に従うべしとする公的命令などこれまでひとつもなかったからである。「一九一一年の犯罪統計の結果に突き動かされたこの種の指示を私がみずからの管轄の検察に送るにあたり、前もって貴殿の許可を頼まなければならないとは思いませんでした」。そもそも一九一〇年一〇月に管轄の検察に出した同じような通達は、いかなる公的な反発の対象にもならなかった。[39] しかしリヨンの司法官は、その一九一〇年の文書が、今回争われていることとは反対に、賞罰の可能性や昇進の凍結には一切関係しないものであったことについてはふれなかった。司法省でも少しずつ同意が高まっていたルーバの意見よりも、彼が用いた方法が、その憤慨を引き起こしたのだった。通達のことを新聞を通して知ったというのがすでに障害になっており、ルーバが昇進資格者名簿を用いて検事代理たちに圧力をかけたことは許しがたい権力濫用とみなされたのだ。昇進は「有罪判決の数や厳しさで決まる」ものではないと、犯罪事件と恩赦を扱う責任者たる法務大臣は記している。一八八〇年代からつねに政治的注目の的となってきた司法職にとって、昇進の問題はとくに敏感な話題だった。(40) 一八七九年に設けられた昇進資格者名簿は、継続的に批判されていたとはいえ、政治の庇護に基づいて機能していた司法の組織にとってはもっとも重要なものだった。昇進を得るためには、議長、検事総長、破棄院の四人の評定官、それに司法省の局長たちからなる格付委員会によって名前を記載される必要があり、そのことが司法省を少なくとも昇進と任命の主でいつづけさせていたのである。こうした状況においては、ルーバのイニシアチブがどれだけ不謹慎なものに見え、彼の受けた叱責がどれだけ正当なものであったかがわかる。公的な立場に替わって『司法紀要』は、こうしたイニシアチブは「正義の原則に対する正真正銘の反逆」であるし、ルーバが検事代理たちに「昇進審議の守秘義務に頻繁に違反することになる密告制度」をそそのかしたと嘆き、言う。「軍隊の調書の次は司法の調書というわけだ(41)……！〔一九〇一年から〇四年にかけて、昇進の判断材料として将校たちの政治宗教思想が調査され問題になっていた〕」これに加えて、ルーバは一年前から公的な場への介入が増えており、慎重さの義務からも検事の役割からも立場をはみ出しているような印象を与えていた。

一九一二年五月の一ヶ月間に、リヨンの司法官と法務大臣との間では頻繁に書簡が交わされた。五月一三日、ルーバは書いている。「貴殿が私に与えられた叱責に私は深く驚くとともに苦しんでおります。

もっと情報を得られていたならば私の行ないも認めていただけたにちがいありません」。これ以降彼は法務大臣を説得すべくリヨン裁判所の「スキャンダラスな」弱さに関する報告を増やしている[42]。事件はとくに大きな反響を呼んだ。犯罪と「公衆の安全」の問題が引き起こしていた恒常的な興奮状態の中で、新聞は検事総長が受けた懲戒を熱烈に解説した。社会主義の日刊紙は、共和国の法律に陰気な一撃をもたらそうとした者がこうむった「教訓」で憂さ晴らしをし[43]、この「逆上と卑屈の戦い[44]」がなしていた政治的駆け引きを暴いたが、それ以外のほとんどの新聞が、勇敢なリヨンの検事を待ち受けた運命に憤った。大衆新聞全体を代弁して、『プチ・ジュルナル』でジャン・ルコックは、「無気力が一般的な中、フランスの人道主義的な法律を進化させなければとあえて声を上げたルーバの勇気ある介入」を讃えて言った。「それなのに！　こんにちみなが嘆いている恐るべき犯罪の増加をもたらした突飛な夢想を抱く人道主義的政治家たちの考えと合わないとき、司法官にはこうしたことについて意見を大声で述べる権利はないらしい[45]」。ルーバ検事の専属の支持者である『ル・タン』紙はといえば、もう少し慎重な立場を取っている。同紙は「叱責」が、いまや司法省では満場一致である検事の「勇敢な意見」に対するものではまったくなく、単にやり方の問題であり、それも仕方なくなされたものでしかないと説明したのである[46]。法務大臣ブリアンもこの『ル・タン』紙との諾成の立場に立って人心を鎮めようとした。彼は五月二九日、ルーバに宛てて書いている[47]。「申しましたように、私も貴下がこの文書で述べられた意見の大部分には同意しているのですが、こうした分野においてイニシアチブを取るのは貴下ではないことを指摘しておくのがよかろうと思ったのです」。同じ日、司法省は『ル・タン』紙に文書を載せ、ルーバ検事に対していかなる規律措置も講じなかったことを明示した。文書はとくに、「法務大臣が処罰の危機の問題についてすべての検事総長に対して調査を開始していた」ことも告げていた。立場をこのようにはっきりさせたことは、その意見がみなに参照されるほど知れわたっていたルーバに対する、ある意味では報復であった。その調査の知らせを見ると、司法省がみずからを無視してイニシアチブを見せたリヨンの司法官に対して先に抱いた不満も明らかになる。というのも、処罰の危機に関する調査が公式に検事総長たちに通知されたのは、一九一二年五月三日、つまりあの「へまな」通達がパリで知られた同じ日の電信によってだったからである。

現在世論を前になされている、処罰の危機と呼ばれる議論について、諸君の注意を引いておく必要があるように思う。諸君の管轄でこうした危機が存在すると思われるかどうか、またその場合は、なにが原因で、どのような打開案がもたらされうるかを、法律の修正という方法であれ、すでにある法律の適用であれ、知らせていただけるようお願いししたい。この調査の結果をもとに諸君には全体命令を送る所存であり、諸君にはそれまでの間、意見の統一を欠かないためにも、また管轄ごとに処罰の条件が変わらないようにするためにも、この問題について検事代理たちに特別な指示を出すことは控えていただくようお願いする。(48)

一九一二年の抑圧的なフランス

司法省に届いた回答は、司法官たちの持つ処罰と刑罰の概念を戦争直前に撮影した、見事なインスタント写真となっている。とはいえ書類全体にはあるあいまいさが浸みこんでいる。一度も定義されたことのない「処罰の危機」という表現を、どのような意味で捉えたらよいのだろうか？　処罰一式とその学説上の土台を、それとも単に裁判所の実践や裁判所による法律の適用を明示しろということなのか？一部の司法官も提案するように問題を上流までさかのぼらせて、世論の「危機」、さらには文明の危機として検討してはならないのだろうか？　こうした点で意見の多様性が勝り、あらゆる総括の試みが困難になっていた。反対に、一方では犯罪の増加、他方ではこの推定増加における刑事司法の責任を強調するという点では大きな同意が見られた。この二つの暗黙の前提を当然のものとしてみなすことを拒んだのはシャンベリーの検事総長だけだった。

「処罰の危機」とされるものは存在するのかという全体的な問題に対する答えは、著しい対比を見せていた。フランスの二七の控訴院のうち、一〇の控訴院が「危機」は存在すると結論し、[49] 一六が存在しないと評価し、[50] ポーの控訴院はこうした現象が犯罪では顕著であるが軽犯罪ではそうではないと考えた。しかしこうした分布は、司法官たちの現実の感情を伝えるものではない。多くの検事にとって、「危機」の存在を認めることはみずからの管轄にある裁判所の重大な機能不全を認めることだったからである。そのうえ回答はたいてい検事総長と検事代理たちとの妥協の結果であり、検事代理たちがこの問題について異なる感覚を表明していたということもありうる。たとえばアミアンでは、危機は存在しないはずだという検事代理たちの意見を検事は伝えているものの、彼自身はといえば、シャトー＝ティエリの裁判所でマニョー判事によってなされた判決の明らかなほのめかしであるが、「緩和した」法律と非力な裁判所を痛烈に批判している。自分たちの管轄では危機は存在しないが、フランスのほかの地域では間違いなく害をなしているとする司法官たちもいた。ブールジュ、モンペリエ、それにシャンベリーの検事たちがそうで、自分たちの裁判所で厳しく行なわれている模範的な処罰に満足しつつも、「犯罪者たちを有利にする」法制の害悪を嘆いている。事実これらの資料からは、検事の大部分（二七人のうち二一人）が、自分たちの裁判所における「危機」の存在は認めないものの、少なくともルーバの立場にあったということがわかる。この問題を覆いつくしていたメディア的誇張のほかにも、行政的、専門的、イデオロギー的な秩序観が混ざり合った表現と質問状のありとあらゆるあいまいさをここには見ることができるのだ。回答は、経験的なデータに基づくことはほとんどなく、いずれも処罰や公的秩序に関する司法官たちの概念をまず伝えたのだった。

よって司法官たちの真の感情は、批判やさまざまな提案の中にこそより明らかになるということになる。それはまず、彼ら自身の実践の中に窮屈に閉じ込められた形で現れる。たとえば警察の問題は奇妙にもなおざりにされた。五つの裁判所だけが、機動班の数を増やしたり市町村の警察を国家の管理下に置くなどの単純な改革で処罰の水準が大きく上げられるだろうとしている。それに対し検事たちは、彼らの特権を制限しているものの話になると饒舌になった。一八九七年一二月八日の対審に関する法律はこうして頻繁に非難の対象となっている。判事と被疑者の間にある手段の不平等、弁護士ひとりの費用を前にしたときの社会的不平等、弁護士が証拠を握りつぶしたり証人を威圧する可能性など、ほとんどの司法官がこれらの措置を変えてゆくべきだとした。だが予審の際の弁護士立会いをただひたすら廃止すべきであると強く勧めたのはブールジュの検事だけで、ほかの検事たちは、弁護士が尋問の前日に翌日の訴訟手続の詳細を受け取ることができるとする第一〇条を変えるということで一致していた。

尋問と訴訟手続に関しては、一部の手続きや、細心の注意を払って選ばれる陪審員を暴露してしまう新聞への古くからの非難の範囲外では、ほとんど指摘されていない。とはいえ八の裁判所が、数年前の激しい議論の主題をふたたび取り上げて、陪審員も刑罰の適用にかかわらせるべきだとした(51)。当然のことながら熟考の中心を占めているのは刑罰である。身体刑の導入に賛成であると宣言したブールジュの検事をのぞき、ほとんどの司法官が過度に目立つ見解を退けていたが、それでも大部分が、とくに再犯者に対して刑罰制度を重くすることで一致していた。こうして、流刑を単純なものにし一般化することや、多重累犯者を情状酌量の恩恵から除外すること、場合によっては強制労働よりも過酷な制度に頼ることが、簡単で効果的な方法として現れたのだった。刑罰の遂行に関しては完全にばらばらだった。たとえば独房制度については評価が分かれ、廃止を提案する者もいれば一般化を提案する者もおり、刑期の縮小なしの適用を提案する者もいた。未成年者用の、それから乞食と浮浪者用の特別施設の創設を目指すという稀な提案もあった。逆に、乱用しているとされた大赦、恩赦、とりわけ仮釈放については、ほとんどの司法官が非難し、仮釈放は大部分(二七人中一八人)が修正したいとして一致した。

こうした司法官たちの回答をもたらしたのは二つの異なる論理であったように思う。ひとつは、ルーバ事件が証明するように、意見を表明すれば監督機関から過度に注目される、伝統的に公の場では口輪をはめられてきた役人たちの、慎重さや本能的な遠慮のようなものによる論理である。大部分の司法官が最終的にリヨンの司法官と同じ見解を見せたものの、彼に対する支持や賛同を大々的に表明する者はほとんどいなかった。概して型どおりの目立たない発言にとどめ、節度を守りつづけるか、さもなくばアミアンの検事がしたように、「職権の大前提が消えつつある」と告発することで満足しようとした。みずからの見方をはっきりと述べた司法官は二人だけだった。ブールジュの検事はルーバのイニシアチブをはっきりと支持し、激しくかなり政治的でもある発言をしている。彼からすれば責任は、「たいていは選挙にまつわる利益を得るためだけに、一八世紀の人道主義的な愚かな言葉や、社会のせいで害された人間が本来持っているという善性についての長ゼリフを繰り返す世論の扇動者たち」に探すべきなのだ。だからこそ彼は、「ここまで痛ましく挫折した「締まりのない」方法に」取って代わり、強くて精力的な解決策を、「ぴったりの現状を利用して」用いるよう呼びかけるのである。それとは対立して、ナンシーの検事総長もただひとり、共和国の刑罰を擁護し、処罰の危機という考え自体に疑いを挟んだ。「このように呼ばれているものは私からすると、あるときは純粋な人間性の感情となり、あるときは厳罰思想となるような、ああした単なる定期的な波であるように思われる。いまの波は犯罪問題の現実についての誤った概念から来るものである。本能的な激情によるものであれ、教育や道徳的指導の欠如によるものであれ、じっさいの犯罪は増えてはいないのだ。懲罰に対するおそれは依然としてある。それをわれわれの人間的な法律が消し去ってしまったとするのは真実ではない」。この二つの極端な意見の間から、たとえば一六の裁判所が処罰は十分確固としているとし、一八の裁判所が、ときにはさきほどの一六の裁判所のうちのいくつかさえも、「人道主義的な」司法とそれをもたらす精神を遺憾に思うといった、調査の矛盾点を物語るきわめて慎重な発言があふれ出ているのである。

しかしこうした元来の慎重さは、このころ法律と司法権力全体が抱いていたと思われる深い憤慨も伴うものであった。対審や大赦や恩赦に対する全体的な敵意が示すように、司法職全体が司法界の外部から来ようとするものに反対の声を上げていたのだ。ジャーナリスト、弁護士、陪審員、「その学術的基礎は少しも証明されていない法医学理論（ルーアン）」、「犯罪者を不完全な社会構造の犠牲者として描き出す社会学（トゥールーズ）」、とくに「議会の影響の、司法活動へのいや増す介入（アミアン）」である。ここには、機構の機能を混乱させる数多くの寄生者たちから解放された、閉ざされたプロの司法という共通の理想が表れている。広く共有されたこの感情は、ルーバの理論が暗黙に支持されていたことを部分的に示している。この感情はまた、当時国際的な熟考の的となっていた社会防衛理論を司法官たちがほとんど信用していなかったことも教えてくれる。

一連の行ないが短期に実現されたことは、新聞と「世論」がこの事件を重要視していたことによって説明がつくだろう。質問状の発送から三ヶ月も経たない一九一二年八月九日、法務大臣の手には「処罰の危機」についての総論のタイプ原稿が、「秩序と公衆の治安に関わる犯罪・軽犯罪についてのここ一〇年間の統計的動向」と題された資料とともにあった。この資料の、とくに『犯罪司法管理報告』のデータを盗用した四つの表はさまざまなことを教えてくれる。まず選ばれている項目は、当時社会的な非難と不安とが集中していた神経痛の箇所をきわめてはっきりと限定している。窃盗事件よりも若者の犯罪、対人暴力の持続、そして公的権力への異議申し立てがフランスの訴訟の中心をなしているかのように見えるのはそのためである。もちろんそこには、一二年前から治安に関する不安の中心に投影されてきた、アパッチの恐るべき姿を認めることができる。だがこの資料の性質、とくに根拠とされている時期（五年ないしは一〇年）からは、犯罪と軽犯罪がいまやどれだけ、とくに政治的な面で決め手となる問題が絡む争点になっていたかがわかる。この資料はまた、リヨンの司法官の理論に少しずつ味方するようになっていった司法省にとって避けることのできなかった、一般的感情についても報告している。たとえば短い期間を選ぶというのは、統計の理論的な使い方とは相容れないことではあったが、「劇的な」読み方をさせることのできるものだった。この統計で驚くべきなのはしかし、「不処罰」が置かれた位置である。そうした事件は、あたかもじっさいに確認され罰せられた違法行為と同様フランスに害をなす「犯罪」を説明するものであるかのように、体系的に数えられ総計されているのである。こうした項目については、その数年前からさまざまな熟考の対象にもなっており、どれだけ多様な源があるかが明らかになっていた。[52] たとえば相手もいなければ根拠もない訴えや、途中で止められた捜査や、分類はされたもののそのままにされるか免訴となった事件などである。これらを不処罰という名で数えることによって、「犯罪」のかさは大きくふくらむこととなり、[53] 罰するかわりに解決済みとしてしまう裁判所の弱さゆえの犯罪の増加を説明することになるのである。こうしたことは若者の犯罪についてはとくに顕著で、軽犯罪や犯罪の種類は特定されず、数だけが乱雑に示されている。結論はおのずと決まってくる。不処罰は犯罪の増加をほとんど説明できる量にまで達しているというものである。もっともこれこそがこの資料全体を貫く意味であり、その前提によってルーバの理論には明らかな統計的裏づけがなされたのだった。事実、すべてがまるであの「処罰の危機」の存在にいまだ沈黙している大臣や局長たちを説得するために書かれていたかのようだった。

それでも法務大臣アリスティッド・ブリアンの反応は慎重なままだった。この調査の結果を公式に認めた大臣は八月一〇日、新聞に声明を出し、未成年や再犯者に対する一部の裁判所の過度の寛容と流刑の不適用と仮釈放の乱用を指摘し、こうした問題に結論を下すための委員会を二つ設置することを通知した。[54] とはいえ、この問題において大臣はみずからの意思とはあまり関係なく導かれていたようで、これ以上強制的な命令を決定することはなかった。それでも公の場での議論は続いた。この問題は一九一二年五月にグルノーブルで行なわれた第四回フランス刑法学会の議論の中心でもあった。エミール・ガルソンはこの問題を、犯罪者に有利となる行きすぎた動きのあとに来る「振り子の逆戻り」であると冷静に判断していた。ガルソンは新聞や文学に駆り立てられた世論の感情は理解していたが、それでもそこに加担することを拒み、慎重さを保つべきだと忠告していたのだった。ガルソンは書いている。「一部の反響の大きな犯罪がもたらした印象も、フランスという共和国を、恐怖の提案するままにこのうえなく盲目的な反応へと身を投じるよう導くことはできないだろう」[55]。一種の向かい火となる作戦を行なったブリアンはこの忠告に従ったことになる。それでも処罰の「無気力」に終止符を打とうと繰り返し提案する法律学者、司法官、医師、ジャーナリストの著書は増え続けた[56]。ルーバ自身も活動を続け、一九一三年八月には責任の緩和を攻撃し、それによってなされる減刑を告発した[57]。とくに新聞は「省庁の非難すべき寛容」[58]がアパッチによる略奪のおもな原因だとする、大げさで一様な表現を吹聴しつづけた。『ル・タン』紙もみずからの方針に忠実に、「感傷的な共謀」[59]を告発しつづけた。一九一四年三月になっても、ある司法官は『ル・マタン』紙に、「予審判事を犯罪の前で無力にしてしまう」「犯罪司法の危機」[60]を嘆く記事を書いている。その数週間後、ようやく戦争が始まって、こうした不安とそれがもたらした提案に終止符が打たれたのだった。

よって「処罰の危機」は、もちろん過小評価すべきではないが、フランスの刑罰思想のひとつの「時期」をなすものでしかない。戦前の数年間、ひとつの同意が現れたにもかかわらず、法制の動きにはいかなる現実の影響も見られず、それを推進していた活動的な少数派は、司法階級全体を導くことはできなかったのである。ほかの分野においてと同様、この同意が示していた秩序への回帰の計画は、第一次世界大戦とその影響の中で台無しになったのである。とはいえこの出来事に重要性がなかったというわけではない。われわれはここから、二〇世紀を通じて司法官たちを苦しめ、彼らの態度に重くのしかかっていた不満の大部分を読み取ることができるのだ。新聞から酷評され、予算をおろそかにされ、権力からは反共和主義なのではないかと疑われてつねに監視され、司法官たちは近代の初期、苦い思いと失望の中で生きていたのである。その意味では「処罰の危機」は警告であり、より広範囲にわたるより構造的な病のひとつの症状だったのだ。[61]こうして処罰の危機には、フランスが「社会防衛」という新しい観点を両大戦間期にゆっくりと学んでゆくことが予示されている。とはいえ処罰の危機をめぐる興奮は、治安の悪さという近代的問題体系の中心で、市民の規制と保護の論理における国家の役割と位置（もしくは不在）という決定的な問題も問いかけている。[62]そして最終的に、司法問題と刑罰規範が、啓蒙時代と同様二〇世紀においても、どれだけ近代民主主義を大きく形成するイデオロギー的対立の中心にとどまっていたのかを示してくれるのである。[63]

第三部　メディア

LE PETIT
JOURNAL
LE JOURNAL
ILLUSTRÉ
BUREAUX
Rue Richelieu
112
PARIS

第9章　一九世紀における三面記事と犯罪小説

同時代の著名人たちを熱心に観察した批評家ヴィクトル・フルネルは、第二帝政期にもっともよく読まれた二人の作家はレオ・レスペスとポンソン・デュ・テライユであると一八八三年に記している。[1] 『プチ・ジュルナル』のまさにワンマン・バンドであったレオ・レスペスは、ティモテ・トリムの筆名で、同紙の初期の成功の大部分を担うあの第一面の「コラム」を執筆したのであるが、かなりの量の物語や三面記事小説も掲載しており、そのことから文人協会においてさまざまな責務に従事することとなった。ポンソン・デュ・テライユのほうは、デュマとともに一九世紀のもっとも多弁な作家の一人であり、ロカンボルが中心人物となる、あの果てしない『パリのドラマ』（一八五八—七〇）の作者である。[2] 当時の人々が文化的近代性特有の形とみなしていた三面記事と犯罪小説[3]は、よって、フランスが「メディア的」時代へと段階的に入っていったことを示す二つの特別な物語形式でもあるのである。じっさい、仮に両者の語りの制度を区別しなければならないとしても——それは状況や本や構造のちがいによるものでしかないのだが——、そうした区別は、両者の一致の力学を前にしては、つねにたいして重要ではないように思われる。「文化産業」（定期性、仕事の合理化と分割、規格化と系列化）の要求によって課された同じ生産方法、大市場に流通する際の同じ普及媒体（おもに新聞であるが、安価な本や分冊も）、それに同じ著者たちが、しばしば、上階〔三面記事〕から一階〔連載小説〕へと向けた販売促進の恩恵に浴していたのだ。[4] 似たような表象の制度が、編集部や作者に、二つのスタイルの混沌を利用するよう仕向け、三面記事と連載小説とを結びつけていたのではないだろうか。[5] 分冊、もしくは連載小説の形で出版された「三面記事小説」というきわめて多弁なジャンルの存在は、彼らの目に、フィクションが三面記事の完了した形として焼きついたことを証明している。こうした客観的な性質に、これらの物語にただちに襲いかかってくる二重の不当性が加わる。一九世紀という、文学の制度と新聞の場とがかなり限られた基礎の上に形作られていた時代にあってさえも、三面記事と連載小説は、生産性第一主義の雑な結果ではないかと考えられ、早い段階から文化的にひどい仕打ちを受け、ジャーナリズムと文学の持つ不名誉な裏面へと追いやられてしまったのである。三面記事と連載小説は、美的な、倫理的な、もしくは単に技術的な品質に欠けているのだとされ、政界のどれだけ隅にいる文化的エリートからも、「有害で」「風紀を乱すもの」とみなされたのだった。

こうした当初の不当性に、このような資料の社会学的・歴史学的な可能性の弱さを力説する、社会科学の側からの不当性が加わった。唯一行なわれた構造主義的考証のせいで、三面記事は、歴史を越えた不変の要素、普遍的で非時間的な疑問に立ち返らせてくれるだけの、一種の「固定された主題」として長い間定義されてきたのだ。[6] たしかに、こうした取り組み方には何人もの歴史家たちが力強く異議を唱え、(7) コラムの記述が持つ歴史性の大きさを主張し、すでに膨大であった歴史学が新たに三面記事に寄りかかることを許可した。だがそれは、三面記事が、新聞に特有のひとつの部門というよりは、社会的な雑踏、「はかない人生」ないしは「知られざる者たちの行為」(8) へと入り込むための突破口になるとみなしたからにすぎなかった。犯罪小説はといえば、なにかを発見するにはほとんど役に立たないとされてきた。これは、長い間支配的だった文学的資料に対する不信感に、文学界における犯罪小説家たちの「被圧」の立場や、平凡であるあまり社会の力学や複雑性を語る能力はないと判断された、テクストの美的身分に由来する不評が加わったものである。アンシャン・レジーム期の産物に関してならば、こうした抵抗もそこまで影響力を持たなかったようで、かなり早くから調査と分析の対象となっていたのであるが、(9) 近代のテクストに関しては、あたかもこれらの対象を覆っている文化的不適格性が時間的距離に応じて変わるかのように(このことは二〇世紀後半の産物が非常に軽視され研究が稀であることが証明しているが)抵抗は根強いままだった。これらのテクストが、正しい産物からこぼれた屑などではなく、当時文字を読めるようになった大量の読者たちにとって、出版物へのどれだけ主要な入り口であったかを知っていると、こうした状況は簡単には納得できない。

歴史の視点からわれわれが提起したいのは、非難すべきで非合法で、実がなくて本質的でなく、無効、つまりは偽りであるという、資格を剥奪された部門に最初から組み込まれてしまったこうした物語が一九世紀に構成していた、膨大な間テクストをめぐる問題である。ここでは犯罪という、三面記事のケースではきわめて優勢であり、(10) 市場に多く出回るフィクションの中でも支配的な(そして今後も支配的であろう)テーマに限定して分析し、歴史学のなかでこうした資料がどのように使われうるものであり、なにを教えてくれるのかを示してゆく。新聞や出版の歴史学が明らかにしたような三面記事や犯罪小説の物質的な制度についてではなく、一目瞭然のものであれ隠れたものであれ、同じく歴史家に「情報を与えてくれる」中身についてである。ますます増加し多様化する読者に配布され、日常的に読まれたこれらの大量の出版物は、どのように扱われるべきなのか。この人工と偽りの言説は、どのようにしたら社会の「真実」を述べようとする歴史学に役立つことができるのか。

指示対象の混乱

「三面記事とは、小説ではないにしても、記者のすぐれた想像力による短編以外のなにものでもない。事件が起こるのを記者が待っていたら、新聞は二日後に出ることになるだろう」[11]。バルザックも『幻滅』の中で、「パリ雑報が今ひとつ冴えないとき、ピリッとさせるためにでっちあげるまことしやかなガセネタニュースのこと」[12]と書いているが、七月王政期の新聞界に「三面記事」という言葉が現れてからというもの、このような発言は三流新聞《カナール》に対して長い間なされていたような評価に入れ替わって、何度も見られた[13]。こうしたアプローチは構造主義的分析によって延長され拡大されたが、たしかに三面記事が物語の一形式以外のなにものでもなく、三面記事を支えそれに意味を与える言説から独立して存在するような出来事ではないことを思い起こさせてくれたとはいえ、コラムのあらゆる指示性の役割、つまりあらゆる「情報的な」重要性は否定されてしまった。社会問題と真につながっているわけではない、単なるミュトスの表現方法、それは「事実から成る真実」の対極にはっきりと位置づけられ、歴史資料としては失格とされた。

だがこのような評価は、そもそもの見方の間違いに由来するものであるように思える。ロラン・バルトによる、三面記事を組織化する構造や図式（「君が好きだから君を殺す」というような不条理で説明不可能で言語道断な因果関係が持つ逆説、「水をかけられた散水夫〔arroseur arrosé〕」のような反復や対句の同時発生）を明らかにしようとする分析は、典型的で標準型のいくつかのタイプのために大部分のコラムを隠してしまうおそれがあった。事実、一九世紀の新聞に関する経験論的なアプローチは、どれも、大半の三面記事は「人殺しの肉屋」や血まみれのトランクや凶悪な尊属殺人犯などによって作られていたのではないことを示している。[14] こうしたいくつかの「ものすごい犯罪」を前にしても、新聞の中では、喧嘩や口論、スリや詐欺、こまごました、しばしば日常的でさえある軋轢といった、単調な状況や、ぱっとしない小さな出来事や、つまらない事件がうごめいていたのだ。三面記事とは、蓄積と反復の中にしか存在理由を見出せない、非常に瑣末なものなのである。事実、三面記事のコラムとは複雑な装置であり、物語の三つの水準が錯綜し循環した結果である。ひとつは、もっとも中心的なものであるが、コラムへと追いやられた、短信、囲み記事、「三行ニュース」から成る選別されない情報。もうひとつは、編集の要求に応じてコラムから記事へと通過することのできる、よりしなやかで流動的な、暴力、強盗、家庭の「悲劇」といった人間関係。そして最後は、まさにロラン・バルトの分析に合致した形の、しかし一九世紀の新聞の中では数も頻度も限られている、「ものすごい犯罪」ないしは反響を呼ぶ事件。

このように視点を変えてみると、歴史学によって保たれてきた、三流新聞や「臨時号」の中に三面記事の直接的な祖先を見ようという伝統的な血縁関係や、鉄道網や売店の発達で活気づいた安価な新聞の発行と第二帝政期の真っ只中の行商に対する取り締まりとが結びついて起こったとされる転換は、どちらも少しずつ異なってくる。こうした系譜学は、一部では正しいが、かといって唯一のものとみなすことはできないのだ。三面記事は、『プチ・ジュルナル』(一八六三)によって作られたどころか、まず七月王政期の新聞の中に現れ、三流新聞よりも一八世紀の新聞の「雑報」に由来する伝統の中に組み込まれたのである。この雑報は、新聞やページの最後に、小さな、好奇心をそそる、奇妙な、「おもしろい話」、もしくは単に明らかになった話を詳しく述べる、さまざまなニュースや「今日の裏話」といったコラムの欄の中で発達したものだった。(15) こうした話のいくつかは、笑いや気晴らしになり、フィクションと情報の間の独特な空間を占めることになったわけであるが、大部分は事実に基づいたスタイルだった。

よって、ジャリの別の表現を借りれば「情報の小銭」である三面記事の大部分は、日常生活のこまごまとした小事件、「昼と夜の小さな出来事」の登記所であったということになる。これらの話の中に作り事や間違いが紛れこんでいたからといって、このような産物が「現実」とあいまいな関係しか保っていなかったのだと主張することはできないだろう。三面記事が提供した、うわさ好きで実生活に基づいた告知欄は、平凡で平俗かもしれないが、明らかに歴史的時間とつながった、いくつもの小さな「実体験の悲劇」を上演したのだ。この指示対象としての役割は、一八八〇年代以降、報道調の文体が専門化し、「真実」を述べる能力にもとづいて戦略が展開されるようになると、強調される。一スー新聞であれ『法廷新聞』のような特殊な定期刊行物であれ、犯罪にまつわる三面記事は、知らせたいという欲求と楽しませたいという欲求という二重の欲求に絶えず中断させられはするものの、やはり情報を提供するというみずからの使命を日々明示していたのだ。(16)

しかしながら、情報を提供することに腐心するあまり、コラムは、メディア化の要求と、コラム自身を作る語り方との要求に捕らえられてしまう。というのも情報は、煩雑できわめて体系化された内部手続きに従って選別されるため、思いがけない事態や事件には最終的にほとんど場所が残らないからである。[17]作り上げ、書き上げる手順についても同じで、かなりの場合において、それは職業上のしきたりや要請（速く書くこと、そしてそのために月並みな表現や描写を用いること）が課す、あらかじめ決められた下絵に従っているのだ。こうした性質は結局、現実を作ると同時に型通りで確実な語りの母胎のなかで崩壊させてしまう、既製品《プレ＝タ＝エクリール》のような閉鎖的な言説を作り出す。この現象は、三面記事の記者たちに対して、ますます刺激が高まってゆく読者の気をそそるべく才能と「文学的」手腕とを発揮させながら、ますます速く書くようにも仕向けるという文化産業の矛盾した要求（出来事に密着し、競争相手の裏をかくために先手を打ちさえするというのは、一八八〇年代以降新聞の主要な目的となる）によって、いっそう複雑なものとなる。ジャーナリズムのはしごの下の方で細々と暮らす三面記事の記者たちは、彼らにとっては昇進や栄誉に見えたこうしたコラムの「機能化」に、次第次第に誘惑されていった。この変化について、世紀末、あるジャーナリストは文人協会の委員会に宛てた手紙の中で、以下のようにはっきりと教えてくれる。

六月一五日以来、私は『レピュブリック』紙の三面記事を執筆しています。ところがそれ以降、『ヴォルテール』紙は毎日、私の三面記事のコラムを計画的に複製するようになったのです。

こうした産物が課税対象にはならないと昔決められたことは知っています。それは三面記事が、どれも同じ出処からもたらされ、ほぼ同じ型で作られ、いかなる個人の印もなく、誰の所有でもなかった時代であれば理解できます。こんにちでは、もはやそうではないのです。私が執筆するような記事は、もっと時間と労働を要するものであり、ほかのどのような記事も複製の権利を得ることはできないのです。まず情報の材料を探し、集め、調査し、あらんかぎりの工夫を凝らさなければなりません。次に集まった情報に形を与え、それを小さなドラマに、小さな小説にしなければなりません。ここにおいて、これは想像の作品であり、文学作品であり、ほかの文学作品と同様、署名をした作者の所有に価するのであり、作者の署名によって守られるべきなのです。

こうした小さな小説のいくつかは、かなりしばしば——私の場合もそうですが——純粋な想像の作品であるということも付け加えておきましょう。（…）したがって、複製された際には報酬の対象になるものとみなされてしかるべきなのです。[18]

情報提供という要求と社会的劇作法の要求とにはさまれた極度に緊張した場である三面記事は、このように、指示対象そのものの概念すら混乱させてしまうほど非常にあいまいなものとして現れる。純粋なフィクションとして捉えることができないからといって、三面記事の尺度では犯罪や違法行為の「真実」を述べる言説を築き上げることもできない。コラムが日常的に提示する出来事の尺度も、類型論も、社会学も、地理学も、ある一定の場所、一定の期間の犯罪にまつわる「現実」を報告することはできないのだ。この点をとくに明らかにしてくれるのが「夜襲」の例である。王政復古期から一九一四年にかけて、新聞は、帰宅の遅くなった通行人に対する若いごろつきたちによる夜襲が頻繁に起こる場所としてのパリの通りのイメージを売り回った。ところがこの問題に関する正式な報告が初めてなされた一八二六年以降、市議会と警視庁による調査が増えた一八八〇年から一九〇〇年にかけて[19]、多くの観察家、警察官、司法官、弁護士、それに当然のことながら「反証」を用いてライバル紙の評判を落とすという利益に早々に気づいた記者たちによっても、このような考えが空想であることが絶えず暴かれたのだ。ある新聞による計算と、別の新聞もしくは別の組織による計算（司法統計、逮捕にまつわる警察の統計、それから一九〇〇年以降では警察の当座帳）とを突き合わせてみると、ずれの大きさがすぐに明らかになる。こうしたことの筆頭にあるのが、ありふれた訴訟であるとか財産に対する軽犯罪を押しのけ、身体に対する傷害や暴力を絶えず過剰に表現するという、このとほうもない構造上の逆転なのだ。三面記事は、すでに十分に選り抜かれた警察の情報を再度選り抜いたものであるため、犯罪の的確な手がかりには当然なりえない。本来の文脈から外され、『パリの夜』や『赤いシリーズ』や『女の復讐』といった、つねに危機的に描かれる社会状況を体現する人工的なシリーズや枠組みに挟み込まれて、三面記事が演出する違法行為は、さまざまな協約や、社会的・道徳的・職業的な強制の仕組みについてしか真に教えてはくれないのだ。三面記事の下流で最後の選り分けを行ない、犯罪資料の中の一種あらすじのようなものしか最終的にとどめず、そのうえ、文学の伝統が課す修辞学の規範や型、それにモチーフや文彩によって修正される犯罪のフィクションについては、この指摘はさらに有効なものとなる。

犯罪の歴史学によって近年行なわれた研究はしかし、もっとも信頼でき正当であるとされた資料（犯罪統計、警察や司法の古文書）も、犯罪のいちばんの「真実」には少しも到達させてくれないということを示した。その真実とは、同時代人の許容範囲を規定するとともに彼らに影響していた評価と表象の仕組みの外で把握することはできないものなのだ[20]。客体化することの難しい現実である犯罪は、一般的な規範、価値、原則や、法的措置、それに処罰の形式といった多くの要因と、そして同じくらい多くの関係者（個人、集団、監視する機構や機関）の相互作用によってできた、複雑な社会的建造物なのだ[21]。ときにこうした建造物は、資格を剝奪されたあれらの物語にこそもっとも理解しやすい方法で現れているのかもしれず、ありふれた表現の中にある顕在的ないし潜在的な内容を介して、「文化として」社会的に姿を現すのかもしれない。怪物と人間を分け、集団の中では許容と不受理の境を分ける、この二重のちがいをはっきりと描くことで、三面記事と犯罪小説は、各共同体が所有する人類学的で社会的な構成要素を展示しているのである。こうした物語は、犯罪の現実を端折ったり不透明にしたりしつつも、犯罪の現実の扉を開き、見せてくれるのだ。そうした意味で、三面記事や犯罪小説が提示する犯罪表象は、のちに経験や知覚可能な事柄によって有効化されることとなる第一の現実であり、「推定真実」なのである。こうした犯罪表象は、みずからが伴っている以上の現実を出現させてしまうことによって、指示対象の型どおりのコードを混乱させてしまう。アパッチと呼ばれたちんぴらたちがメディアと文学が作り出した現実だったとしてもそれはどうでもいい話で、一九世紀末のフランスは、敵の部族によって包囲された開拓地の前線であるかのように生きられており、夢想的な乙女たちはコレットにならって彼らの「手柄」に心ふるわせ[22]、不良たちは自分たちの実践と行動とを彼らのステレオタイプの型の中に流し込んでいたのだ。結局のところ、「犯罪」とはまるで、多くの場合最初の表象と、それを確証したり弱めたり曲げたりする個人的ないしは集団的な経験との間の「交渉」の産物にほかならないかのようではないだろうか。

犯罪の文化的構成

一連の分析を通して、これらの物語の展開したモチーフは、犯罪の現実についての認識を繰り返すものではなく、むしろ犯罪の現実を構成し、それを運ぶ社会的言説を編成し調節していた点で重要であったことがわかった。この本質的でなく偽りの内容は、少なくとも三つの点で、社会を言語によって秩序立て「真実」を生み出すその能力を示している。まずは、その内容から客体化され序列化され、変化のようすがはっきりと表れた犯罪の危険性の姿を示すことによってである。これらの物語は、学術的な言説よりもうまく、制度上の言説よりも前に、浮浪者から市外区のごろつきへの段階的な移行を示し、そして一九世紀も三分の二を過ぎてからは、危険性の最たる形としての若者の犯罪について啓発しているのだ。また、脆弱な社会の中で神経痛が走る場所と点もまた、きわめて正確に指摘している。それまで被攻撃地域であった通りはこうして、一九〇〇年ごろになると、家庭という、いまや強盗によって身体的なやすらぎと廉潔が耐えがたいほど脅かされる私的空間を前に、少しずつ姿を消してゆくのだ。最後にこれらの物語では、治安状態に戻らせてくれる警察官とともに、公的秩序の正当な概念と役割とが描かれる。というのも、三面記事や犯罪のフィクションで用いられる登場人物の方式は、指示対象の理想的な今後を作り上げるにせよ、逆に不評を作り上げるにせよ、犯罪の過程ないしは刑罰の過程で役割を果たすさまざまな種類の人々が「大衆化」される手順と形式とをきわめてはっきりと示しているからだ。警察官は、ナポレオン時代の制度や王政復古によって助長された間諜やいぬといった人物像に押しつぶされ、一九世紀初頭には隅に追いやられていたが、熟連で敏腕の警視に関する言及が増えてゆく三面記事のなかで、また数々の警察官の回想録に後押しされて一八八〇年代に「刑事《いぬ》」を生み出した司法小説のなかで、ゆっくりと舞台復帰を始める。ただ刑事が真に頭角を現すことは決してなかった。それは探偵や、私立捜査官（フランスではスパイとしての悪いイメージから抜け出せず、また警察の独占を用心深く監視する「国家管理主義的自由主義」[23]の拘束を壊すこともできなかった）に地位を奪われたからでもない。競争はジャーナリストや記者という別の参加者との間で起こっていたのであり、彼らは三面記事やしばしば警察小説の筆者になろうとして、世論のため、みなのためにという無私無欲の人物（その意味では一九世紀半ばに多く描かれた正義の味方の後継者でもある）[24]を、この正義の味方を介して、一八五〇年代までまだどこかで生きているとうわさされていた騎士道時代の英雄と結びつけたのだった。こうした社会学が、たしかに空想の社会学ではあるものの、どれだけ犯罪と公的秩序に対するアプローチを形作っていたかがわかる。

犯罪の場所の、姿の、役割のまさに総覧とも言えるこれらの物語は、生産と出版が直感や戦略に従い、大多数の人間の渇望に結びつけられようとしただけにいっそう、人々が社会的に使用でき再投資できるものとなった。三面記事が日常的に大量の素材と状況を生産し、フィクションがそれらを再利用し体系化し極端なスタイルに反映させるという、このいわば二つの入り口を持つ建造物はこうして造られたのだ。一八八〇年代、「犯罪者軍団」という概念が使われるようになると、もはやジャーナリストたちは、架空の、超人的な、犯罪に関して天才的ないしは普遍的で、表現に深みを与えてくれるような人物の創造は小説家たちに任せるようになる。

これから行なおうとする分析の第二段階は、こうしたテクストのさまざまな役割、とりわけこうしたテクストに与えられた道徳的・社会的要請に注目しようとするものであり、これまでの第一段階の分析とは密接につながっている。なぜなら、完全に「具象的」[25]であるがゆえに明白であり、美的なものがほとんど媒介していないという特徴を持つこれらの物語は、道徳化と規範化の戦略が非常にはっきりと示された素材であり、社会はそこから違法行為を減らし逸脱を規制しようとするからである。伝え方が命令調であれ、寓話調であれ、もしくは面白い教訓としてであれ、元来読者を啓発する傾向にあるこれらの物語はすべて、規範に関する言説や同質のイマジネールの普及に大いに貢献するのだ。近代の警察機構と同時代にあり、つまり不可分であるこれらの物語は、警察機構のいや増す力と合法性とを述べ、近代の処罰体系を支えている刑罰の確実性を、表象の秩序のなかで証明するのである。[26]小学校の言語のような初歩的な言語で説明され、わかりやすくてすぐに理解できる人物たちによって演じられ、犯罪者、被害者、「回復する者」といったふうにしばしば擬人化した状態にまで単純化され、明白で首尾一貫した語りの組織の中に秩序づけられたこれらの物語の演目は、優先される規範が時代ごとにどのように変化し流通したのかが読み取れる、すぐれた目録なのである。

こうしたねらいからこれらの物語の性質を見分けようとすることは、しかし、これらの物語を単なるイデオロギー的・社会的な統制の道具の状態に帰することにはならない。ひたすら階級闘争の観点から成るこうしたアプローチは、現象の複雑さを長い間隠してしまってきた。というのもまずそれは、これらのテクストの使い道と適合のしかたという、内容からは機械的に結論づけられないうえ、本来ならば決定的であるはずの問題を避けてしまうからである。次に、一九世紀にこれほどまで際立っていた暴力と犯罪の撃退は、闘争の制圧や階級からの抵抗という観点からのみ分析できるようなものではないからである。そこにはまた、というよりもおそらくはとくに、個別化と風紀の緩和と「敏感さの再編成」[27]の緩慢な過程とにいざなわれた、より雑然としてより集団的な社会の切望が、まちまちに、しかし大量に表れているのだ。つまり三面記事と犯罪に関するフィクションの増加する生産と消費は、三面記事と犯罪に関するフィクションが持つ浄化としての役割はもちろんのこと、それが伝える逸脱行為のイマジネールへの傾倒、そして社会的な約束と団結の精力的な生産という、少なくとも三つの点において、被支配階級の、不確かな隷属状態などではなく、文化的・社会的同化過程の加速を示しているのである。前日の取るに足らない出来事を日々上演し、いつもの場所に、行動に、役者たちに注目することによって、これらの物語はこれほどまで多くの識別と認識の印を作り出すのであり、それは都市を占めるすべての人々によって都市が所有されたことに伴うものなのだ[28]。三面記事と犯罪小説はこうして、読者の日常は語られるに価することなのだと、月並みなことはじつは特別なことなのだと、日々読者に向かって繰り返すのである[29]。事実、三面記事と犯罪小説は、読書と余暇と社会的見世物とに費やされる時間の増加を、いまや消費、快楽、気晴らしといった概念に支配されたより均一化した文化的空間への統合を証明している。こうしたアプローチは、三面記事と犯罪小説の「人民主義者」としての姿を作り出すどころか[30]、不毛な階級間の対立を越えて、フランスが一八六〇年代以降の「メディア的」制度に段階的に突入していったという決定的な現象を把握させてくれるものなのである。というのもこのメディア的制度とは、目立った投資や賭けが弱まった市場の法則から標準化した製品を増やすよう急かされ、ますます自身に気を配るようになった「文化産業」の発達に影響を受けているからである。

複合的かつ多義的であり、規範づけられていながら繊細なこれらの物語は、この点で公的空間の構成と構造化において大きな役割を担っている。一八世紀以降、犯罪と司法は、公共の議論が形成されてゆくなかで中心にあった。[31] しかしフランスにおける識字率の増加、それから三面記事、さらには有名事件文学に少しずつ代わっていった安価な分冊本の生産が産業化されたことは、この現象に一九世紀、新たな重要性を与えることとなったのだ。犯罪の物語の突然の急増（一八二六年、一八三六年から四八年にかけて、それから一八八〇年から八五年にかけての再犯をめぐる問題によって始まり、第一次大戦まで続く絶え間ない一連の不安）[32]が一九世紀全体にわたって示している大きな「興奮」は、「治安」の問題だけではおさまらない、公共の議論の明らかな激化を特徴としているのである。それはあたかも犯罪が、本来の領地を越えて、世論の不安と社会の機能不全の一種の引き金となることをみずからに課したかのようである。[33] 反対に、第二帝政期における公共の議論の萎縮は、犯罪のコラムの段階的な放棄をもたらした。警察官ギュスターヴ・マセも、「帝政下、新聞の沈黙」と記し、不満を述べている。「あのころ報道がこんにちのように組織されていたならば、犯罪者を捕えることもできただろうに」[34]。不安をまき散らす三面記事は新聞からほとんど姿を消し、『プチ・モニトゥール』などではもはやまったく見られず、『法廷新聞』はといえば警視庁の職員たちを賞賛し、治安が取り戻されたと、人心をなだめるメッセージを広めた。一八六三年の『プチ・ジュルナル』の出版に始まったこうしたコンセンサスは、一八六八年の政体の実質的な自由化と新聞に関する法令の緩和によって消滅する。一八八〇年以降、三面記事と犯罪に関するフィクションの大量生産により、フランス国内では公的なことがらに対する親しみが湧いた。警察機構と司法機関はあまりに多くの、詳細で「教訓的な」表象の対象となったため、『プチ・ジュルナル』や『プチ・パリジャン』の熱心な読者は、処罰手続きの複雑な歯車のうち、もはやなにひとつとして知らないことはなかったのだった[35]。再犯、遺伝と社会環境、若者の犯罪傾向、社会防衛といった、犯罪人類学が開始し、犯罪に関する物語がただちに「大衆化した」学者たちの議論についても同じだった。次第に文学と報道と「犯罪の学問」との間に、相互認証関係のようなものが結ばれ[36]、世紀末になるとそこから、「公衆の治安」に関するおもな議論が依拠することになる、犯罪のウルガタ聖書〔カトリック教会の公式書とされた聖書〕のようなものが現れる。一九〇七年から翌年にかけて、議論と施政方針の中心に犯罪と治安の悪さを持って来させることとなった犯罪のコラムは、メディア的な言葉が浸透し、「世論」の体現者たらんとこのテーマについての誇張した講釈を吹きこむ大型新聞機関の重要性を身につけたこの公的空間の起源において、重要なその第一段階を終えたのだった。

フィクションの主人としての捜査

「小説も詩人も、社会が作り出すものだ」。なかなか良いアイディアに恵まれない若い作家サルヴァトールの声を介して、デュマはこのように答えている[37]。つまり小説を書くためには動きに身を委ねさえすればよいということであるが、その動きとは、まず社会に身を浸すという動きであり、次に満ち潮と引き潮の揺れのことである。この教訓は、連載小説家にとってはお決まりのものだったのかもしれない。それでもこのことはわれわれに、こうしたテクストが用いた共通のディスクールを捉え、そこから社会的な意味を引き出すという、また別の段階の分析を促すものである。ここで重要なのは、演出されているテーマ群やモチーフというよりも、蓄積と並置によって最終的に意味をなす、テクストの建築、構成、構造である。このことは、ただ反芻と体系化からそれを作り出した社会の「情報がわかる」ようなテクストが一時期に集中したということに意味を見出すことであって、共有の記号、態度、価値の装置の中に閉じこもったたったひとつの同じ文化的共同体があると仮定することではなく、また物語が持つ、分化した視線や使い道によって意味が決まるという流動的で「決定不可能な」性質を疑うことでもない[38]。

そもそも当時の尺度で考えてみれば、これらの物語が成していた巨大で大量の間テクスト性は、かなり深い構造上の変化があったことを示している。事実関係と犯罪事件を中心とした内的で独白的な従来の語りに、より複雑な記述と注目をし、捜査という別の「出来事」の流れを追うことに専念するようになった別の物語が徐々に代わってゆくのだ。その物語とは、過去をふり返る形の物語のことであり、その物語の持つ、目的（項のわからない物語を復元するという目的）、方法（観察された事実から原因を推測するための方法）、それに帰納法と徴候の法則に基づいた表象のしかたは、犯罪現象の伝統的なアプローチと理解とを根本的に覆していった。犯罪現象の描写は回顧の中に溶けこみ、犯罪現象そのものは、変化の中で吸収されてしまったのである。

本質的には狩猟の際の伝統的な反応と姿勢とを、新しい背景、新しいスタイルの中に移し替えるだけで満足していたこの変化は、当時はたいして目立ったものではなかったのかもしれない。またこの変化は、タイトルはそのままで移行と調整が準備されていたことを考えれば、決して絶対的なものではなかったのかもしれない。しかしながら、やはりその転換ははっきりと見て取れるものだった。三面記事の場合、恐ろしさ、残酷さ、「状況の」詳細など、元来犯罪に、次いで訴訟と刑の執行に注目していた語りは、事実と責任とを体系的に復元する責任を持つ、まったく別の物語へと次第に変わっていった。新聞の見出しの窮屈な枠から逃れることのできたすべての報告にとって、捜査の進展（手がかり、仮説、推測によって区切られ、まず「新事実」の現れない公的な捜査、次に「私的」捜査）こそが物語の中心となったのだ[39]。紆余曲折を経て、ときにはずっと昔から予示されていた（一八〇〇年一二月のサン＝ニケーズ通りの事件〔王党派によるナポレオン暗殺未遂事件〕のあとの、新聞の協力を請うことさえ厭わなかった警察によるきわめて入念なやり方や[40]、「警察もの」の三流新聞の存在が思い浮かぶ）この現象が真に姿を表すのは第二帝政の末期になってからである。だがこの現象は一八八〇年代半ば以降、大量発行新聞の急速な「アメリカ化」が引き起こした職業上・編集上の激変の影響を受けて、突然歩みを速める。第一次世界大戦直前、捜査の物語は、見かけにおいても数においても、フランスの新聞に掲載された犯罪の話の半数近くを占めていた。こうした変化と年譜は、複雑な分岐と分離を経て探偵の物語を生み出した犯罪小説についても非常に似たものだった[41]。しかし捜査の原則は、「旧弊な」形ではあるものの、『パリの秘密』、『パリのモヒカン族』、『黒服たち』、『パリのドラマ』といった[42]一九世紀中期の犯罪に関する主要な連載小説以降生まれたものであり、そこでは犯罪の追跡が、狩猟のモデルに基づいて築き上げられた社会探査の手続きの中に組み込まれている。


「狩りに行くつもり？」彼女は尋ねた。

「そうだよ」。

「もう猟期は終わったと思っていたわ」。

「まあね。でも私の行く狩りはいつだって猟期なんだ。真実というものの狩りはね[43]」。

「木は少なくなったが、パリの森はやはり存在する」[44]と、ポール・フェヴァルも言う。カンレー、クロード、マセ、ゴロンは三面記事小説も書いており、回想録は連載小説の形で掲載されたが、こうした警察官の回想録にはつきものの狩猟の比喩はフランスの作品を強く形作り[45]、作品をアングロサクソンの探偵小説の厳密なモデルからはかけ離し、作品に社会に関する知識を探査し生産する役割を授けた。つまり捜査は、単になにかを明らかにする作業であることを越えて、社会的密林の厄介な侵食と、そして社会の側では痕跡を解釈しようとする精力的な作業が始まったことを推測させてくれるのである。たしかにフランスの犯罪小説は、徴候の方法につねに寄生した表面的な変化の繰り返しを断ち切ることはできなかった。しかし世紀末に頭角を現すのはまさに回顧的な物語の語りの方法であり、その帰納的な試行錯誤は最終的に「事実から成る真実」を明らかにし、証明するのである。

ときに、こうして一新された方法の様式は、きわめて含蓄に富む形で、近代性の骨組みを示しているように思える。それは、生産性の同じ概念、消費との同じ関係、物語の同じ目的といった[46]、資本主義や産業主義と警察ものの物語とを結びつけていた関係を通して何度も分析されてきたような経済的視点からだけではなく、社会的・文化的側面においてである。あたかも、こんにちでも変わらず好まれている捜査の物語が、われわれのエピステーメの中心に存在しているかのように。

というのも、近代社会特有の知識に対するアプローチの、理解の、生産のおもな方法となっていったこの語りの形式の出現は[47]、二つの文脈の中に組みこまれているからである。ひとつは革命ののち、不透明で理解できないものとなった社会の文脈である。ピエール・ロザンヴァロンが示したように[48]、一九世紀初頭、組織的な社会の残骸の上に築かれた社会は、社会学的な理解可能性の明らかな欠落に苦しんでいた。社会は、いかなる秩序の法則をもってしても整理することのできないような細分化された人々から成る、はかなくて実体を失ったものと感じられたのである。だがそれは、ジンメルが社会化の枠組みと方法の再定義の中で重要性を強調したような、新しい空間の経験によって覆された世界でもあった。[49]似たものと複製との不確かな空間であり、はかなさと再出現との複雑な弁論の場である近代都市は、エドガー・ポーが捕えた「群衆の人」の都市であり、[50]もはや自然の痕跡も徴候もなくなった空間に打ちのめされた「特性のない」人間の都市である。そこから、自己同一性や属性について、不安定だ、理解できない、混乱するといった感情が生じ、作家や学者たちに、社会を理解し正すべく観察させたのだ。[51]理解不可能なものとなった社会を探り、読み、解釈すること、それこそが、数え切れないほどの「道徳」の統計や、生理学や、小説や社会「調査＝捜査」の発達がいまに伝える、フランスを襲った自己分析熱の目的だったのだ。犯罪小説の正義の味方は、ここにおいて衛生学者や社会観察家に加わる。『パリの秘密』の主人公ロドルフと、パラン＝デュシャトレ博士が首都の下部で行なうのは、まさに同じ探求なのであり、どちらも正義をなすために、真実を述べる言説の創出に身を投じたのだ。[52]探索の方法であると同時に知的な方法であり、語りのための方法でもある調査＝捜査は、社会を解読し管理する計画のための、より全般的には、工業・都市制度の「真実」を作り出すための特権的な方法となってゆくのである。

そうした意味では、そして政治の概念を社会の概念に変えてもよいならば（民主主義の秩序において政治の正当性はまさに社会問題の中に見られることを考えれば納得のゆく作業なのではあるが）、捜査方法は、民主主義社会における、あのフィクションの主人[53]としての役割を果たしている。あらすじの状態にまで単純化してしまえば、三面記事と犯罪のフィクションが日常的に物語る捜査の果てしない物語は、個々人から成る社会が持つ合法性とアポリアとを刻み込み読み取らせてくれる、隠喩に富んだ大きなテクストの一部なのだ。捜査は、理性に恵まれた、読者、有権者、さらには潜在的な捜査者でもある民主主義的人間の特権であると自称する。たしかに参加型の読書はそもそも技巧に由来するものではあるが(54)、捜査の物語は、真実の探求に読者をつねに協力させようとする新聞に掲載されたものであれ、理論上は読者を事件解明に参加させる推理小説の中に現れるものであれ、民主主義的熱望を抱いているのだ。それは批判精神の自由な運動と、合理的で折り合いのついた最終合意についての不可避な自省とが和解する場所なのだ。だが「狩猟」が八月四日の夜まで法律上は認められていなかったものの実際には行なわれていたのとは逆に、捜査は、読者が現実にはあきらめなければならず、見世物と消費の次元でしか眺めることのできない特権である。男性の読むものと考えられ、事実そのようになっていった捜査は(55)、当時打ち立てられていた政治的役割の性別的な分担を正当化するものでもあった。そうした意味では捜査は、法律上は解放され平等になり、自分たちの側から自由に真実を作り出すことができるはずなのに、扱いにくくて不平等な記憶装置からしか声が伝わってこない個々人から成る民主主義社会の矛盾を大いに象徴するものなのである。

メディアを大々的に使って演出されるいくつかの稀な場合を除き、読者／捜査者は代表者としての権利を放棄しなければならない。そしてフランスにおいて、この委任を主として享受していたのは、警官でも鑑定人でも私立探偵でもなく、ジャーナリストたちだったということも指摘しておく必要があるだろう。ニュースの校正を行なう末端の三面記事の記者から、日常的に事件を組み立てる第一線の記者まで、一九世紀の最後の四半世紀に最高位の捜査者の地位に、次いで小説の主人公にまで這い上がったのはジャーナリストたちだった。そもそも捜査はつねにテクスト化を経由するものであり、それは新聞もまた引き受けているものである。装飾過多が当たり前となった環境の中、三面記事の徴候の世界は犯罪小説と同様、囲み、予告、メッセージ、本、書類、跡など、つねに書き物に関連していた。やはり文字の秩序に属している真実も、書かれたものにはめこまれた形でしか現れず、語りの中でしか吸収されなかったのではないだろうか。小学校や共和国的実力主義の産物である「継承者」とは正反対の平凡な記者は、つねに集団的で匿名の役者として表象される「世論」を表し体現する者として、理想的な代表者にのし上がったのである。以降ジャーナリストの捜査は、行為を個人に、そして個人を場所に帰するものとなる。それは個々人から成り立つ社会が持つ機能不全を解消する、秩序と索引法の思想なのだ。近代性の変動によって生まれた文化的・社会的無規律状態を前に、枠組みを、構造を立て直し、社会をより穏やかなものにしようというのである。ジャーナリストの捜査が演出したこの整理は、表象の秩序にすっかり組みこまれたなかで、臣民を社会的個人へと変えた。そして新聞のページのなかで日常的に読まれることとなったのである。

「偽りではなく、無意味こそが真実を制限する」。数学者のルネ・トンはこのように記し、ある結果についてのいわゆる真実だけでなく、「関心」も重んじるように勧めている。(56) この提案は歴史家にとっても意味を持つ。出来事の理解はその出来事の土台作りに貢献した偽りの言説を無視してはできないというのは、だいぶ前からの歴史学の所与である。(57) 一貫性を持った文化的・象徴的制度としてみなされた共有の場所や意味、そしてそれらを編成する社会思想が、社会科学の対象となり、その対象を形作る記号とテクストを介して解釈できるということは、さらなる科学論的な問題を投げかけることだろう。だが解釈の歩みを歴史学の活動の本質とみなすことは、歴史学の知に特有の「真実の約束」を安売りすることにはならない。ここで示された三面記事と犯罪に関するフィクションの例は、解釈がいついかなるときでも、生産と流通という物質的条件とも、テクストにつねにのしかかりその外観を形作るさまざまな制約の制度とも切り離せないことを示している。だが「偽り」を、それよりも「真実」であるとみなされたいくつかの資料の尺度で追い払って満足することは、社会を理解するための大切な道具を断つことと同じではないだろうか。「文学は歴史の訴訟の理論的な言説である。文学は、ある社会の実際の活動が形式化されるための免訴をもたらすのだ」。ミシェル・ド・セルトーはこのように書き、文学の中に一種の「歴史の「論理的な」言説、歴史を思考可能なものにしてくれる「フィクション」」を見ることを提案した[58]。このように考えると、重要なのは真実性の度合いよりも効力の割合であり、真実と偽りとをよりはっきりと分けることよりも、社会的ないしは文化的な凝固物が組み立てられる中での両者の連関を評価することなのである。

第10章　監獄の光景

隔離と沈黙という使命にもかかわらず、監獄とは口の軽い場所である。監獄は当初から問題の多い空間として捉えられ、当初から批判や解説や改革案に埋め尽くされてきたわけであるが、それらはミシェル・フーコーが機能を明らかにした巨大な紙の要塞を陰で築き上げてきた。[1]調査官、衛生学者、医師、博愛家、社会学者、政治家、それにあらゆる類の評論家が監獄について相当な量の言説を作り出したが、近代監獄に関する歴史学はそれらを見逃しはしなかった。[2]同様に、一九世紀の最後の三〇年間に広まった、低価格で大量流通の印刷製品もまた、重罪や軽犯罪に対するそれぞれの興味の度合いに応じて、監獄という空間と監獄の現象とに多くの場所を割いた。つまり拘置所と中央監獄、囚人と徒刑囚、共同寝室と独房は、一スーの新聞の、四スーの配達新聞の、それから二〇世紀初頭にルッフ、ファイヤール、タランディエに分散した一三スーのコレクションの記事の中に急速に乱入してきたことになる。こうしたテクストは、労働の合理化と分割、規格化、それにシリーズ化といった、文化産業の要求によって押しつけられた同じような生産方法のもと、同じ定期的で短命な媒体を通じて出版され、しばしば三面記事から連載小説へ、小説から記事へとたやすく行き来できてしまう同じ著者による作品でさえあるため、みな互いに似ており、同じ言語を話し、同じイマジネールを供給した。「メディア」文化の時代に同時期に共に入ったこれらのテクストは、たいていの場合、同じ表象の制度から生じたものなのである。だが監獄のイメージに注目してみると、このような前提には限界があることがわかる。というのも、監獄というテーマには二つの描写方法が大きく立ちはだかるからである。ひとつは、悪人たちの天国であり正真正銘の道徳的スキャンダルである「居心地のよい」監獄というイメージを、どれもほとんど同じ方法で広める大量発行新聞の描写方法である。もうひとつは、犯罪の物語に限定するならば、社会的ロマンティスムが強く表れたイマジネールから遅まきながら、それも不完全な形で解放された、「大衆」フィクションの描写方法である。

こうした描写方法の食い違いの規模と理由とを検証することで、われわれは監獄の姿を明確に分析し、表象の原則がどのように使われ、どのように変化したのかという省察に役立ててゆきたい。こうした観点からの分析はこんにち増えているとはいえ、「表象されるもの」の性質や表象の仕組みについてはまだ不鮮明なところが残っている。とくに表象の仕掛けは、しばしば反映や相同関係として捉えられ、表象と表象された「現実」との直接的な序列関係を論証してくれるものであるとされてきた。しかし監獄の例は、逆に、印刷された表象は新聞性ないしは文学性を持つものであるから、必ずしもこのような観点には組み入れられないということ、そして多くの場合、その表象独自のものであったり、別の表象方法によるものなのだということを示してくれる。印刷された表象というテーマに歴史家として手をつける以上、まずはじめに、その生成条件、その機能の制度と意図、そしてその内容を形づくるさまざまな制約のあり方を解明することが要求されるだろう。

「居心地のよい」監獄から……

一九世紀末の大量発行新聞の記事の中で花開いた監獄のイメージには、いかなるあいまいさもない。いくつかの細部についてはぼかされているとはいえ、記事の大部分はいつも、「居心地のよい」監獄が作り出している社会的・道徳的なスキャンダルを中心とした、同じ、押しつけがましい概念を繰り返していた。こうした主題はもちろん新しいものではない。監獄のぜいたくさを、監禁が本来持つべき威嚇と見せしめの観念のもとで暴くというのは、一九世紀において、監獄制度や刑罰観や処罰状況に関する大きな議論の際には毎回現れる、監獄の言説の一般的な傾向だった。王政復古期の末期から執拗に見られるようになってきたこのような主題は、宮殿のような監獄と「見せかけの博愛主義」に対して声を上げたトックヴィルの省察、それに一八四〇年から四四年にかけて頂点に達した独房監獄をめぐる議論を一部で導くこととなった[3]。この時代以降、楽しい宿屋ないしは歓喜の宮殿として描かれるようになった監獄の甘すぎる制度や「監獄の至福」を告発する小冊子が隆盛をきわめることとなる[4]。

一八七二年から七三年にかけてのオーソンヴィル委員会の議論でも、「越冬」監獄（天候のよくない季節、浮浪者や軽犯罪の再犯者を威嚇するかわりに、その陣営から入所希望者を集めてしまう、快適すぎる監獄）というヴァリアントの中に同じ主題は見られた[5]。この主題は再犯者の流刑に関する一八八五年の法律の可決をもたらした議論の際にも深く反響したが、それは共和国の処罰を定義するにあたってのこの主題の重要性はもちろんのこと、治安という敏感な問題のなかでみずからの声を響かせようとした、強力なメディア的仕掛けのこのころからの存在によるものである。憤りと愁訴のスタイルを結束させたこの監獄のイメージは、一八八五年から一九一四年にかけての大量発行新聞のとてつもない普及によって増幅され、大幅に飛躍した。ぜいたくな独房、豊かな食事、ぬくぬくと暮らす囚人、懲罰なき刑罰といった伝統的なモチーフに、社会に対する罪を犯して罰を受けている悪人たちが、監禁の間、善良な市民が享受しているものよりも上等な生活状況に恵まれているという、民主主義制のもとで独自の深みを持つことになるひとつの論拠が加わったのである。[6] たとえばニオールの独房監獄の「小ぎれいな部屋」とその地方の農民たちのみすぼらしいあばら家との間にあるけしからぬコントラストと、監獄で提供される「凝った」献立と西部の農村の質素なスープとを隔てる格差に憤ったポアトゥー地方の新聞が一八九三年に暴いたのも、やはりこうした「醜聞」だった。[7]

こうした話題は、一八九五年以降、フレーヌ監獄が開かれたことによって非常に強く支持されることになる。[8] 進歩主義者のジョルジュ・ベリー議員は以下のように言い放ったが、彼は治安の問題をはじめて本当の意味で政治的に使った者のひとりだった。「われわれは、宮殿に似た監獄を建てるという、このいまわしい道を進んでしまったわけです。その監獄には、パリの人々の多くが、裕福な人々でさえ自宅に持っていないような、とても豪華な浴槽があるのです」。[9] 二年後にはロリオ議員も、囚人は兵士よりもよく扱われているのではないかと推測しているが、この考えはその後さらに発展させられることとなる。[10] 一九一〇年、医師のルジュンヌも、「フレーヌ監獄は物質的に兵舎よりも住みよいのだ」と言っている。[11] 「殴られる以外にないはずの」悪党や無頼漢が、祖国の防衛のためにみずからを犠牲にしている徴兵された若者や兵士以上の快適さ、制度、ぜいたくを享受しているというのは、新聞にとって、飽くことなく告発されるべき、許しがたいスキャンダルだった。大戦前の二〇年間にはこうして、驚くべき監獄制度をめぐって憤る解説が増えたのだった。そうした監獄制度を非難することは、監獄の世界をめぐる新たな探訪記事を、自己満足ではないかとか、のぞき趣味ではないかとか、道徳観がおかしいのではないかと疑われることなく掲載する良い口実にもなった。暴力の話や夜襲の話の場合と同様に、こうした非常に「政治的な」見方は、メディアに一貫性をもたらし、影響力も真の確実性もないはずの出来事を社会の現実に変えたのだった。以下のサンテ監獄の探訪記事の中でも、記者は死刑囚を利する制度を告発したうえで、さらにその他の囚人、とくに容疑者の制度にも言及し、憤りをもって指摘している。

囚人たちは、朝は肉の入っていないスープを、夜は野菜たっぷりの料理を食べている。木曜と日曜には、骨を抜いた百グラムの肉が与えられる。ここまで健康的で豊富な食養生を、囚人百人のうち八〇人は自宅で受けられない。そのため囚人の多くは、天候のよくない季節は安心してここに過ごしに来るのだ。食事が十分でないと思う者は、労働の収益で献立をよりよくすることさえできる。たとえば彼らは、紙を縫って帳面を作らせてもらえる。この仕事で千冊あたり少なくとも一フラン一五サンチーム、多いときには二フラン四〇サンチームが彼らに支払われるのだ。(…)
おわかりだろう、サンテ監獄で待機中の犯罪者諸氏は、検察によって免訴を受けているのであり、憐れまれるべきではない。彼らの教養をおぎなってくれる監獄付の教師さえ、あまり望まれてはいないとはいえ、自由に呼ぶことができるのだ。

これでは囚人が監禁を恐れなくても驚きはしない[12]!

監獄という環境が犯罪の原因になるのだという恒例の論拠に、やがて、犯罪増加の直接的な責任は監獄にあるのだという論拠が加わった。急速にライトモチーフの地位にまで持ち上げられたこのような言葉は、途方もない論証のもとともなった。ある記者は、「監獄では掟通りにこれ以上ないほどの衛生状態が見られるだけでなく、高栄養療法すら行なわれているのだ」とし、パリの監獄の支出を算出しようと試みた。彼の出した結論は示唆に富むものだった。それによれば、囚人は千五百万フランかかるが、その労働能力は四百万フランしかもたらさないほど低い。よって納税者は「こうしたすべての犯罪者の、盗人の、怠け者の群れを養うために[13]」毎年千百万フラン消費していることになるのだった。

こうした情報を支えていた一種の異論の余地のなさもあって、新聞各紙による表象の競り上げ争いは規則正しい高騰をもたらすこととなった。フレーヌ監獄が開かれた直後、新聞機構の中でも穏健派は、慎重であろうと努めていた。一九〇一年、『プチ・パリジャン』の論説記者は記している。「フレーヌ監獄は快適すぎると批判された。それはあらゆる専門家が、囚人の物質的状況の改善は将来の再犯を防ぎ社会復帰を助けるのにもっとも効果的だとしていることを忘れているがゆえの批判である[14]」。七年後、同じジャン・フロロは、監獄教育学を完全に忘れてしまう。そしてアパッチひとりを養うのに一日二フランがかかると書き、迷うことなく結論したのだった。「連中はなにもせずに肥えてゆくのだ[15]」。監獄が、「犯罪者が仕事の疲れを癒す快適な宿屋[16]」になってしまったという考えは一般的なものとなり、広告のうたい文句にまでなるほどだったが、それは言葉が急速に大衆化したことを示していた。

フレーヌ監獄では、ペテン師たちのために、
あらゆる配慮とぜいたくが君臨しています。
律儀な人々が生地をこね、ひもじいと叫ぶとき、
あちらの独房にはパン・デュ・コンゴ〔ココナッツ菓子〕があるのです。(17)

司法官たちがなにもせず放ったらかしにしているという糾弾も合わさって、居心地のよい監獄という主題は、一九一四年の前夜、「処罰の危機」と、それによってもたらされた治安問題の政治化の主たる素材として欠かせないものとなった。こうして、処罰権と処罰義務の表明として捉えられたこのメディアによる懲罰監獄という主題への没頭は、一八八五年に実現された監獄教育の支持者と、見せしめとしての刑罰ないしは「厄介払い」政策の支持者との間の弱々しい平衡状態にひびを入れたのだった。

……墓場へ

読者が視線を新聞の下のほうへ、日刊の連載小説が栄えるあの一階へと滑らせていったときに見出すのは、これとはまったく別の監獄だった。それは、新聞の探訪記事を大いにしのぐ点描主義で描かれた、コラムや三面記事の中でよりも頻繁に目にする、なじみの場所だった。いかがわしい酒場やサン゠ジェルマン街の邸宅や重罪裁判所と同じくらい、監獄は連載小説のトポグラフィーの主要な空間だったのだ。

あらゆるパリの監獄が、同じ執拗さと同じ生々しい写実主義をもってつぶさに見学され、やはり生産性の高いステレオタイプの源泉となっていた。注意深い読者であれば、こうした監獄の建築や機能のうち、なにひとつとして知らないものはなかった。警視庁の留置所は、一八六〇年代半ばの改修前後の姿に関することであれば、ピエール・ザコンヌの『大通りの夜』やジュール・レルミナの『パリの狼たち』の読者に対していかなる秘密も持っていなかった。[18] 犯罪小説の登場人物すべてが、警視庁の留置所で少なくとも一休みはしており、その中でも「奇妙で怪しげで国際色豊かな人だかり、ぼろを身にまとった女、物乞い女、下級娼婦、それにジプシー女」[19] がひしめき合ういまわしい場所である女性用の部屋となると、もはや一休みではすまなかった。マザス監獄を知りたい者はチュルパン・ド・サンセーの『死者たちの見張り人』かテオドール・ラブリウーの『流刑者の手記』、もしくはアリスティッド・ブリュアンの『パリのどん底』に目を通しさえすればよかった。[20] これらの作品はみなマザス監獄の外観、独房、廊下、規則、食事、さらには役所に記録されている自殺率にいたるまで、詳細な描写を見せていた。大ロケット監獄なら、やはりピエール・ザコンヌがいちばんの案内人だが、アドルフ・ブロや、『ロケット広場の記憶』を集めた三面記事作家で連載小説家のジョルジュ・グリゾンに頼ってもいい。[21] スーヴェストルとアランの『秘密警官』を読めば、シェルシュ＝ミディ軍用監獄の正確な描写が得られるだろう。「放射線の原理に基づいて建てられた」サンテ監獄の見事な一望監視装置《パノプティック》なら、モーリス・ルブランの関心の的だったから、きちょうめんに描かれている。[22]

とはいえパリの監獄の中でももっとも登場人物たちが足を踏み入れたのは、やはりサン＝ラザール女性監獄だった。ウージェーヌ・シューにならってこの建物を一度も描かなかった連載小説家などおらず、多くはここに長いこととどまった。[23] サン＝ラザールは、タイトルを、副題を、章の見出しを都合よく引き立てるという象徴的な責務を負った名詞のひとつだった。とくにポンソン・デュ・テライユの『パリのドラマ』の場合がそうであり、「サン＝ラザール」と名づけられたある節では、フォーブール＝サン＝ドニ通りのこの監獄の、建物、書庫、職員、面会室などが非常に丹念に描かれている。[24] 監獄空間はパリだけに限られたものではなく、ジュール・マリはクレルモン＝ド＝ロワーズの中央監獄を、ルネ・ド・シューラックはクレールヴォーの中央監獄を、スーヴェストルとアランはブルターニュにあるブレストとモルレとレンヌの監獄を探検している。[25] 国境の向こうでは、イギリスの有名なニューゲート監獄、ベルギーのアントワープとルーヴェンの監獄、オールド・ベイリー、それにペントンヴィルの監獄が、[26] 作家たちに監獄学を講釈する機会を与えた。[27] 点描主義的な描写で際立つこうした物語は、あたかもみずからの役割のひとつは監獄制度のさまざまな仕組みを読者に教えることにこそあるかのように、読者と監獄との慣れ親しみを維持したのだった。

　その思惑はじっさいのところあいまいなものだった。資料に基づく写実主義であるとか、人目を引く、もしくは技巧に富んだ細部描写であるとか、大量普及文学がつねに抱く大衆の教化計画への配慮が、のぞき趣味と社会的異国趣味の欲望とともに、監獄という反社会の描写と結びついていたのだ。そこから、三面記事のコラムにつきまとっていた現実に似せられた、例外的であると同時にありふれた、平凡な、そしてねじれた、一種の「現実」が発散されていたのである。こうした状況であるから、もっとも重んじられていたのが、あさましくて陰険な事件の中で監獄、女性、売春を結びつけさせてくれるサン＝ラザール監獄であったとしても、少しも驚くにはあたらない。そこでは「パリと文明の恥」[28] として満場一致でみなされた施設を告発するという口実のもと、暴力と雑居と監獄社会の恐怖とが気兼ねなく展開し、悲壮味とドキュメンタリーとが重なり、かすかに性的な色味さえ帯びるなど、すべてが可能だったのである。この部門を専門とする作家たちさえいた。多弁な連載小説家で、一貫して少々わざとらしいが読みやすい、二百を超えるあらゆるジャンルの小説の作者であるピエール・ザコンヌは、この監獄の文学のいちばんの代表者だろう。監獄の社会はザコンヌのイマジネールについてまわるだけでなく、『ある徒刑場での憎しみ』（一八六三）、『ビセートルの秘密』（一八六四）、『死刑囚』（一八六六）、『廃船での悲劇』（一八七二）、『第七独房』（一八八一）、『世を捨てた女』（一八八二）など多くの物語の筋書きの中心にさえ置かれているのだ。その力の注ぎようは、途中、まるで少しずつ集めてきた参考資料を同僚たちに提供しようとするかのように、それまでなんども描いてきたこの世界の一種の概説を出す必要性まで感じたほどだった。(29)

こうした小説が広めた監獄の表象は、とりわけ新聞が吹聴する表象とはかなり異なるものだった。多くの場合これらの物語は、監獄を悲痛な場所として紹介する。監獄は絶対的な規則の場所なのだ。偶然も抗議もここには居場所を持たない。ここでは囚人はあらゆる規範、形式、際限のない命令によって枷をはめられた存在なのだ。どこでも、取りあげられるのは、登録、収監記録、所持品検査、証明書、それに面会許可ばかり。「いまや自分が恐るべき歯車の中にいるのだということが、もちろんこの悪党にはわかっていた」(30)と書かれているように、内規は厳格で、買収することなど想像だにできないような情け容赦のない人物によって適用されている。ブレストの監獄では、「粗暴な顔つきのメガイラ〔ギリシャ神話に登場する復讐の女神〕たち」が、サン＝ラザールでは「優しさを持たない女看守たち」が、「口答えを許すことなく命令し」、「女囚に拳固を食らわしているのだ[31]」。

このように息の詰まる場所に閉じ込められ、囚人はほどなく沈黙と落胆という苦しみに陥ってしまう。監獄に押しつぶされずにすむ者は稀である。犯罪文学の中で少しずつ頭角を現してゆく犯罪の天才の典型である元徒刑囚のロカンボルもまた、はじめはコンシェルジュリー監獄、次にマザス監獄で、監獄の印象に打撃を受けている。「彼の独房に不意に入る者があったならば、きっと彼の青白さと衰弱とに驚いたことだろう。(…)彼は神経をやられており、泣いてさえいたのだ」。作者によればその理由は、オーバーン制度〔ペンシルヴェニア制度のことか〕の厳しさにある。「独房制度はおそらくあらゆる監獄制度の中でもっとも恐ろしいものにちがいない。つねに一人でいることで、この囚人はほどなく精神の力と肉体の力とを失ってしまったのだ。予審にたどり着いたときには、すでに半分負けてしまっていた[32]」。ロカンボルに続く犯罪の超人たちも、概して同じ苦しい経験をした。心の強い者ならば、こうした感情をいっとき偽って、たとえばサンテ宮殿の制度を皮肉ることもできた。だがその調子はすぐに弱まらざるをえなかった。「非凡で、天才的で、人の目に見えないあの人物が、遅かれ早かれ対抗する障害を打ち破り敵の仕事を打ち砕くことになる正義という途方もない力によって逆に打ちひしがれ、ほかの人間たちと同じように、独房の四つの壁の中でうなだれていた[33]」。墓穴や墳墓といった監獄の隠喩は、こうした主人公たちが、動作に投影されることでしか存在が認められない純粋な行為項であるだけに、いっそうの力を持つことになる。監獄の印象はきわめて重くのしかかってくる。ファントマのような、もっとも強い者さえも打ちのめしてしまう。「分厚くて難攻不落の監獄の壁が、彼の上に圧倒的な重みでのしかかってくるかのようだった。ときとして彼はふと、窒息するのではないか、ここで、独房でみじめに死ぬのではないかと思いでもしたかのように、両手で額を覆い、深くため息をついて、肺を空気で満たすのだった(34)」。

こうした感情と戦うすべとして、監獄に関する当時の議論と期待からすれば監獄にとって不可欠な改良であるところの、労働があった。だが大衆小説はそんなことにはこだわらない。監獄内の労働の問題も、読書や改心の問題も、物語の中をよぎることはないのだ。資料に基づく生き生きとした写実主義が散見されても、それは場所と機能のしかたに関してのみであって、監獄を十分象徴できるこの独房と直接的に関係のないものはむしろすべて飛ばされる傾向にさえある。だからこそ、連載小説の伝統にとってはもうひとつの不変のテーマであった徒刑場をのぞいて、こうした物語は植民地の刑場や「田園の監獄」〔未成年犯罪者のための訓練所〕や、その他の監禁形態についてはなにも語らないのだ。こうして多くの場合独房の寸法にまで縮小されてしまった監獄は、知的ないしは社会的環境から取り出されて、隔離の場であり続けた。ここから二つの主題が展開されることとなった。ひとつは、暴力、雑居、監獄の言語、それから監禁と追放によって生み出される恐ろしい（非）社会的連帯の形といった、たいした独創性はないもののどん底の伝統的な表情を復活させてくれる、監獄（反）社会という主題である。もうひとつのモチーフは、監獄生活の個人的で精神的な影響に、監獄生活によって始まった破壊的な繰り返しに、つまり監獄生活が用いる落胆と諦めと更生の論理とに関わってくる。

つながりと再適応

文学の表象と新聞の表象とのこのような隔たりは、記者と連載小説家の間のほとんど自明とも言えるつながりをわれわれが知っているだけにいっそう驚くべきものに思える。というのも産業小説家は多くの場合元記者であったり記者たちと持続的な関係を保っており、大型日刊紙の編集部に頼まれて書いたり、三面記事や新聞の調査の中に自身の物語の素材を見出すことで、同じ連続体の中に組みこまれているからである。それに多くの者は、ジュール・レルミナ、ジョルジュ・グリゾン、もう少しあとではガストン・ルルーやジョルジュ・ド・ラブリュイエールのように、二つの活動を並行して行なっていた。

理由は、こうしたテクストにのしかかるきわめて強い修辞学上の規準化のうちにあると考えるべきだろう。ロマン主義の周縁で生まれた連載小説は、生まれてすぐに受け継いだイメージを乗り越えるのに苦労していた。それがどのようなジャンルであれ、監獄は新聞の下方に居場所を持つ文学にとって、ロマン主義的イマジネールから遺贈された墓の比喩であり続けたのだ。(35) ゴシック文学であれ熱狂文学であれ、暗黒小説がどれだけ監獄を、荒れ地や朽ち果てた城館とともに物語を取り巻く環境の主要なモチーフのひとつにしたかは知られており、その名残はユゴー、ネルヴァル、ボレルの中に長いこと見られた。ロマン主義と歴史小説の君主、ウォルター・スコットもこの鉱脈をたどっており、そのようすはよく知られた『エジンバラの監獄』に表れている。(36) その足を社会的ロマン主義がつなぎとめた。死刑囚の密房、地下牢、ないしは独房としての監獄は、社会がみずからの周縁と向かい合い、義務と権利、権力と反抗、道徳と法律といった数々の主要な軋轢が表れているのを目の当たりにする、問題だらけの空間となったのだ。よって、償いや更生や贖罪が実現されるべきなのも、監獄の壁の中ということになる。『死刑囚最後の日』に始まり、『マリー・チュドール』もしくは『リュクレス・ボルジア』に至るまで、監獄はユゴーの描く悲劇の中でも特権的な場所のひとつとして現れる。ラスネールが伝説を築き上げたのも、ファブリスが幸福を見出したのも、エドモン・ダンテスが気力を得たのも、やはり監獄の中である。こうしたイマジネールの効力を見積もるには、一八三二年に出版され、以降再版が続いたシルヴィオ・ペリコの『わが監獄』の莫大な反響を思い起こしてもらいたい[37]。

犯罪の、歴史の、感情的な、もしくは社会的な冒険小説のような「大衆的な」ジャンルを盛り立てたテクストの大部分において、監獄の表象はロマン主義的な型やその土台となるキリスト教的着想とほとんど一線を画すものではなかった。すでに言及した異国趣味や社会的周縁状態としての役割のほかに、監獄は、責苦と救済、悲嘆と贖罪といった表象の二つの原動力が結びつく、墳墓であり墓場であり続けたのだ。監獄は、一方では、苦しみと精神的ミゼールの表象を中心とした、感情に訴えかけるという大きな任務をもたらすものであり、他方では、知性と精神の更生を演出することで小説の推進力をもたらしてくれるものだった。こうして、連載小説の象徴でもある『パリのドラマ』というシリーズの中で、監獄は小説の錬金術が実現される空間のひとつとなったのだ。麗しのマルトンという娼婦が、打ちひしがれた無実の女によっていまわしい陰謀から助けられ、少しずつ贖罪を始めるのはサン＝ラザール監獄であり、ロカンボルが復活するのも、カディスの徒刑場につながれていたときのことである[38]。

よって、一九世紀後半の連載小説という産物におけるロマン主義的イマジネールの不変性こそが、われわれが指摘した対比の原因とみなすべきであろう。たしかになんらかの違いは気づかれるかもしれない。感傷的なスタイルや「犠牲者」小説によく現れていたようなロマン主義的な型は、ベル・エポックに出現する推理冒険小説のようなより新しい産物では減少傾向にある。推理小説は、語りの構成に関連した内的な理由（主人公は作品を動かすものであり、独房の湿った藁の上でいつまでも苔を生やしているわけにはいかない）と外的な理由（古臭いと感じられていた社会的ロマン主義の作風と同じであってはならず、より新しい形式の中に名乗り出なければならなかった）ゆえに、連載小説の伝統方式が売り回っていた表象から自由になろうとしていたのだ。それは半分しか成功しなかった。修辞学的な伝統に強く依存する監獄という場所、制度、論理は残りつづけたのである。そこここに現れたのはただ微妙な違いのみであり、たとえば監獄の所長は、不適格で臆病な小役人として描かれるようになった。もっとも著しい違いを示していたのは、しかし、監獄の刑罰機能だった。二〇世紀初頭の一大作品群では、監獄はもともとの使命から努めて引き離されている。たとえばアルセーヌ・ルパンはサンテ監獄の独房から「新聞のキャンペーンを率い、卓越した腕を見せ」たし、その後も一件の強盗事件をコーディネートすることに成功している[39]。ファントマがみずからの独房を一種の風車小屋にし、以下のようにたびたび利用していたのも同じ目的からである。「彼にとって監獄は、好きなように出て行って活動に励んでは、自由が必要なくなると戻ってくる、宿屋のようなものだった[40]」。隔離を打ち破り、監視の裏をかき、推理小説の主人公たちは制度を愚弄してみずからの自由を主張する。ほどなく脱獄は、監獄に期待できる唯一のこととなった。その点で彼らは、そのころ新聞で花開いていた議論に、面白い方法で近づいていたことになる。ほどなく脱獄は、監獄に期待できる唯一のこととなった。「アルセーヌ・ルパンは脱獄するはずだった。それは避けられない、必然的なことだった。なかなか脱獄しないので驚かれるほどだった[41]」し、ベル・エポックの大半の小説でも同じだった。監獄は一時的な場所でしかなく、脱獄の前の一種の待合室のようなものだったのだ。このことは、禁錮にくらべて、より一時的な拘禁や監禁といった用語が好まれたことも証明している[42]。これらの変化は、時代の雰囲気に対する、監獄の無効性の告発に対する譲歩と解釈することもできるが、フェヴァル、デュマ、ポンソン・デュ・テライユがすでに使っていた伝統的な図式に従っただけとも捉えられるものである。そして、脱獄が不可能なときには、処刑台が物語を展開させることになる。なぜなら脱獄できるのは主人公だけだからだ。そのほかの手先やいかさま師や下っ端は、早朝、薄明るい空のもと、独房から出てゆく。もうひとつの見せどころである処刑の話もまた、社会的ロマン主義のステレオタイプと関係回復させてくれるものだった。

推理小説は、多種多様なイメージを受け継いでいるとはいえ、監獄を問題だらけの空間にはしたがらなかったのであり、そこにおいて革新と確執とに寄与したと言えるだろう。推理小説に書かれている言葉はどれも、もうすでに読んだことのあるものだったし、もうすでに書かれたものではなかっただろうか。監獄のロマン主義的表象にうんざりした読者は、別のものを要求していた。独房の藁が持つ湿気よりも、脱獄の興奮や処刑の戦慄を好んだのだ。事実、監獄は描写の現状維持政策の中で凝り固まり、単なる一時的な空間(おそらくこれは監獄の特徴をもっともよく示した定義だろう)になったのだった。とはいえそれも、同じころ日刊紙が増殖させていた怒りの告発を、感傷的な連載小説ほどに抑えうるものではなかった。

以上の例からわれわれは、表象を、とくに文学的表象を熟慮のうえで使うことについて弁護したい。文学的表象は、なんらかの現実を反映したり報告したりする前に、まず文学自身について、そのしきたりと規範について語っているからだ。第一に、三面記事においても連載小説においても、監獄は、監獄施設の問題点とは部分的にしか一致しない表象上の問題点のために端折られて完全に不在だった。このことは、七月王政期、社会的ロマン主義の熱狂のさなかに生まれ、みずからを生み出したイマジネールや修辞学によって加工され、それらを乗り越えるのに苦労した文学形態である連載小説に関してはとくに明らかだった。その意味で、連載小説の世界は、出来事そのもののねじれでもなければ現実を映し出そうという配慮でもなく、連載小説を支える言語と文体によって、連載小説が作り出すその構図、イメージ、ステレオタイプによって率いられていたということになるだろう。言葉はそこでは、作者と登場人物とを表現形態の側からの提案に従わせ、その糸を追ってゆかせる力学を持っていたのだ。(43) これは、メディアの制度において作者は単なる語り手にすぎなかったという意味ではなく、作者はジャンルの伝統と編集の要求とによって、みずからが産物であり源でもあるところのイマジネールに従うよう促され、一定の自由しか与えられなかったという意味である。しかしながら、二〇世紀初頭の推理小説の作者たちは、交渉するすべを心得ていて、作品の中で自治の割合を示していた。自分たちの台座である連載小説の習わしを否定せず、その中に時の要求に順応するための遊びを導入したのである。こうした方法によって、正当性のなさに悩む作者たちは、自分たちの洗練を見せつけることができたわけであるが、同時にこうした方法は、「大衆的」なものからどのようにして少しずつ「警察的な〔policier には警察の、ミステリーものの、という二つの意味がある〕」ものが出現したのかをはっきりと見せてくれるものでもある。(44)

新聞調の言説の役割はまた別だった。これもまた監獄の現実を反映するものではなかったが、かわりに、都市に入り込み、社会的言説の構成におけるみずからの役割を主張しようという、日刊紙の野望をはっきりと示していたのである。こうした展望から、監獄は、同じころ独占していた「治安」と同様、日刊紙の特権的な主題となったのだった。「スキャンダラスな」機能不全を指摘し、誰の目にも明らかな責任を告発し、なんらかの常識的な解決策を述べるという単純な図式にもとづいた言葉が持つきわめて大きな生産性に、うわべの政治的中立性と、公共の問題としての外見とが加わったのである。監獄問題はこうして、その他の大なり小なりの原因とも結びつき、日刊紙がこのうえなく強力な言葉と公的な権限とを身につけることに貢献したのだった。

おわかりのように、こうしたアプローチは、表象に関するその他のアプローチを疑わせるものなどではない。ただし、現実を表象へ（もしくは表象を現実へ）と誘う機械的な序列の中でよりも、もともとの表象とさまざまな思惑とが結びついた、相互に依存し合う複雑な全体の中で検討することが望まれるだけである。まず表象の制度とその制限のあり方とを考察すべきであるのはそのためである。もちろん、こうした制限が「現実」の世界に影響しないということでもない。フランスが民主主義に根を下ろし、とくに社会が新たな民主主義的展開の決定的な立役者であるかのような新聞と大衆文学とを介して姿を現したとき、監獄問題のような問題は重要な政治的争点となった。たしかにフィクションは現実ではないが、みずからがこのように大きな一部をなしていた人々の経験について、われわれに考察させてくれるのである。

第11章　戦時中の三面記事（一八七〇―一九一四）

「戦争や飢饉や暴動のときには、三面記事は出ない」。イヴ・ヴァルガスによる指摘はこんにちでは法律のような効力を持っている。(1)この指摘はおもに、ある三重の事実に基づくものである。ひとつは、本質的でないもの、付属的なもの、それにイマジネールまでもが混ざり合うあいまいな部門である三面記事の領域と、歴史的理性の明確な部門である事件の領域との対立を力説する事実である。事件の代表である戦争は、よって、本質的に三面記事をその領域から追い払ってしまうのだ。二つめの事実は、小説に少し似ているが、偉大な理想が飽きられ、社会がもはやエネルギーや情熱を燃やせなくなったときだけ、三面記事がみずからの本当の重要性を認識するという事実である。(2)その点で三面記事は、市民の安全と治安とに恵まれた文明国家特有の文化的産物であり、それが見せる無秩序もつねに秩序の周縁で生まれたものでしかないのだ。だから三面記事は全体主義国家からは消えるのであるし、戦時中にも姿を消すのである。(3)三面記事とは民主主義で平和な社会の代表的な情報制度なのだ。最後の事実は、社会的なものの機能や意味や通常の表象が急転換にさらされた戦時中の社会の観察によって生まれた事実である。「戦争状態とは、一種ほかとは明らかに違う心理世界をなすものだ」とある戦争学者は記している。[4] 三面記事という、この起きていながら見る夢が消えてしまう、文化的・社会的アノミー状態。いまや集団的悪夢の時間となるのだ。

本章では、この三面記事の消えかかった状態を、一九世紀の最後の三〇年間に点々と現れたおもな戦い（普仏戦争、ヨーロッパ内と植民地での戦争、第一次大戦の最初の数年）が、挿絵入りの週刊誌や大規模な日刊大衆紙（『プチ・ジュルナル』、『プチ・パリジャン』、『ル・マタン』、『ル・ラペル』ほか）によってどのように表現されていたのかを、より経験的な方法で検討しつつ見直してゆきたい。それは、三面記事が本当に消滅したのかどうかを確かめることではない。事実「ふつうの」三面記事（犯罪、事故、自殺、放火、その他日常の秩序への違反）は、数においても容量においても、戦いの時期には下火になっている。そして残っている三面記事には必ず、少しは戦争やその状況との関係があるのだ。[5] プロイセンが侵攻するのに伴って三面記事が稀になり、特殊な項目（「裁判所」、「軽犯罪」など）の中に身を隠すまでになった、一八七〇年の夏のケースがとくにそうである。[6] 一九一四年には後退はより明らかかつ大規模で、ページ数の急激な減少によってきわだっている（一九一四年八月から一二月までの間に二ページ）。たとえば『プチ・パリジャン』では、戦争の前の数年間には犯罪に関する三面記事は一二％を大きく超えていたのに、もはや見出しの中からかき集めても執筆空間のせいぜい一％しか占めなくなっている。[7]

しかしながらこうした指摘は、フランスの領土に直接的に関わる戦いにしか適用されないうえ（外での戦争も植民地での戦争も、編集の均衡、つまり三面記事の持ち分を変えることはない）、大衆新聞における編集の仕組みの三面記事化という決定的な過程を考慮に入れてはいない。一九世紀の最後の三〇年、すべての情報を三面記事の列に追いやる、言い方を変えれば三面記事を本来の情報単位の列に昇進させる、ある制度が確立されたのだ[8]。戦争もこの過程の例外ではなく、三面記事はその中で消えたというよりも順応したのである。こうして大量印刷新聞がもたらす報告の中では三つの表現方法が個別化し、戦争は百科事典的な形で、英雄悲劇的な形で、そして逸話的な形でかわるがわる紹介されていた。三つの方法が、戦争の認識の三つの時期を示しているとともに、大衆紙の話が三面記事化されつつあったことを証明する特徴ともなっているのである。この見方は、戦争特有の問題をこえて、三面記事の構造や中身（もしくは中身のなさ）といった通常考慮される基準との関連でよりも[9]、エクリチュールの原理、胸を打つ仕掛け、レトリック、象徴体系という観点で戦争が直面させる、三面記事の性質そのものに関心を示すものである。

百科事典的な戦争

三面記事のおもな役割のひとつは、年鑑《アルマニャック》や青色叢書〔一七世紀に現れた大衆文学〕の伝統を引き継いだ、専門的で道徳的な「物事の教え」としての性質にある。つまり三面記事は、意外な、もしくはためになる逸話を詳細に物語るなかで、大衆日刊紙が好んで引き受ける「大きな」小学校としての役割を証明し、教育することをも目標とするのである。情報体制がほぼ完全に三面記事に依存していた『プチ・ジュルナル』では、技術、科学、歴史、地理の驚異に、このうえなく実際的な見方で触れてくれるこうした逸話をつねに待ち構えていた。それはとくにトマ・グリムの有名な社説コラム、『プチ・ジュルナル』の成功の大部分が恩恵を受けたあの大衆新聞のショーウインドーの役割だった。

普仏戦争の間もとぎれることなく出版された社説コラムには、雑報調と大衆的な年鑑の精神が保たれていたものの、それはいまや戦争を論じ、戦争の進行性の百科事典のようなものを提供するようになる。こうして読者は、逸話であるとか生き生きとしたディティールが増殖するあいかわらず具体的なスタイルの中で、「暗号の至急便」や「軍用郵便」や「ジュネーヴ条約」の謎を少しずつ教えられるのである。[10] 読者を軍隊生活の数多くの小さな習わしに親しませること（遊撃兵はどのような服を着ているのか、兵士の荷物や一日分の食料はどのようなものなのか）、読者に毎日規則正しくさまざまな「軍隊の出来事」や部隊と物資の状態や戦略の奥義を説明すること、有名な攻囲戦についてであるとか、戦時中の女性の役割という非常に重んじられ至るところに見られた主題[11]についてまとめること、これらが大衆新聞の中で戦争の表象が呈していた百科事典的役割の一部である。毎回、それだけ多くの教育的で、大衆への普及に配慮した説明や明示がなされたのだ。論説記者たちは言っている。「皆を面白がらせてくれるような政治事件が、誰にでもわかる言葉で読者に紹介され、皆がよく理解し、好きなだけ考え、楽に筋を追うことができるようになることを私はいつだって望んだ[12]」。

さまざまな『戦争の光景』、「勇猛果敢の都市」（サラゴサ、ボーヴェ、メッス）や「ドイツ人の卑劣な行為」といった連作、武器や軍服といった舞台、「われらが将軍たち」の人物描写や彼らに関する欄、「眺望」、計画、それに地図（一八七〇年八月にドイツの、九月にパリと周辺の地図が売られたのはこうした趣によるものである）も同じ種類に属している。一八七〇年七月にはすでに『プチ・ジュルナル』が、シャルル・イリアルトという『ル・モンド・イリュストレ』のコラムニストがこれを機に執筆したスペイン・モロッコ戦争（一八五九―六〇年）の挿話と「ピトレスクな視点」とを載せており、そこでは数多くの場面や典型がばら売りされている。部隊の子ども、酒保の女、野営、そして戦闘の場面。[13] オラース・ヴェルネや、七月末にライン川に向けて出発したと報じられた〔エルネスト・〕メイソニエの絵画に似た方法である。[14] 開戦宣言の知らせを受けて一八七〇年七月に作られた多くの出版物も、『一八七〇年の戦争アルバム』や『挿絵入りプロイセン戦争』のような配本であれ、[15]『戦争ニュース』、『戦争通信』、『戦争新聞』などの短期間で終わった定期刊行物であれ、『挿絵入り戦争』[16] のようなもっと息の長かった新聞であれ、役割は似たようなものだった。『戦争新聞』はとくに国境の町の光景や新兵器や愛国唱歌や英雄たちの言葉に関する頻繁な説明を載せ、[17]『挿絵入り戦争』はといえば人物描写や軍隊生活の場面（舞台の出発、アルジェリア軽歩兵《チュルコ》、アルジェリア歩兵隊《ズアーヴ》、野営での洗濯など）、それに「概観」（ストラスブール、メッス、ディジョン）を主流とした形式を早くも会得していた。

　この種の表象は通常、戦争の最初の段階のものであり、初期の戦闘によって幻想が容赦なく消し去られてしまう前のものである。それはまた、みずからの能力を証明することを気にかける特派員が編集部に伝える初期の「外電」の産物でもある。クリミア戦争中イギリスの新聞社が命じた「従軍記者」の仕事（とくに『タイムズ』紙とその有名記者ウィリアム・ハワード・ラッセルによる）[18] は新しいもので、フランスではまだはっきりと定義されていなかった。一八五九年から六〇年にかけてのイタリア遠征、その後の普墺戦争によってこの職に従事するにあたっての条件が明確にされ、最初の仕事は生み出されていたのであるが（エドモン・アブー、ジュール・クラルティ、エドゥアール・ロクロワ）、軍事報道が一般化し当局からの好意的なまなざしに恵まれるのはじっさいのところ一八七〇年夏になってからだったのだ。

そして一八七七年、露土戦争によって従軍記者の仕事の進化は成し遂げられることになる。[19] 前線の知らせを急ぎ新聞社に届けた一八七〇年の記者たちは、多くの場合記者というより文士であり、こうした新聞報告の百科事典的役割をさらに強めるのに一役買った。たとえば『プチ・ジュルナル』では、一八七〇年七月二二日以降アンリ・ルゲとルイ・デュリによって伝えられた「軍隊通信」が、国境の町の空気、駅の活気、「ピトレスクなメッス」、通りの、カフェの、郵便局の光景に長々とふれている（一八七〇年七月二四日）。八月四日のザールブリュッケン占領も、町の「詳細な」描写のきっかけになった。『ル・ラペル』紙では、ジュール・クラルティ、エドゥアール・ロクロワ、カミーユ・ペルタンが「戦争通信」をにぎわせた。彼らによる初期のコラムもやはり同じ発想のものだった。通りがかった地域（アルデンヌ、ルクセンブルグ、アルザス）のピトレスクな描写、（アルザスの）好ましい言語や生き生きした会話が混ざった、アルジェリア軽歩兵の通過に際しての農民たちの逸話と反応。

四二年後、『ル・マタン』紙のために第一次バルカン戦争を取材した特派員たちは、ブルガリア遠征、ソフィア、ハドリアノポリスの鮮やかで生き生きとした描写を提供し、伝統を存続させた。第一次世界大戦のはじめに新聞が掲載したさまざまな現地報告や「戦争の所感」（とくに一九一四年九月の『プチ・パリジャン』のポール・ジニスティの記事）や、同盟国のイギリス兵たちの「カーキ色の軍服にスコットランド風のズボン」を丹念に描写した親切な版の中にも同じ着想が見られる。[20] 同じような調子が「いくつかの町の生理学」や、一九一四年九月末に『プチ・パリジャン』ではじまり、すでに悲壮な色調のつけられていた「ロレーヌの受難の町」のような連作を盛り立てていた。

この種の現地報告とそれに合った軽い調子は、通常戦闘がはじまると、とくに戦闘が敗北や敵の侵略の形を取るようになると終わる。一八七〇年八月一〇日の『ル・ラペル』紙で、カミーユ・ペルタンは「虚勢を張る時期は過ぎ去った」と書いている。

英雄悲劇的戦争

こうして別の形の三面記事化がはじまり、それはおもに戦闘の話に作用した。そうした話とは、本質的には、戦争のエクリチュールの形をいまだ模索し、「多くが「衝撃的な知らせ」という、個人的な、ときには文学的な楽しみに身を任せた」[21]記者や特派員が書いたものである。たとえば『フィガロ』の記者アルフレッド・ドーネーは、数週間前に鉄道事故や死刑執行を語っていたのと同じように戦いについて語っている。戦闘は、なによりもまず息も絶え絶えの大げさな物語を読者に示そうとする、このうえなく純粋に連載小説的な文体で描かれている。

前進！

谷間から発せられた声は、そのみずみずしさによって、砲撃の音を凌駕している。

すると突然、平原の中、われらが兵士たちの赤い列が波打つ。彼らは敵をその場所から完全に追い出すべく、命令をいまかいまかと待ち構えていたのだ。

部隊のうしろでは、鼓手が突撃の太鼓を打ち鳴らし、その息を切らすような音を四方のこだまが伝えている。[22]

たとえば『ル・ゴロワ』改め『戦争新聞』は、フォルバックの戦いをこのように詳細に物語っている。

敵は陣地を失い退却していると思われた。だが不意にその大群が攻撃を再開してきた。森を背に恐るべき砲台を築いていたのだ。

バタイユ将軍は危険を察知した。将軍はいくつもの大隊を戦場へと向けた。その中には第八七部隊第二大隊もいた。

第六七部隊はヴェンデル工場に攻め入り、散弾や一斉射撃の中を、敵の至近距離まで進み、銃で殲滅した。まさに英雄だった。ひとりが三人と戦っていた。だが戦いはあまりに不公平で、これ以上続けることはできなかった。

(…) 突然叫び声が聞こえてきた。

労働者たちだった。「火だ！ 工場に火がついたぞ！」労働者たちは逃げ出した。だがわれらが兵士たちは後には引かない。彼らをこの地獄から引き離すのはほとんど力ずくだった。

(…) 兵士たちは負傷者を助け起こすべく砲台へと走っていった。

傷ついたひとりの中尉が、絶望的な努力をふりしぼって体を起こし、叫んだ。

「死なせてくれ、砲兵隊は君が指揮するんだ」(23)。

この話が基本的な語りの原則に従っていることがわかる。集団の、もしくは全貌を見渡す場面を展開するときでも、いつだって打ってつけのステレオタイプの中で描かれる、勇猛果敢な旗手、危険をものともしない若い士官、瀕死の立派な人間といった人物像を中心に出来事を具現しなければならないのだ。この点において会話は報告のもっとも重要な要素となる。報告は語らなければならないのだ、それもできるなら悲壮な形で。物語は「感動的なディテール」を増やそうとし、必ず少なくともひとつの「胸が張り裂けるような挿話」という、筋立てには欠かせないものを中心に構成されなければならない。ストラスブールの爆撃も、自分の家が爆撃されるのをなにもできずに見ている砲兵隊長の視線からでなければ、すべての意味をなさないのだ。(24) 戦傷者の一団の描写も、記者が混ぜることのできたこの感動的なインサート・カットによってのみ価値のあるものとなるのだ。

息子の姿を見つけ、息子とやさしい抱擁を交わす母親がいた。息子のほうでは母の愛撫に答えるべく希望を確信させてやろうと、こう言った。「もうすぐまた大義のために武器を持てる体になるからさ」。また、友の前にやってきた友や、兄弟の前にやってきた兄弟もいた。どこにおいても、気が滅入っているようなようすは少しも見られなかった。(25)

最初の戦闘とともに、戦争期にあっては市民の平和の時期における伝統的な「人間性の表現」に匹敵する最初の「ヒロイズムの表現」も現れる。それは「ヴァイサンブールとライショーフェンの英雄たち」から、攻囲された都市の「勇敢な守護者たち」にいたるまで、戦闘をホメロス的な方法で、愛国的で叙事詩的な行為の連続としてしか直視していない感のある『戦争新聞』のような、戦闘によって生まれた出版物にとくに頻繁に見られる。九月二二日、この日刊紙(そうこうするうちに『戦争と共和国の新聞』と改名していた）は「ガブリエル・ヴィネ、一五歳と六ヶ月、ロマン（ドローム県）生まれ」というタイトルで、プロシア人をひとり倒した少年の数奇な冒険をたどった。二日後、新聞は「プロシア人を殺した少年」の肖像を外し、「ヴィルジュイフの小さな勇者」に名誉の銃を贈るべく寄付金を募った。

だが、このうえなく模範的な場面を拡散させる役割を担っていたのは、現地報告や通信よりも図像だった。戦争はほどなく規定の主題となり、版画工房はこれに取り組み、おもな雑誌や挿絵入り新聞（『ル・モンド・イリュストレ』、『イリュストラシオン』など）に納品することとなったのである。この挿絵というのは、文章以上に役者たちの身振りに指図する絶対的なレトリックを免れえないものである。つまり図画の方法と語りの規範は同じであり、平和の時代と少しも変わらない視覚的な文法に支えられているということになる。このうえなく読みやすく、どれも対比がきつく、どれも視線や身振りや動き（あげられた両腕、ほとんど演劇的な不自然な姿勢にたわむ身体）に注目した、大量で単純な同じフレーミングが見られるのはそのためである。つねに決定的な瞬間や、悲劇が実を結び筋書きが取り返しのつかないような展開をするであろうその瞬間を見せ、人々の想像に衝撃を与えなければならない、感情的な重責を担ったイメージ。『挿絵入り戦争』が掲載した木版画は、人目を引くけれどもつねに勇敢ないしは悲壮な人物像を中心にした挿話を演出するという、物語のこの役割をよく理解していた（「ヴァイサンブールの戦い。アベル・ドゥーエ将軍の死」、「アルジェリア歩兵隊のルコント伍長によるある伝令係の救出」、「負傷者を起こすよう頼み、敵の砲火を浴びるボーエー閣下」[26]）。

三面記事化の同様の過程は、『プチ・ジュルナル』と『プチ・パリジャン』の有名な挿絵入り付録の版画（ここでは一八九五年から一九一四年を分析する）[27]の中でも始まっていた。この間、戦争が直接フラ

「ヴァイサンブールの戦い。アベル・ドゥーエ将軍の死」

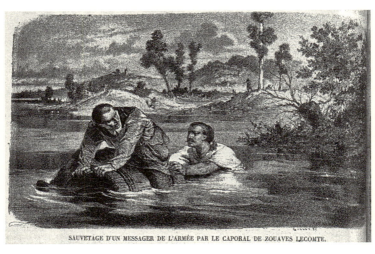

SAUVETAGE D'UN MESSAGER DE L'ARMÉE PAR LE CAPORAL DE ZOUAVES LECOMTE.

「アルジェリア歩兵隊のルコント伍長によるある伝令係の救出」

PLATEAU DE CHAMPIGNY, 2 DÉCEMBRE. — Monseigneur Bauer essuyant le feu de l'ennemi après avoir demandé de relever les blessés.

「負傷者を起こすよう頼み，敵の砲火を浴びるボーエー閣下」

320 Supplément Littéraire Illustré du "Petit Parisien"

LE GENÉRAL BOURBAKI. — LE COMBAT DE VILLERSEXEL

「ブルバキ将軍とヴィレールセクセルの戦い」

ンスに害をなすことはなかったとはいえ、戦闘の場面はかなりの数表現されていた。それは挿絵全体の三・一七パーセント、つまり「救助」（二・八三パーセント）や自殺（〇・五五パーセント）よりもずっと多かったのだ。この戦争のイメージを準備した主題は三つあった。ほとんどが普仏戦争に由来する、有名で勇敢な挿話の想起（「ブルバキ将軍とヴィレールセクセルの戦い」、オフ伍長の冒険、シャンピニーの脱出[28]）と、一九世紀末に世界を揺るがした大きな戦闘の描写（希土戦争、米西戦争、義和団の乱、ボーア戦争、とくに非常に注目され、かなりの場所を占めることとなった日露戦争、そしてバルカン戦争）と、フランス軍を描き出し、原住民の世界と習俗のピトレスクで鮮やかな表象の場となったことで同じく高く評価された植民地戦争（一八九二年から九三年のベハンジン国王に対するダホメ遠征、一八九八年から九九年のラナヴァローナ女王に対するマダガスカル遠征）である。こうした戦闘の場面に、一八七〇年以降かなりの数が存在していたフランス軍の肖像（そこでは将校たちがかなり多く描かれる）と描写を付け加えておくべきだろう。付録に掲載された挿絵の一〇パーセント以上がこうして「われらの兵士たち」の賛美に割り当てられ、雄々しいフランスの一種の年鑑もしくは少々素朴なパンテオンをなしており、その共和国的教育と愛国的道徳に果たした役割はすでに知られているとおりである[29]。たしかにこうした挿絵は厳密に言えば戦争のイメージではないのかもしれないが、それらは、フランス東部での大規模な駆け引きから国境での小さな出来事にいたるまで、国家主義的なにおいの強いこうした出版物が、いくばくかの軍服や旗や煙や衝突なしではありえなかったことを物語っている（そもそも一九〇四年から一九〇六年まで、『プチ・ジュルナル』は別の挿絵入り新聞『軍隊と海軍と植民地のプチ・ジュルナル』によって付録を二倍にしている[30]）。

「政治的三面記事」
『プチ・パリジャン』および『プチ・ジュルナル』の
挿絵入り付録（1895年から1914年）

	『プチ・ジュルナル』	『プチ・パリジャン』
合計（パーセント）	46.85	47.65
政治事件	44.32	37.20
肖像	19.23	35.50
「われらが兵士たち」	21.32	17.40
戦闘	8.28	5.10
植民地のようす	6.85	4.80

こうした版画によって供される戦争の描写もまた、三面記事化のレトリックの要求によって形作られるものである。旅順口区の戦いのように、決定的と判断された戦闘のいくつかは、大きなアングルでかなりの遠近法で描かれはしたものの、戦争はいつだって力が鍛えられ根性が強くなる英雄的行動の学校であるかのように示されるものであるから、個人的な例を中心にしないと真に形にはならないのだった。兵士であれ（「勇者の死。トランスヴァールでのヴィルボワ＝マルイユ大佐」、「吹き飛ばそうとした橋に吊るされた三人の日本人スパイと大佐と二人の中尉」、「旅順口区でのコサック中尉ペトロフの雄々しい死」[31]）、南アフリカの子どもたちを助けるべく集められたフランスの子どもたちのような市民であれ（「小学生の寄付」[32]）。このような個人化ができないときには、武勲はとくに人目を引くような挿話の形を取らなければならず、それは打ってつけのステレオタイプや格好の舞台装置を演出することで、読者に正当に評価されるのだった（「ボーア人たちはイギリス人たちがよこした装甲列車を攻撃する」、「シベリア横断鉄道と電信局をツングース族から守るコサック隊のパトロール」、「遼陽会戦、泥沼に陥った作戦」[33]）。

Deuxième année. — N° 585. Huit pages : CINQ centimes Dimanche 22 Avril 1900.

Le Petit Parisien

TOUS LES JOURS Le Petit Parisien 5 CENTIMES

SUPPLÉMENT LITTÉRAIRE ILLUSTRÉ

DIRECTION : 18, rue d'Enghien, PARIS

TOUS LES JEUDIS SUPPLÉMENT LITTÉRAIRE 5 CENTIMES

LA MORT D'UN BRAVE

Le Colonel de Villebois-Mareuil au Transvaal

「勇者の死。トランスヴァールでのヴィルボワ=マルイユ大佐」

58 Supplément Littéraire Illustré du "Petit Parisien"

LA GUERRE RUSSO-JAPONAISE

Trois Espions Japonais, un Colonel et deux Lieutenants, pendus au pont qu'ils voulaient faire sauter

「吹き飛ばそうとした橋に吊るされた三人の日本人スパイと大佐と二人の中尉」

Seizième année. — N° 818. Huit pages : CINQ centimes Dimanche 9 Octobre 1904

Le Petit Parisien

Le Petit Parisien

SUPPLÉMENT LITTÉRAIRE ILLUSTRÉ

ABONNEMENTS

DIRECTION: 18, rue d'Enghien (10e), PARIS

A PORT-ARTHUR

Mort héroïque du Lieutenant de Cosaques Pétroff

「旅順口区でのコサック中尉ペトロフの雄々しい死」

Huit pages : CINQ centimes
Dimanche 12 Janvier 1902

Le Petit Parisien

SUPPLÉMENT LITTÉRAIRE ILLUSTRÉ

DIRECTION: 18, rue d'Enghien (10e), PARIS

Pour les petits Boers

L'OBOLE DE L'ÉCOLIER

「小学生の寄付」

Huit pages : CINQ centimes

Dimanche 20 Mars 1904.

Le Petit Parisien

Le Petit Parisien

SUPPLÉMENT LITTÉRAIRE ILLUSTRÉ

ABONNEMENTS

DIRECTION: 18, rue d'Enghien (10e). PARIS

LA GUERRE RUSSO-JAPONAISE

Patrouilles de Cosaques gardant le Transsibérien et le Télégraphe contre les Tongouses

「シベリア横断鉄道と電信局をツングース族から守るコサック隊のパトロール」

「遼陽会戦，泥沼に陥った作戦」

『ル・マタン』紙の報告をつうじて把握されていたバルカン戦争の例は、現地報告のやり方が明らかに発展したにもかかわらず（一九一二年一〇月一六日の版で『ル・マタン』が長々と述べる手はずは一八七〇年夏のものよりもはるかに大がかりである）[34]、戦争の報告方法が、この二〇世紀の初期、一八七〇年のものとかなり似たままだったことを示している。通信網と特派員網の複雑さによって、短信、至急便、電報などはきわめて細分化していたものの、二種類の物語の特徴がきわだっていた。より匿名で一律で事実に基づいた編集部や出版局による物語と、三面記事的なレトリックによるところの大きい特派員の物語。みずからの権威に自信を持つようになった記者が演出してはばからない、とはいえ戦争描写の中心に据えることのできるような、他とはちがう挿話や胸が張り裂けるような詳細を依然として待ち構えている、より雑多な物語である。よって「仲間とともにいちばんに国境を越える栄誉を受けられなかった」ブルガリア将校の自殺や「セルビアの負傷兵たちの感動的な会話」に照明が当てられるのである。[35]

こうした雄々しく、悲愴、もしくは悲劇的であるもののつねに三面記事の視点で検討される戦争描写の方法は、第一次世界大戦中も大々的に続けられた。そしてこうした物語と同様「洗脳」をも求めて、塹壕の新聞はそびえ立つことになるのである。[36]「武勲」の報告は当然そこでも大きな位置を占めた。たとえばこれはツェッペリンの倉庫の破壊を命じられた勇敢な航空兵プリュドモー(「昨日までは伍長、今では下士官」)の話である。「鉄が雨あられと降る中、何百もの砲撃を受けながら、伍長は支持された倉庫の二千二百メートル上まで上昇し、弾丸を投下した」[37]。もしくは戦争の絵と植民地のイメージと一八七〇年の記憶の愛国的な高まりを結びつける、頻繁で派手な「アルジェリア軽歩兵の装填」もそうである。「こんにちのプロシア人たちはわれらがアルジェリア軽歩兵、われらがモロッコ人、われらがセネガル人を前にしたとき、四四年前に自分たちの父親がわれらがアフリカ兵たちの武力を前に逃亡することとなった極度の「恐れ」を思い出したのだった」[38]。同様に、とりわけ看護婦たちの立派な献身や、「若い砲兵が父親に宛てた手紙」であれ、反対に息子の死体を引き取りに来たカステルノ将軍の威厳ある苦悩であれ、家族の私生活の中に戦争が入り込むことによって起こる家庭の悲劇も評価された。[39]だが一九一四年の新聞が導入したのは、数からも規模からも、敵の野蛮さについて反発を抱かせるような描写だった。こうした「ドイツ人に撃たれる雄々しきフランス」や、ひどいときには「助けに来てくれたフランス人の将校たちを卑劣にも銃で打ち倒す二人のドイツ人負傷兵」の「野蛮人の手口」を演出することで、三面記事の月並みなテーマは、このころ総動員の状態にあった戦争の文化からの要求に結びついたのだった。[40]

逸話的な戦争

戦争状態への定着、さもなくば戦争の日常の秩序への融合と時代的に一致する三面記事化の三つめの方法は、戦闘の関心の中心が「わき」へ、出来事が周縁および周縁がもたらす数多くの「一風変わったこと」へと移ったことの中にある。ある意味本質的でないものへの、三面記事特有の、しかしいままでは戦争の世界にささげられた分野への回帰である。

こうしたわけで、一八七〇年七月の終わりから、新聞は多くの場合「戦争コラム」(『戦争新聞』)であるとか、ときには「三面記事」と題された欄の中に、一連の奥行きのない小さなニュースを並べるようになったのである。このタイトルのもと、軍隊の報道の有り合わせを載せた『戦争ニュース』の場合がそうである。部隊の動き、任命、勲章、新しい部隊、寄贈、寄付金だけでなく、ただの窃盗、スパイや偽愛国者の逮捕、ときには乗合馬車会社〔第一次世界大戦中、乗合馬車は前線との輸送に使われた〕所属の馬たちの軍団の配置の知らせといった取るに足りないニュースも。同じ新聞はもう少し後になると「逸話新聞」というタイトルのコラムをはじめたが、編集者はその目的をはっきりと伝えている。

逸話新聞というこの欄で私が新聞の軽薄な分野を回復して目指しているのは、読者たちの目の前で、フランス全体がなくならないかぎり死ぬことのないあのフランスのエスプリのきらめきを光らせて、彼らの気を戦争の不安からそらせることである。(41)

こうしてこの逸話新聞からは、号が増えるに従って、アルジェリア歩兵隊があまりに急いでいたためナンシー駅の窓から飛び降りたとか、ある老紳士が自宅の前を行進していた選抜歩兵たちに葉巻をふるまったとか、アルジェリア軽歩兵二人が「息もつかず眉ひとつ動かさず」ワインの大樽をあけてしまったといったことを教わるのである。同紙は高く評価され、『戦争新聞』のようなほかの新聞にもすぐさま模倣されたのだが、『戦争新聞』の執筆空間は「軍隊コラム」、「逸話新聞」、それに「三面記事的事件」という、さまざまな連想をさせてくれるタイトルを持つ三つの欄でほとんど埋め尽くされていた。『戦争通信』では、同じ精神にもとづいた「戦争と戦士たち」というコラムが、「ジョッキー・クラブでも指折りのスポーツマンである」X氏が腹話術の才能を用いてドイツの槍騎兵六人を捕えた「お手柄」のような、逸話や面白い話でいっぱいだった。(42) 攻囲戦の間には、『プチ・ジュルナル』に載せられた「昨日一日の挿話」がしばしば同じような性質の情報を集めていた。それから版画ももちろん「ブーローニュ動物園の象たちの畜殺」(43)のような場面を好んで見せていた。あのきわめてまじめな『ジュルナル・デ・デバ』までもが、記事の中でエドモン・アブーとルイ・ラチスボンヌにプロシアの大砲の音が「ブン」か「ドゥン」かについて論争させてしまうほどだった。(44)

こうした種の情報は、社会機能が以前ほど危機的でない状態に戻ったことを示しているわけではあるが、大衆新聞というものが逸話的な視点や異国的な視点、それに驚くべきとか特異なといった詳細の視点からしか世の中を語れないことをも示している。『ル・マタン』紙ではバルカン戦争の間、軍事的な現地報告は早くも「戦争外伝」(45)と呼ばれたものに、それも写真を入れられそうなときにはとくに関心を示した。セルビアの羊飼いはどのようにして兵士たちをその笛の音で操ることができたのか？　かつら

「ブーローニュ動物園の象たちの畜殺」

売りたちはどのようにして予備軍人たちの頭髪を刈ったのか？　鉄道での移動中、見張りの交代はどのようにして行なわれるのか？　一九一二年一〇月二七日に始まった「戦争について」という欄はこの類の情報に特化しており、出版を重ねるにつれて戦地に関するさまざまな不思議に言及し、ときには「ブルガリアのある母親の勇ましい言葉」まで盛り込むのだった。[46]

一九一四年においても反応は同じだった。一九一四年一二月七日以降、『プチ・パリジャン』はほとんどが逸話的戦争に割かれた「見聞録」という題の欄を作り出した。たとえば行方不明になったと思われていたもののじつは兵士の行進に夢中になって迷っていただけだった一二歳の「小さな勇者」アンドレ・コフマン少年の例である。[47]　または小銃を手に一ヶ月以上も塹壕の中で過ごしていたサン＝ディエの家出癖のある少年（一四歳）の例である。[48]　もっとも意外なのが、部屋の天井にう

「闘牛がドイツ兵を突き飛ばし踏みつける」

ごめいた幻影の中で戦争の未来と結末を予知したロデズ近郊のレンヌに住む八歳のルイ・プラ少年の模範的な話である[49]。女性もまた子どもと同じくらい、この三面記事という印刷された前線においては特別に選ばれた役者だった。こうして「遠征に参加するべく士官に変装したイギリスの女性飛行士」の冒険や、よりよい例としては、モーの砲撃に向かうべくアルジェリア歩兵に変装した勇ましい洗濯女の冒険が長々と繰り広げられるのだった[50]。こうしたまなざしは、当然のことながら、『プチ・ジュルナル』の付録が一九一四年九月にふたたび現れたとき戦争に向けて抱いたまなざしでもあった（『プチ・パリジャン』の付録は一九一二年になくなっている）（「闘牛がドイツ兵を突き飛ばし踏みつける」、「あるセルビア人がオーストリア人に生きたまま焼かれる」、「オーストリアの将軍が縄に引っかかる」[51]）。

数ヶ月もの間フランス人の弾丸を避けるべく塹壕に体を丸めてとどまることを余儀なくされていた、営倉の「巨大な〔kolossal〕」ドイツ人兵士の写真のように、

「あるセルビア人がオーストリア人に生きたまま焼かれる」

「オーストリアの将軍が縄に引っかかる」

SEPTIÈME ANNÉE. — N° 1880. LE NUMÉRO : 10 CENTIMES. — ÉTRANGER : 20 CENTIMES Samedi 8 Janvier 1916.

•EXCELSIOR•

Journal Illustré Quotidien

Informations - Littérature - Sciences - Arts - Sports - Théâtres - Élégances

LE PRISONNIER "KOLOSSAL"

Cet Allemand a été pris dans les tranchées de l'Est où la vie devait lui être particulièrement dure, tenu qu'il était de marcher fortement incliné pour éviter les balles françaises. Son passage dans les villages de l'arrière a excité une vive curiosité.

「巨大な」ドイツ人兵士

戦争の奇妙な場面をとらえるのに成功すると、写真もまた大々的に拡散せずにはいられなかったのだった。[52]

つまるところ戦争は、大衆ジャーナリズムの機能や構造に、表面的にしか作用しないということになる。あたかも編集部が、課された主題について、新聞の精神も文字も変えることなく論じはじめたかのようにすべては動いた。一気に、それも構成をたいして変化させずに戦争に突入した連載小説にならって、[53]三面記事も急速に軍事化し、それまでの保護区域を離れたのもみずからの適応能力と混交能力とを誇示するためだったのである。こうした現象にも限度があったであろうことは指摘しておく必要があるだろう。社会の骨組みや基準が容赦なく緩んでしまうほどまでに戦争の暴力性が増し、死や危険が遍在するようになったとき、三面記事は全面的に姿を消す。それに、取り上げられた話もひとかたまりにされたからこそ三面記事だと言えるのであって、この言葉の意味は広義に捉えることもできるかもしれない。とはいえ、三面記事はその規格どおり、社会の典型的なところと逸話的なところしか取り上げず、三面記事が行なう単純化はなによりもまず教育と教化を目的としていた。出来事はそこでは、たえずパノラマ（可能な範囲からはなにも閉め出さない）と、私的なディテールや単なる感情や個人的な例のようなこのうえなく小さなものとの間で揺れ動く、複雑な選択の働きのなかで固定された形以外では決して知覚されない。この二重の集中が描くプリズムから、大衆新聞にとっては現実にたどりつく唯一の方法であり、世の中について考える唯一の方法であるところの、人目を引くものが生まれるのである。ところどころで叙事詩に属してはいるものの、三面記事は主人公を人間の大きさに戻し、明白な事実を思い出させ、常識に語りかける。読者は「そこに自分の居場所を見出し」、物語の中に人間の持つあらゆる人間的なもの、人間的すぎるものを見出さなければならない。三面記事はまずそこに、ふつうの人間の大きさに戻された叙事詩の象徴体系の中に、そしてその象徴体系が持つレトリックの中に存在するものなのかもしれない。

第12章　一九一四年から一九一八年にかけて

連載小説の終焉？

「戦争です。人々は戦い、フィクションの時間は過ぎ去りました。明日、農夫は兵士に、小説家は歴史家になるのです」。第二帝政期の連載小説家の中でも知られていたポンソン・デュ・テライユは、一八七〇年、このような言葉で、進行中だった連載を中止するべく『プチ・モニトゥール』に手紙を送った(1)。その数週間後、ポンソン・デュ・テライユはパリを発ち一軒家を所有していたオルレアンに向かい、そこで遊撃隊を組織し、遊撃隊は彼の所有地が占領・破壊されボルドーに亡命せざるをえなくなるそのときまでバイエルン人たちと戦い、そして彼はボルドーで一八七一年に死亡する。ほかの何人かの連載小説家たち（ジュール・マリ、シャルル・メルーヴェル、ギュスターヴ・エマール）もならうこととなったこの有名な例にもかかわらず、連載小説というジャンルは戦争によって埋もれることなく、すぐさま新しい状況に適応した。戦争下にある国において連載小説は時宜を得ているのかという問題は、もちろん一九一四年にも、まったく別の状況ではあるが提起された。帝政末期から絶え間なく増大してきた新聞と「一階」〔連載小説が掲載されていた、紙面のいちばん下の段〕はこのころ「黄金期」にあり、それはフランスではメディア文化の元年という黄金期でもあり、[2] その市場は、経済、政治、社会いずれの点でも一八七〇年のものとは比べものにならなかった。一九一四年に始まった戦争が、その激しさ、長さ、荒々しさによって、フランス人の意識と歴史にとってどれだけ重大なトラウマになったかは知られている。こうした状況下で、編集部と連載小説家はどのような態度を取ったのだろうか?「アトリエ」の解体、紙の数量制限、「戦争文化」[3] への義務的貢献といったいくつかの一般的なことがらは除いて、歴史家の注意をいっさい引いてこなかったこの問題は、いまだに知られないままでいる。というのも戦争中の新聞は、これまで検閲や「洗脳」の視点からしか考えられておらず、[4] まれに連載小説に関する研究があっても、この時期については短く一部不正確な説明しかせず、第一次世界大戦の歴史学は、その改定にもかかわらず、大量消費新聞・大量消費フィクションの問題についての特別な研究を生み出しはしなかったからである。

ここからのページは、こうした空白を埋めようという野心に従ったものではもちろんないし、対象もやはり限られている。ここで問題とするのは、こうした生産物が「戦争文化」にどのような貢献をしたかよりも、戦争が流通や、定期性のリズムや、連載小説の形式にもたらした変化である。その背景には、この二〇世紀初頭における「メディア」制度の影響力についての問いや、また全面戦争によって引き起こされた衝撃と動揺にこの制度が耐えられたのかについての問いもある。したがって、基準となる一九一三年から一九二〇年までの間に「四大新聞」[5] に掲載された一五〇作品近くの連載小説という資料から、戦争によって掲載の方法とリズムに、連載小説家の社会に、それからテーマとジャンルの伝統的なバランスにもたらされたであろう大転換に注目してゆきたい。

掲載の方法とリズム

■戦争前夜、連載小説の黄金期

一九一三年、大量発行新聞は、四半世紀以上前から始まった発展を続けていた。抑えることのできない文化的現象にはつねに不安を抱くエリートたちによってその習わしは批判されていたが、それでもこうした新聞の経営は一般には、正当なもの、さらには社会全体の同化と民主化に付随する抗えないものであるとさえ感じられていた。「大衆」新聞というこの複雑な制度のなかで、連載小説の立場には少しも異議がはさまれず、編集部は人気作家たちのためならきわめて高額な売り出しキャンペーンにも投資をいとわなかった。どの編集部もこのころは日刊連載小説を最低二本は載せていた。

この点でもっとも積極的だったのは、数年前からフランスで一番の日刊紙として頭角を現してきていた『プチ・パリジャン』である。そこでは幹部たちによってまさに連載小説の「かけ引き」が行なわれていた。文書のスペースのうちでも特別な場所（二ページめと三ページめ、ときには二ページめと四ページめの「一階」）を占め、熟練の広告戦略を受けた、切り分けられた、長く、画一化した（平均一一六回）小説が掲載されていたのである。超人気作家たちが受けていた掲示キャンペーン以外にも、連載小説の新作はすべて第一面のヘッドラインに発表の一週間前から告知がなされた。こうしたことのすべてから、強い職業精神が生まれた。たとえば、まだ前作が完了しないうちから読者を新しい連載小説の顧客にすべく、「一階」の継承はつねに重複する形でなされた。そのため日刊紙が三本同時に掲載する時期が一年に六回か七回はあった(6)。収益の見込める連載小説に関しては、日刊紙がしばしば次の回の分も載せてしまうことを加えるならば、たった一つの号で一日四つの「一階」を載せることもできたということになる。たとえば一九一三年一月二〇日がそうで、この日『プチ・パリジャン』はジュール・マリを一回分、アリスティッド・ブリュアンを二回分、それにジャック・ブリエンヌを一回分掲載したし、また二月末もそうだった（ジュール・マリ一回分、アリスティッド・ブリュアン一回分、アンリ・ケルール二回分、文章スペースで言えば一五パーセントにあたる）。一九一三年一月から一四年八月にかけては、同紙は一日あたり二・一の作品を、二重の回を考慮に入れれば二・五強の作品を掲載しており、これはかなりの空間を占めていた。六ページ、日曜日やニュースの多い日には八ページにものぼった『プチ・パリジャン』では、連載小説の空間は総文章量の九パーセント以上を占めている。

この時代、日刊紙のなかでもっとも創意にあふれていた『ル・マタン』紙では別の展開が起こっており、同紙の模範的な作家たち（ガストン・ルルー、ミシェル・ゼヴァコ、ルネ・ビュール、ジャック・フェルランなど）による一年間に合計八、九作品にものぼる全百回以上の長い小説と、もう少し短い、ときには短編小説とが組み合わされ掲載されていた。通例は四ページめと六ページめの一階に二作品で（初回だけは、発表から一週間の間は二ページめに載せてもらっていた）、二回分まとめてというのは一度もなかった。『プチ・パリジャン』にくらべて告知も含めて全体的に量は少なく、より地味であったが、やはり同じくらい職業的であった。八ページの『ル・マタン』では、連載小説は総文章量の六・二五パーセントを占めていた。

別の二つの「大」大衆新聞も、それぞれの特殊性はあるものの、こうした状況を証明している。『プチ・ジュルナル』では、おもに長いもの（全一二〇回以上）、そしてもっと長いものまで（全一五〇回、さらには全一七五回まで）、一年間に八、九作品が掲載された。全体的には一日あたり平均二・一二「階」（総量の八パーセント）に達しており、このことは定期的に二つの連載小説が存在していたこと、そして『プチ・パリジャン』のように三つの連載小説が載る重複の時期もあったことを表している。『ル・ジュルナル』では状況は異なる。四ページめと六ページめに置かれた「一階」は、二つの編集路線が組み合わさったものだった。ひとつは連載小説の路線（ピエール・サル、ピエール・スーヴェストル、それにマルセル・アラン、レオン・サジなどの署名の入った「大小説」）、もうひとつは『ル・ジュルナル』の当初のやり方の伝統に則し、より「正当な」分野出身の作家たちによる短い文章、短編小説、小話、回想記を載せる、より「文学的」な路線である。(7) よって、一九一三年には一九作品が掲載されたにもかかわらず、『ル・ジュルナル』は大量出版された日刊紙の中でもっとも連載小説色が薄い。しかもその二つの「一階」は、きわめて膨大なページ数（一九一三年には八ページ、ときには一〇ページになることもあり、一九一四年二月以降はそれが慣例となったうえ、一二ページにまで膨らむこともあった）の中で減ってゆき、連載小説には限られたスペース（六パーセント以下）しか残されておらず、そのスペースもますます減っていったのだった。

■ 一四年八月、衝撃の波とその限界

召集は、事務所や工場を空にし、当然のことながら編集部の構成をも乱すこととなった。とはいえ地方新聞や、そこまで定着していなかった新聞にくらべると、全国的な一大日刊紙はこうした乱れにもうまく耐えることができた。(8) 新聞という分野が本当に変質させられるには、敵の侵攻による衝撃が必要だった。たとえば一九一四年七月末の、それまでに例を見ないほどの大量の出来事(アンリエット・カイヨーの裁判と外交危機)をもってしても、連載小説の重要性はまったく変わらなかった。一九一四年八月一日、『プチ・パリジャン』が「悲劇的な時代」と題してジョレスの暗殺、およびやがて召集につながる外交的・軍事的悪循環を伝えた日、連載小説(この日に始まったルネ・ヴァンシーの『涙の乙女』二回分、メルーヴェルの一回分、それにジャック・ブリエンヌの第四回め)は文章スペースの一五パーセント以上を占めていた。その翌日、召集が告知された日にも、連載小説は全体の一一・五パーセントを占めていた。敵の侵攻と戒厳令によって、それに関連するなんの説明もなされずに連載小説が姿を消すことを余儀なくされたのは、八月三日になってからのことだった。たしかにこの日、新聞は二ページしか出なかった。ある意味で驚かされるのは、連載小説がこのように抵抗していたことよりも、ここまで急に消えたことであり、それほどまでにその存在は「大衆」日刊紙と不可分だったのだ。事実、八月三日以降、「一階」の廃止(停止?)をもたらしたのは、編集部の決定などよりも、物質的な事態と紙の欠乏であった。

紙の配給のこうした仮借のなさとそれによって新聞に生じたページ数の削減は、しかしながら短期間のものだった。侵攻は阻止され、前線は安定し、新聞の制度は緩和されたのだ。北欧のパルプが届いたことに安心したおもな大量部数の日刊紙は、一九一四年一〇月のはじめ以降、四ページで出す許可を得、一九一七年のはじめまでこのページ数を維持することとなり、一九一五年にはときとして六ページに達することもあった。いまや戦争が長くなることがわかり、また読み始めるのがよいだろうとなったのだ。連載小説が戻ってきたことによって、ページ数はほぼ一気に四ページに変化した。一〇月中旬には、「一階」がふたたび各紙に現れた。頑なな風説とはうらはらに、「連載小説が姿を見せる四ページの号に再会するのには何ヶ月もの間待つ」必要などなく、たった二ヶ月で済んだのであり、中断した連載小説のうちでも「永久に停止」となるものはほとんどなかったのだった。『プチ・パリジャン』では再開されなかった小説は二作品、ジャック・ブリエンヌの『森の妖精』と、八月一日に開始され、作者も再開する気がなかったと思われるルネ・ヴァンシーの『涙の乙女』だけだった（ヴァンシーはほどなく同紙に別の連載小説を載せていることから召集されてはいなかったわけだが、おそらく「共同執筆者」たちは召集されていたのだろう）。『ル・ジュルナル』には、一九一四年に「忘れ去られた」シャルル＝アンリ・イルシュの『ボクサーのプチ・ルイ』の結末が一九一八年の夏に掲載された。ほかのどの新聞でも、一九一四年の八月に中断されていた連載小説は、少々段階的なこともあったが、つねにあらすじと要約を伴って、あたかも紙面に帰ってきたのは当然といったふうに、編集部からのいかなる説明もなしに一〇月に再開されたのだった。[9]

そのとき支配的だったのは二つの論理だった。一方では、『ル・マタン』や『ル・ジュルナル』に見られたような、比較的慎重な論理である。停止されていた小説がひとたび終わると、どちらの新聞も日刊の「一階」はひとつしか出さず、そのため連載小説には、ページ数の削減を考慮すると、これらの新聞の編集構成における安定した位置が残されることとなったのだ（六・二五パーセント）。反対に二つの『プチ』においては、連載小説は極端な形で戻ってきた。『プチ・パリジャン』は一本の小説しか再開しなかったとはいえ（シャルル・メルーヴェルの『失われた血筋』）、慣例どおり一階に二つの場所（三ページと四ページ）を与え、それによって連載小説の空間は全体の一一・三パーセントになったのだ。一〇月一七日以降、『プチ・パリジャン』は、一九一二年に大成功した演劇『フランス女の心』の続編である[10]、アルチュール・ベルネッドの『ヴィルヘルムの女スパイ――戦前にあった本当の話』という新しい小説を紹介するための派手なキャンペーンを開始した。一一月二二日、通常の二回分の連載小説のほかに、『プチ・パリジャン』はベルネッドの小説に四ページめの巨大な広告スペースを割いたのだ。その日、この連載小説は、この余禄を含めると執筆空間の三六パーセント以上を占めている。ベルネッドのテクストを読むだけで、こうした用地獲得が正当なものであることは納得された。この小説はそれ自体ひとつの戦争行為だったのだ。以降、この新聞は三つの「一階」（ベルネッド二つとメルーヴェルひとつ）を四ページ、全体の一七パーセントにわたって載せた。分量はのちに少しずつ増えていった。

『プチ・ジュルナル』では、連載小説はより極端な条件のもとで再開された。八月に中止されていた二つの小説が一〇月に再開されただけでなく、ただちに三つめの小説がそこに加えられたのだ。一一月一五日から一二月九日にかけて、同紙にはこうして三つの連載小説が掲載され、それは年末には戦前のリズムと定期性、それに段階的に増加してゆく執筆の分量（一一・八五パーセント）を取り戻したのだった。そしてあらゆる批判を遮るべく、『プチ・ジュルナル』は『プチ・パリジャン』よりもずっと先を行き、古いジャンルである愛国的なスパイ小説ではなく、一九一四年一一月一一日という前触れのような日に掲載が告知された、ポール・スゴンザックの『ここにおります！』という、初の、ほんとうの戦争小説を掲載したのである。

連載小説の影響力

こうした編集の首尾一貫性は戦時中も続いていたわけであるが、もっぱら紙の数量制限の変化に由来する二つの時期《シークエンス》が見られた。一九一七年四月までは、一九一四年夏に描かれた図式の中にとどまっていた。『プチ・ジュルナル』と『プチ・パリジャン』は勢いにまかせて少なくとも二つ、開始するときやまとめるときには三つの日刊連載小説を、必要とあらばそれぞれの小説に大きな広告の仕掛けもつけて掲載しつづけていた。たとえば一九一五年一月三一日、ジュール・マリの『血まみれの道で――第一次世界大戦の物語』は『プチ・パリジャン』に、数ヶ月前に『ヴィルヘルムの女スパイ』にしたのと同じくらい堂々とした誇大広告をさせている。『ル・ジュルナル』と『ル・マタン』もまた、日刊連載小説はひとつしか載せないという立場にとどまったが（『ル・ジュルナル』では「勇敢な小話」シリーズがそれを補っていた）、これから見てゆくように愛国的諸問題の中にがむしゃらに没頭していった。とはいえ一九一六年のはじめ、『ル・マタン』が二つの『プチ』に同調するという変化が起こった。三月一日以降、ビュノ＝ヴァリヤの日刊紙（『ル・マタン』のこと。モーリス・ビュノ＝ヴァリヤは同紙の編集長）は同じように一日に二つの連載小説を載せ、これによって、きわめて削減されたページ数の中でも戦前のリズムを取り戻したのである。こうして日刊連載小説をひとつしか載せないのは『ル・ジュルナル』だけとなったが、その特徴は変化した。あたかもこの困難な時代（新聞は読者を失い続けていた）にあってはライバル紙のしている方法に従わなければならなかったかのように、短編小説や短い話が少なくなった反面、小説は多くなり、長さも増したのである。このような相違はあれ、連載小説は戦時下のフランスでその権利と快適さとを見事に取り戻し、それに見合って大きく増えたスペースと、とりわけ激増した発行部数に恵まれたのである（一九一四年六月の五五〇万部から一九一七年の八二五万部へ）[11]。このころ二百万部に達していた『プチ・パリジャン』や一六〇万部印刷していた『ル・マタン』において、連載小説は間違いなく最高の時代にあった。

状況が真に変化したのは一九一七年に入ってから、このころふたたび起こっていた紙の危機によってであった。一九一七年二月七日のデクレは消費を大幅に減らすよう命じたし、一九一七年四月三〇日のデクレは週に四日は二ページに減らした版にするよう日刊紙に強制したのだ[12]。これは新聞の価格が一九一七年九月には一〇サンチーム、一九一九年一月には一五サンチーム、同年六月には二〇サンチームに上がっていただけに厳しい要求だった。四ページでの出版の許可が増えはしても、それが日常的になるのは一九一九年三月になってからのことだった（配給は一九二一年六月まで続いた）。当時の新聞がこうむっていた「危機」の責任は、幾度となく指摘されてきた新聞と読者の間の無理解だけでなく、こうした物質的状況にもあったのだ。

何度も二ページに移行することで、一九一七年、掲載される「連載小説」は目に見えて減った。連載小説は一本しか組み入れていなかった『ル・ジュルナル』では、連載中の小説を一日か二日省くことで事は単純化された。『ル・マタン』ではよりはっきりと減少し、長い間（二月二四日から九月七日）、確かな能力のある人物（ルルーやゼヴァコ）が署名した連載小説を、一本だけしか掲載しなかった。『プチ・パリジャン』と『プチ・ジュルナル』でも現象は同じようなものであったが、不足していた期間は限られていた（四月のはじめから九月の終わりまで）。それでも小説掲載の一日平均の伸び悩みが妨げられることはなかった（『プチ・パリジャン』で一・三六本、『プチ・ジュルナル』で一・四五本）。

一九一八年も減少は続いたが、日刊紙は二本の連載小説を、一本は定期的に掲載し一本は間欠的に、ページ数の制限に合わせて組み込むという打開策を打ち出した。こうして『プチ・パリジャン』では、ジュール・マリの『貪欲な連中』の全一〇六回が、六ヶ月近くの間、一回一回掲載されていった。『プチ・ジュルナル』ではアルチュール・ガロパンの『見えない船』全八八回が五ヶ月以上も続いた。一本から二本（もしくは三本）の連載小説を翌日に移すこのやり方は、編集部にとってのこの「素材」の重要性と、そしてその影響力を減らすまいとする配慮を物語っている。こうして一九一八年に五百強の「一階」しか掲載しなかった（一日平均で言えば一・四三本）『プチ・ジュルナル』では、一年の間つねに二作品が連載中であった。一九一九年、そして一九二〇年には、減らされたページ数の中で載せなければならない大量の情報に迫られて、編集部は「一階」の一部を捨てることに決めた。間欠的に二つの日刊連載小説を組み込み掲載しつづけていた『プチ・ジュルナル』を除き、ほかの新聞は掲載を一本に限ったが、それにより『プチ・パリジャン』のように、二回分載せることも可能になっていた。

つまるところ、一九一七年以降になってようやく本格的に現れた連載小説の相対的減少は、倫理的ないしは愛国的な理由によるものでも、戦争によって生じた無気力状態によるものでも、表象や「世界の見方」の大転換などによるものでもなかったことがはっきりとわかる。それは物質的な強制で、出版媒体に、紙というこのうえなく明白な面で作用するものだったのだ。こうした意味では、掲載間隔のこのゆらぎは、物質の流れとその規則性および拘束を左右する、メディア的で商業的な論理の中にのみあったということになる。

戦時中の連載小説家

言うまでもなくここでは戦争によって作家たちの集団や社会学にもたらされたすべての大転換について考えることが問題なのではない。戦前についてはいくつかの革新的な研究[13]によって始められているこうした研究は膨大な参考資料の源を必要とするものであり、それは『ル・ジュルナル』の古文書を開けば集められるのであろうが[14]、本章のもともとの目的からはそれてしまうことになる。よってここでは、取り上げられた新聞の「一階」から集められた署名をもとに、戦争中に編集部と作家たちが見せたおもな態度と反応を評価するにとどめたい。

■連載小説の足場

連載小説家たちの小宇宙が呈したもっとも明らかな特徴は、作家たちがほとんどまったく刷新されなかったことにある。有名な同じ名前が次々に現れつづける「一階」では、召集はいかなる影響ももたらさなかったのだ。その原因はまず構造的なものである。一九一四年に大型の全国版日刊紙と契約した作家たちは、ほとんどが連載小説の大作家たち、かなりのキャリアのある有名な小説家たちだった。多くが第二帝政期に生まれた彼らは一八八〇年代の終わりや一八九〇年代に連載を開始し、二〇世紀のはじめには仕事の成果を得ていた。とりわけ一八五〇年生まれのジュール・マリ、アンリ・ジェルマン（一八五五年生）、ピエール・ドゥクルセル（一八五六年生）、ミシェル・ゼバコ（一八六〇年生）、レオン・サジ（一八六二年生）、モーリス・ルブラン（一八六四年生）がその例である。多くが五〇歳を超えていたため召集を免れ、編集部からの依頼は彼らにますます向かうこととなったのである。ポール・ベルトネ（一八四六年生）やシャルル・メルーヴェル（一八三二年生）のようにもっと年老いた作家もいたが、そのことがかなりの数の小説の連載の妨げになることはなかった。だが戦争と召集は、この時期なぜ新しい署名がほとんど現れなかったかも説明してくれる。戦前有名作家の「秘書」や「アトリエ」の賃金生活者として疲れ果てていた若い作家たちはほとんど召集されてしまったからだ。自動車の運転という補助的任務に配置され、一九一六年に退役して『プチ・ジュルナル』に入るまで小さな作品を書き続けていた一八八五年生まれのマルセル・アランは例外なのである（彼のデビューにすさまじい急発進をさせることとなった『ファントマ』の成功のように）。それに対してほかの多くの若い作家たちは、戦場で殺されたり出世のネットワークから切り離されたりして、文学に関しては絶望的となった。より驚かされるのが、連載女性作家たち（リーズ・パスカル、マルセル・アダン、ジャンヌ・ランド、このほかいくつかの男性名のペンネームも加えられる）がほとんど駆り集められず、この状況を利用して作品を発表することができなかったことである。[15] じっさい、あたかも誰よりも確たる地位を持つ作家たちがその地位を強め、全国紙における立場を維持するべく立ち向かっていたかのようにすべては進んだ。この規則の唯一の例外が、第一次世界大戦の立役者たちが書いた（もしくは書いたと称している）作品だった。一九一五年『ル・マタン』に『炊事係の王様』を載せた「ポワリュ」（とはいえイヴ・オリヴィエ＝マルタンはジュリアン・プリオレとマルセル・プリオレの作品ではないかとしている）[16] がそうである。もしくは一九一九年に『プチ・ジュルナル』の「一階」のいくつかの物語に署名したレナル少佐やマドン大尉がそうである。しかしこうした例も、有名作家と人気作家による過度の表象が目立つ大部分を覆い隠すことはできなかった。

■自社作家たち

このように作家が刷新されなかったことによる結果として現れたもののひとつは、このころ日刊紙が自社の作家たちの小集団に見せていた自閉である。各紙とも戦前にくらべて競走馬をさらに管理しており、脱走はまず見られなかった。唯一アルヌー・ガロパンのみが、『ル・ジュルナル』と『プチ・ジュルナル』にえり好みせず書いていたようで（それぞれ四作品）、より小さな範囲では『プチ・ジュルナル』に定期的に連載していたのに一九一六年六月、『ル・ジュルナル』に『ボシュマール』を提供したレオン・サジが規則を破った。その他の者たちは、地方紙や別種の定期刊行物に連載しても、牡馬を集めて世話するパリの編集部にとどまっていた。よってパリで頻繁に見られていたのは、一九一三年にくらべてずっと多くの作品がこの戦時中に集中するという現象だった。

このようなわけで自社作家たちのがっしりとした集団がすでに存在していた『ル・マタン』では、連載小説家たちは同紙のためにさらに生産させられ、彼らひとりひとりが連載する小説の平均は一年間に一・三から一・七本にまでのぼっていた。この現象はとりわけガストン・ルルーやミシェル・ゼヴァコ、ピエール・ドゥクルセルやアンリ・ジェルマンといったもっとも威信のある作家たちに影響することとなり、彼らにとって戦争とは仕事量の増加を意味したのだった。同じような集中は『プチ・ジュルナル』にも見られ（作家あたり平均一・二から二作品）そこではさらに多くの小説を発表したポール・スゴンザックや、ポール・ベルトネ、レオン・サジ、マルセル・アランといった大家たちが確立されていた。

だがこの現象がもっともはっきりと現れたのは『プチ・パリジャン』でだった。一九一三年から一九年にかけて、作家あたりの平均作品数は一・四から三・四に増えたのだ。三人のリーダー（ジュール・マリ：七作品、シャルル・メルーヴェル：五作品、アルチュール・ベルネッド：五作品）に率いられ、彼らには追随者たちがぴったりとくっつき（アリスティッド・ブリュアン、ルネ・ヴァンシー、ジャック・ブリエンヌ）、同紙では自社作家の小集団が連載小説空間を引き寄せていた。『ル・ジュルナル』（当時アンリ・ド・レニエが文芸欄の編集長だった）のみが、伝統ゆえに外部の作品を多く集める習わしにあり、本当の集中は知らずにいた。とはいえ一九一六年以降、同紙もまた寄稿家たちを減らし、アルヌー・ガロパン、モーリス・ルブラン、シャルル＝アンリ・イルシュ、アルベール・ボワシエールといった、才能と利用可能性を把握できている少人数にさらに依頼する傾向を見せるようになる。

■海外での抵抗

海外、とりわけアメリカの小説の侵入というリスクは、起こりやすかったにもかかわらず、部分的に避けられていた（開戦宣言以来輸入が止んでいたドレスデンのアイヒラー社の分冊本は忘れ去られていたにちがいない）。翻訳の数は微小であったが、それは「正統な」文学以上にかたくなな文学的保護貿易主義[17]から成る連載小説にとっては昔からのことだった。『ル・ジュルナル』のみが時折翻訳に頼り、スティーヴン・クレイン、フィリップ・オッペンハイム、H・G・ウェルズの作品を訳させていた。それにこうした現象は、よみがえった「一階」に必要な原稿を見つけるのにあたかも編集部が苦労していたかのように、一九一四年の最後の四ヶ月に限られていた。それ以外の時期においては、もちろん一九一五年一一月にフランスにもたらされたアメリカの映画小説を除いてであるが、高く評価されている新聞に翻訳は存在しなかった。

とはいえアメリカの文化産業が堂々と「侵入」したことよりも、感受性をたくみに操る映画小説というものが導入されたことに、海外の産物の一種のフランス化を見ることができる。〔ヴィクトラン・〕ジャッセと〔ルイ・〕フイヤッドの映画が前触れとして現れただけでなく、連載小説の大家がみなアメリカの映画小説の翻案に取りかかり、みずからの名で署名し、部分的に国有化したのである。たとえば『ル・ジュルナル』は、一九一六年一一月に翻案されたシャーウッド・マックドナルドの映画小説『赤い輪』をこのように紹介している。「モーリス・ルブランの署名は、これが健全で、力強く、きわめて構成のしっかりした（…）奇抜さの中にあってても人間的で、もっとも意外な展開の中にあっても論理的な作品であることの証である。（…）モーリス・ルブランの作品を大成功させてきたあらゆる衝撃的なおもしろさを読者はここに見いだすことだろう[18]」。アメリカ映画に疑う余地のない「フランス人作家」のお墨付きを与え、正真証明の「フランスの」ラベルを授けてしまうという、驚くべき文章である。アメリカの映画小説を導入した者たちと同様、ピエール・ドゥクルセル、モーリス・ルブラン、マルセル・アラン、ギー・ド・テラモンもまた、抵抗できないとすぐにわかった生産物を国内市場に合致させようと向かい火をつけたのだ。この貿易は当然のことながら不正なものだった。一方では画像と発明、他方では模造、翻案、転載。だがこうして連載の新しい方法に接したこれらの作家たちやほかの作家たち（とくに映画小説協会を戦後に立ち上げたアルチュール・ベルネッド）はアメリカの攻撃に対するフランスの反撃を思いつき、実行に移したのだった。

成功が間違いないことがわかっていた戦前のいく人かの期待の新人たち（マルセル・アラン、アルチュール・ベルネッド、ギー・ド・テラモン）は例外として、連載小説家たちにとって戦争は、名高い作家たちがまず利益を得るという現状に帰着した。枯渇というのは言いすぎかもしれないが、この時期は交代もなければ決定的な進歩もなかった。逆にずっと前から知られ、認められていた立場にとどまったのである。

革新、足かせ、反芻

定期性の方法の名残と作家たちの不変性が際立っていた連載小説といういわば出不精なジャンルに、革新を起こそうという意識はほとんどなかった。しかしながら戦争の只中に現れた二つの「ジャンル」である戦争小説と映画小説はそうした状況に異議を唱えていたように思える。その出現と、大戦「文化」において占めていた部分について手短に述べてゆこう。

■国家主義的エネルギーの小説？

「五年の間われわれを虐げてきた血まみれの悲劇は終わりだ、平和、そして戦争もドイツ人も関係ない美しい恋愛ドラマ万歳！　われわれの新しい小説がそれだ」。ポール・スゴンザックは一九一九年一二月二八日の『プチ・ジュルナル』に掲載された『首なし男の秘密』の冒頭でこのように書いている。ここにおいて武器を捨てたスゴンザックだが、じつは彼は『ここにおります！――未完の愛国小説』[19]でたちまち古典的となった「大戦小説」のジャンルを最初にはじめた人物だった。二つの月日の間に、戦争小説はなにを表現したのか？

「愛国小説」、国民小説、もしくは大戦小説は、連載小説の生産高のおもな部分、一九一四年一〇月から一九一九年一二月に「四大新聞」に掲載された「一階」の四三パーセント（一三七分の六〇）、一九一四年から一八年まで（一一一分の五四）だけを考慮すれば四九パーセントを成していた。小説の着想を枯らすことのなかった「大衆」文学の戦争の努力を物語るかなりの総量である。しかも日刊紙のすべてがこの主題に一様に敏感だったわけではない。『プチ・パリジャン』が筆頭で、連載小説の六〇パーセント以上を「対ボッシュ〔ドイツ〕」戦争に割き、それは古典的なスパイの筋から雄々しい戦いへ、野蛮人の粗暴さから看護婦たちの尽きせぬ献身へ、廃墟の中での恋から婚約者の復讐へと、あらゆる形に変化させられていった。ほかの日刊紙では比重はそこまで多くはなかった。『ル・ジュルナル』では四〇パーセント、『プチ・ジュルナル』では三九パーセント、『ル・マタン』では三〇パーセント。だがこうした数字は「一階」にのみ関わるもので、通常の連載小説に向かい合って、もしくはその影で増殖していた物語、証言、「戦争小話」といった大量の生産物まで顧みたものではない。

愛国小説の連載はかなりわかりやすい年表に沿っている。時を告げる鐘が本格的に鳴ったのは一九一五年になってからである。一九一四年一〇月、各紙は中断されていた連載小説にけりをつけることに専心しており、そのことで作家たちには話に気を配る時間が残された。二つの『プチ』では、最初の作品（『ここにおります！』と『ヴィルヘルムの女スパイ』）がはじまったのは一一月半ばだった。『ル・ジュルナル』（『第九連隊のポワリュたち』）と『ル・マタン』（『ボッシュの娘』）では一九一五年の年明けを待たなければならなかった。それ以降、愛国小説の着想は文字通り飽和状態となった。それは『プチ・パリジャン』では一九一六年一二月、ジュール・マリが感傷小説『落葉』を試みる日まで連載小説空間を独占した。その後曲線は下がってゆく。愛国小説が一九一五年と一六年には支配的な位置を占め、その後少しずつ消えていった『ル・ジュルナル』でも状況は同じようなものだった。『ル・マタン』紙では、低下は一九一五年一二月半ば、この強迫的な状況をはじめて逃れた大作『ニューヨークの秘密』の開始とともにすでにはじまった。このことはしかし、同紙が翌年この戦争文化を象徴する二つの作品、ガストン・ルルーの『コンフィトゥ』と『地獄の縦列部隊』を掲載する妨げにはならなかった。だが連載小説はいまや、別の視野を受け入れてもよいのだということを知っていた。ミシェル・ゼヴァコ、ジャン・ド・ラ・イール、マルセル・アダンといった作家たちは、その突破口に殺到し、戦争とその言説との関係を解消する物語を発表したのだった。題名を見るかぎりでは不揃いであったこの戦争小説の下降は、より古典的な製品である歴史小説、社会的、感傷的、ないしは犯罪的冒険小説に、一九一六年後半以降段階的に戻って来させることとなったのだった。

国家的努力に日々貢献し、ときにはそれ自体が戦争行為でもあった愛国的連載小説は、前線へと大きく伸びていったフランスから戦争開始後すぐに発散したこの「戦争文化」に完全に参加していたように思う。すべてが、その習わしの、レトリックの、筋立ての、ないしは登場人物の社会学の中で、当時結集し団結していた戦争の表象を急遽養おうとしたのだ。よって愛国的連載小説の主題が、この大きな集団的作品をなすモチーフや場所《トポイ》をほとんど混じり気のない状態で読ませてくれる沈殿物のようであったとしても驚くべきことではない。そこでは三つのおもな構成要素が明らかとなる。まずは不幸と悪徳を体現するドイツ人の本性の怪物性であり、それゆえドイツ人は人々の文明や社会からだけでなく人間性の外にまで追いやられる。この絶対的な引き立て役である「ボッシュ」の姿から、ほぼ機械的に二つの関連する特徴が生じる。ひとつは戦争表象の残酷なまでの極度の暴力性であり、そこでは怪物の荒々しさがフランス人の合法的な荒々しさと対立している。もうひとつは兵士のものと同様に市民の国民的ヒロイズムの無限の広がりであるが、これはフランス国内の利害だけでなく普遍的な戦争の問題点によっても裏づけられる。一九一七年以降J・ルッフ社から出版された週刊分冊「祖国」シリーズの四冊めの表紙が示すように、これらはなにより「英雄たちへの賛美と野蛮人への憎悪を不滅のものにする」ものだったのだ。こうした表象の交差したところに、執拗で、象徴的で、幻覚的でさえある「ドイツ人の恐ろしさ」の、盗みの、放火の、略奪の、強姦の、殺人の表象が、(ガストン・ルルーの)一言で言えば「ボッシュリー」という、ルルーが「ゲルマンの森の中で四〇年以上前から維持されてきた父祖伝来の破壊者の無限の本能」の産物である「誘拐と略奪の父祖伝来の本能が爆発した野蛮さ」と定義するものの表象が形作られたのだ。[20]

ここでおおまかに描き出したこうした性質は、しかし、こうした連載小説の伝統に従った物語が保っていた深いつながりを隠せるものではない。なぜならこのジャンル(と呼べるならば)はなによりもまず、ほかのものを吸収する並外れた能力、社会秩序に関するものであれ(戦争未亡人の運命を描いたルネ・ヴァンシーの『涙を流す女たち』)、感傷的なものであれ(ジュール・マリの『彼女は忘れない』)、犯罪的なものであれ(『シャントコック』、『砲弾の破片』、『黄金の三角形』)、連載小説の通常の問題点を言説の中に加えてしまう並外れた能力で異彩を放っているからである。いくつかの例外はのぞいて常勤の愛国作家というものはおらず、ただいるのは一時期召集され作品の形で戦争をする作家だけだった。これ

週刊分冊「祖国」シリーズの四冊めの表紙

はひとつの新しいジャンルというよりも、国家的義務であり、連載小説作家の社会を構成するほぼ全員によって果たされる犠牲のようなものだった（ミシェル・ゼヴァコに関する博士論文でアリーヌ・ドゥマールは、無政府主義に近いところにおり、規則に従わず、平然とマントと剣の小説を発表していたこの作家の孤立を指摘している）。[21]この点で愛国小説は一時的な小説、戦争とその背景を取り込んだ連載小説以外のなにものでもなかったのである。

そのうえ、大戦期の連載小説は、その原動力からも登場人物の系統からも、戦争直前に大成功を収めたスパイ小説や愛国小説とは切り離せない。ブリュアンとベルネッドの『フランス女の心』のような人気の劇作品、ダンリの小説のような軍事小説の先取り、ポール・ベルトネやジュール・カルドーズやテオドール・カユの小説のような「報復」小説は、戦時中に発表された物語の多くとまったく変わらない。[22]どれも戦前の数年間の文化的生産に影響していた国家主義とドイツ嫌いの巻き返しという同じ源から着想を得たものである。こうしてジャン＝マルク・プルーストによれば一九一〇年以降、アンヌ＝マリー・ティエスによれば一九一二年ごろ、「対ボッシュ」小説が頂点に達し、呪われた民族の子、ドイツ人という道徳的怪物のステレオタイプが大々的に拡散されたのだった。たとえば一八七〇年の志願兵であったポール・ベルトネのような作家の作品がそのことを証明している。[23]

じっさい普仏戦争の影響は大量消費文学においては決定的であったことがわかる。ポール・ブルトンが示したように、[24]たしかに大衆小説作家は一八七〇年の戦争をほんの少ししか描いていないが、かわりに敗戦を縫い合わせるべく、「新たな偉大な物語」を大々的に演出したのだ。一八七〇年から一九一四年にかけてのより日常的に見られたジャンルについては、「犠牲者小説」や感傷的・社会的冒険小説であれ、超人や正義の味方や過ちを正す者の小説であれ、そこにフランスの運命の隠喩を、まるでオーバーラップされているかのように読むことは難しくない。大衆文学全体が、大なり小なりはっきりとした形で、いまや入手可能で再利用可能な戦争の価値の、モチーフの、もしくは表象の集合体を作り出したのだ。一九一〇年から一二年の最盛期は、そして一九一五年から一六年の最盛期はもっと、程度の違いはあるもののそこから着想を得たものである。一九一四年には、フランス全体がアルザスとなり、「プロシアの野蛮」を経験することとなったのだ。

映画小説

戦争の只中に現れ、数年後ギー・ド・テラモンによって「新聞とスクリーンの一致(25)」と定義された映画小説は、国家主義的な小説やその強迫観念に対する主たる逃げ道だけでなく、戦時中の連載小説の二つめの大きな革新としても現れることとなる。ときとして少々活気のない連載小説というジャンルへの関心をふたたび呼び起こし、週刊という第二のリズムをつけ加えることで物語の速度を増すこととなったこの新しい血の寄与は、明らかに重要な革新であった。その重要性は「四大新聞」に掲載された映画小説(ここでは映画小説の製作が枯渇することはなかった)の年代記だけで述べることができる。一九一五年一二月、『ル・マタン』から発せられ(『ニューヨークの秘密』)、一九一六年一一月に繰り返され(『白い歯の仮面』)、映画小説はほかの日刊紙でもただちに利用された。一九一六年一一月の『ル・ジュルナル』(『赤い輪』)、一九一七年一月の『プチ・パリジャン』(『ジュデックス』)、一九一七年九月の『プチ・ジュルナル』(『ワシントンの手紙』)である。すでに見た愛国小説の衰退と、子どもたちを戦争から引き離し禁じられた情熱をかきたてる有害な主題とみなされがちであった映画小説の発展との間に、きわめて明らかな符号があることがわかる。[26] よって、四つの日刊紙は集中して、異なるリズムで、大々的にこれらに投資した。映画小説を載せた最初の日刊紙でもっとも露骨だった（一九二〇年までに四作の映画小説が掲載された）『ル・マタン』に、あとから来て一九一八年から一九年の間に追いついた『プチ・ジュルナル』（四作）が、そのうしろに『ル・ジュルナル』（三作）が、そして二作だけとはいえベルネッドとフイヤッドの手による作品を載せた『プチ・パリジャン』が続いた。

アメリカ映画産業の増大するエネルギーに支えられて戦争の只中になってようやく現れたとはいえ、映画小説はフランスの生産物の中に数年前から芽吹いていた。そのはじまりは一九一〇年代の初期に（フイヤッドの『ファントマ』とジャッセの『ジゴマ』は、単なる翻案以上に、イメージとテクストとを対にして定期刊行する商業の可能性をすでに感じていた）、さらには一九〇七年、エクレール社用に撮影されたジャッセのエピソードの最初の映画にすでに見ることができる。大衆小説の多くの専門家にとって、映画は連載小説の生産の予測されていた危機に対応する最良の方法として現れた。一九〇八年三月にウージェーヌ・ギュゲンナイムとともに作家と文人の映画協会を創始し、[27] 最初に映画小説を翻案したピエール・ドゥクルセルは、連載小説と映画の協力を長い間働きかけ、その中に「一階」という少々無気力になったジャンルの唯一の出口を見出していた。一九一二年以降『ル・シネマ』と『映画の反響集』によっておもな大衆小説作家（ピエール・ドゥクルセル、ピエール・サル、ミシェル・ゼヴァコ、マルク・マリオ、ジュール・マリ、レオン・サジ、ポール・ディヴォワ、ジュール・レルミナなど）に対して行なわれた調査は、小説家の大きな柔軟性を強調することとなった。[28] 一九一三年一月、アルチュール・ベルネッドははっきりと述べている。「いまや新しいアイディアを探し見つけることを生業とする作家たち、とくにすでに民衆のために書いたことのある作家たちに助けを求める時である」[29]。翌年、連載小説では時代遅れのジュール・マリも、作家たちに映画に力を注ぐよう勧めている[30]。ここでもまた戦争は、一九一〇年代初期から見られていた進歩を速めたにすぎなかったのだ。

このように述べたのは、おわかりのように、大戦がなした断絶を過小評価しようというのではまったくなく、この二〇世紀初頭において、産業化の過程で生まれた文化の形と物が持つ、力強さと影響力を強調したいためである。じっさい、その中でも最初のものである連載小説は、たいした被害もなく全面戦争を切り抜けることができた。戦争は発行と定期性の通常の方法をきわめて一時的にしか中断しなかっただけでなく、発展をとぎれさせることもなければ、その流れを変えることもなく、むしろ急かすこととなった。作家もジャンルもその循環さえも、新しい状況と妥協するだけで戦争を大きな滞りなく乗り越えたのだ。一九一四年、フランスは近代文化制度の中にしっかりと根を下ろしており、戦争は衝撃をもたらしたにもかかわらず、その機能を長期にわたって混乱させることはできなかったのだ。三面記事と同じように[31]、連載小説の生産と表現の方法も、新しい状況に、いくらそれが世界大戦という激動する状況とはいえ、順応できるほど十分軌道に乗っていたのだろう。たしかにほかの種類の媒体（映画はもちろんのこと、二〇世紀初頭以降急増した数え切れないほどの安価な「大衆」コレクションや「小本」や分冊本）と競争状態にあった連載小説は、すでに衰退し始めており、もはや大衆フィクションの普及形式の花形ではなかったのかもしれない。そして、映画小説によって第二の青春が一時的にもたらされたとはいえ、連載小説には数年後トーキーの到来が非常に厳しい一撃を与えることになる[32]。連載小説の機械的なリズムに、流動的な周期性が少しずつ取って代わり、その周期性のなかでは、強烈な統一性も集列性によってしか浮かび上がってこない。そのうえ読者の地平線は少しずつ広がり、「調査」や一大探訪記が人気となって選ばれるようになり、それらが大手日刊紙の編集の秩序と構成の中で連載小説を押しのけるようにもなってゆく(33)。戦争は、内容や状況を心配するよりもまず媒体の、媒体の制約の、媒体のリズムの内部規則に、媒体が組み込まれるメディア装置の内部規則に従うこうした変化の一部を急かしただけだったのである。

2005年に起きた郊外での暴動

おわりに

一九世紀と二〇世紀の犯罪と治安に関するひとつの見方

一九七〇年代半ば以降、フランス人の主要な関心事となり、政治の主たる争点にまでのぼりつめた都市の軽犯罪と治安の問題は、しかし、現在の状態の本質を大いになす、長く複雑な歴史の中に組み込まれるものである。こうした主題を歴史化することは容易ではないだろう。なぜなら、身体の保全と人々の安全を危険にさらすすべての侵害行為がそうであるように、この主題も、歴史の問題提起が必然的に持ち込む相対主義には耐えられないからである。犯罪や安全の分野では、なんらかの損害（回復であることはまずない）が認識され解説されるのであって、現象へのアプローチも通常「断定的」な観点から行なわれる。そこに、暴力や犯罪の現実に関する定義や評価は規範や許容限度や敏感さによって変化するものであるから、歴史的に適切に定義することの難しさも加わる。治安の悪さという、きわめて重要な要素ではあるもののひどく多義的な概念を持ち込むと、事はよけい複雑になってくる。というのもそこには四つの理解の層が交差していると考えられるからである。もっとも明らかなのが、犯罪の恐怖や知覚、それに犯罪者の脅威やリスクが引き起こす、個人的ないしは集団的な感情に関連するものである。だが治安の悪さという言葉は、別の現実を示すためにも使われる。感情というよりも信念の、発言の、イデオロギー的な確信の表れである犯罪の不安。この不安の管理に関連する社会的・制度的・経済的実践（たとえば民間のセキュリティー産業のシャッターのような）。そして、ひとつの共同体に害をなし、次第に治安の悪さという言葉で、少なくともメディアでは表現されてゆく、犯罪や、犯罪の圧力。こうした難しさにもかかわらず、犯罪と治安の歴史的理解はここ一〇数年大きく進歩した。[1] それはこの現象を歴史化することのあらゆる意義を理解した、歴史家たちと社会学者たちの成果である。終章では近代に限定し、まず犯罪と治安の問題が組み込まれていったかなり断続的な経過を紹介し、次いでそれを対象化することの難しさの理由と、それが引き起こしたさまざまな反応とについて手短に触れてゆく。

治安の悪い二世紀？

フランスにおいて治安の悪さに対する今日的な問題意識が現れたのは、制限選挙王政（一八一五―四八）のもとでのことだった。というのも復古王政の終わりから、おもな三つの現象が集中していたのだ。中世末期以降にはじまった、田舎の、ないしは街道における古い犯罪の都市部への移動は勢いを増した。この変化によって、犯罪の脅威を、プロレタリア化され、大都市の場末や貧しい地区に詰め込まれた出稼ぎ労働者たちの新しい階層という姿で識別することが加速したのである。個人的な理由、もしくは例外的な事態が作り出したものとして長い間捉えられてきた犯罪は、社会の機能不全をはっきりと言い表すものとなった。[2] この認識は新たな不安の出現を引き起こし、司法統計や社会調査といった新たな分析手段と、警察機構の変化に見られるような新たな処罰手段の発案を正当化するものとなるが、それらは逆説的に脅威を助長してしまう。

こうした状況の中、この主題をめぐるはじめての公的な議論が積み重ねられてゆくのだが、それは襲撃や殺人の統計と、人を不安に陥れるような言説と、この現象のメディア・政治的利用の繰り返しとが混ざり合ったものだった[3]。不信感が一般化した風潮の中、襲撃や夜の強盗の話の増加が背景となった一八二六年秋の危機は、この点で初のものだった。一〇年間の小康状態ののち、この問題は七月王政期、とくに一八三六年から四八年にかけてふたたび現れ、その点で絶え間ない恐怖の時代となった。都市の夜は、労働者世界から振り落とされた周縁から現れたならず者たちの地底国家の仕事である、野蛮な捕食性の犯罪に差し出され、その脅威はこの時期の治安の悪さのおもな姿となった。ウージェーヌ・シューの『パリの秘密』(一八四二―四三)の出版と、サン＝マルタン運河沿いでの多くの暴力行為や夜襲の犯人である通称エスカルプ一味の一八四四年の訴訟は、この不安をかなり長く定着させることとなる。

そのかわり第二帝政下では、増加する警察の取り締まりと出版の規制とが結びつき、こうした現象が利用されることは減り、一八六〇年代末までふたたび現れることはなかった。一八六〇年代になると、犯罪と治安の問題は大衆新聞と議会制民主主義との前代未聞の一致によって段階的に促進され、大きく増加する。不安をあおるようなキャンペーンによって、人々と財産の不安全がとくにパリやマルセイユのような大都市で増していることが告発され、フランスを定期的に苦しめてゆくのである。ここに二つの決定的な局面《シークエンス》が見られる。最初の局面《シークエンス》には、一八八〇年から八五年にかけて目立った、君主制擁護論者たちによる、彼らいわく「善良な人々」の安全を保証できない共和国に対する敵意と、非難された警視庁に対する急進主義者たちの敵意、さらには統計が明らかにし、生まれたばかりの犯罪学が封じ込めようとし、議員たちが取り除こうとしていた再犯の損害（多重累犯者の流刑に関するワルデック＝ルソー法はこのとき準備されていた）を前にした世論の不安が表れている。[4] もう少し激しかった二つめの局面《シークエンス》は、一九〇〇年から一四年にかけて目立った「人々の安全」のための一大キャンペーンに付随するものである。「流行の」主題であった治安の悪さは、この局面《シークエンス》のなかで、「メディア的」制度と（治安の悪さの問題は大量出版新聞の「キャンペーン」の飛躍とは切り離せない）自身の成熟期に入ったのだった。[5] 激しい口調で伝えられた一連の論拠は形をなし、制度や政治の重要人物たちはそこに発展できそうな主題と効果的な攻撃角度を見出し、こうした論拠を少しずつ担うようになっていった。この時代には、家庭や仕事場と絶縁した場末の若い軽犯罪者たちで、少年犯罪の出現を象徴する「アパッチ」の姿が具体化されたが、こうしたリスクの姿の考案にも、その社会的・メディア的・学術的・制度的知覚方法にも、そしてそこにもたらそうとする答えの形にも、一種の絶頂が見られた。問題が政治家たちに担われ始め、処罰体系の働きについてもますます激しく討議されるようになってゆく中、民間セキュリティーの活発な市場も少しずつ整ってゆく。

　大戦を経てからのこの問題については、これよりももっと知られていない。歴史家たちに軽んじられ、「ピトレスク」文学や、警察官、司法官、犯罪者などの重要人物たちの証言に任せられていた重罪と軽犯罪は、こんにちのフランスにとって、ようやく開拓されたばかりの正真正銘の歴史学の荒地なのである。[6] 治安の悪さは、感じられ、叫ばれたとしても、以前ほど発展しないテーマとなり、一九一四年のフランスに遍在していたアパッチも一九二〇年代には目立つことはなかった。売春斡旋、空き巣、「夜襲」

といった、彼らが行なっていた軽犯罪の形が消えたというのではなく、新聞とともに「世論」もうんざりし、彼らの偉業は「三行ニュース」の枠を越えることはなかったのだ。経済的な困難や、ミゼラブルに含まれる人々（「シディ」〔北アフリカ人の蔑称〕、ロシア人、ポーランド人、イタリア人、スペイン人など）を次々に郊外に積み込んでゆく激しい人口流動や、所有に関わる軽犯罪の変わらぬ多さにもかかわらず、この問題は人々を以前ほど不安がらせることはなかった。「危険地帯」が都市を囲む低家賃住宅地帯と郊外の市町村の一戸建て分譲地にむしばまれ消えてゆくにつれて、この問題は不安をあおるというよりも懐古趣味的なまなざしを呼んだのである。「環境」の発見と職業的犯罪の新しい形に向けられた注目は、ありふれた軽犯罪に対する不安を一時的に緩和した。

都市の軽犯罪の問題は、第二次世界大戦が終わって以降、最初は一時的に（一九四五年から四七年に顕著だった暴力犯罪の頻繁な再発）、次いで一九五〇年代末の「黒ジャンパー」現象の出現とともに、ふたたび本格的に、より永続的に現れることになる。法的援助の新方式（一九四五年のオルドナンス〔一八歳以下の犯罪はすべて保護、教育、改良の対象にするというもの〕）を前にした無理解と、「若者の危機」という感情は、消費社会の進歩に一致した軽犯罪の性質（自動車、スクーター、レコードの窃盗）と合わさって、新たな「危険階級」を特定し烙印を押すことに貢献したのである。(7) きわめてメディア化されたこの若者の暴力のよみがえりは、住居危機を背景に郊外を襲っていた変化と同時期のものであっただけにいっそう注目を集めた。一戸建て住宅地域が次第に壊され、初期の団地やベッドタウンや「鶏小屋」になっていったのである。こうして若者の犯罪が新たに国家の災いの種とされ、郊外を犯罪を生む空間として描く、長い時期《シークエンス》が開かれたのである。一九五八年から六三年の「黒ジャンパー」は、一九六〇年代の

「ミネ〔流行の服に身を包んだ若い男〕」や「長髪」、そして一九七〇年以降の「ルーバー〔「市門（危険地帯）の狼」を語源とする〕」という別のタイプに引き継がれていった。[8] 増加する事件もまた深刻化の傾向にあった。その象徴は、一九七一年に起きた、「ルーバー」の若者によるラ・クールヌーヴのバー店主の殺害である。一九七〇年代末になると、重苦しい社会状況とひどく荒んだ都市風景（建物と設備の荒廃、多くの店舗の閉店、同化の困難に直面したマグレブやアフリカからの新たな移民出身の人々の結集）の中で、事件はさらに悪化していった。こうして、廃れかけていた「郊外」という言葉は、新しい、そしてきわめて軽蔑的な意味でふたたび現れ、マントやサルセル、それにシャントルー＝レ＝ヴィーニュでは多くの地区が、軽犯罪（破壊行為、ドラッグの密売、繰り返される空き巣）が慢性化する荒廃した場所として描かれた。とりわけ移民の若者の問題に関心が集まり、一九七九年のヴェニッシューやヴォー＝アン＝ヴラン〔いずれもリヨン近郊〕での彼らの最初の暴動は、不安と考察と処罰（一九八〇年の「安全と自由」の法律）とを呼び起こすこととなった。

しかし本当の爆発は、ヴィルーバンヌ〔リヨン近郊〕とヴェニッシューで最初の「ロデオ〔暴走行為〕」と警察や憲兵隊との深刻な衝突が起こった一九八一年の「暑い」夏以降のことである。当局が定期的に対策を行なったにもかかわらず、こうした出来事はきわめて増加していった。ありふれた軽犯罪が目立って増えただけでなく、都市での暴動が、多くは「事故」や人種差別的な殺人に応じる形で増え、一九九一年のヴォー＝アン＝ヴランとマントでのような、そして一九九三年のムランでのような、正真正銘の騒擾が勃発したのである。[9] 軽犯罪と治安の悪さは少しずつフランス人の主要な関心事となり、政治の主たる争点にまでのぼりつめたのだった。[10]

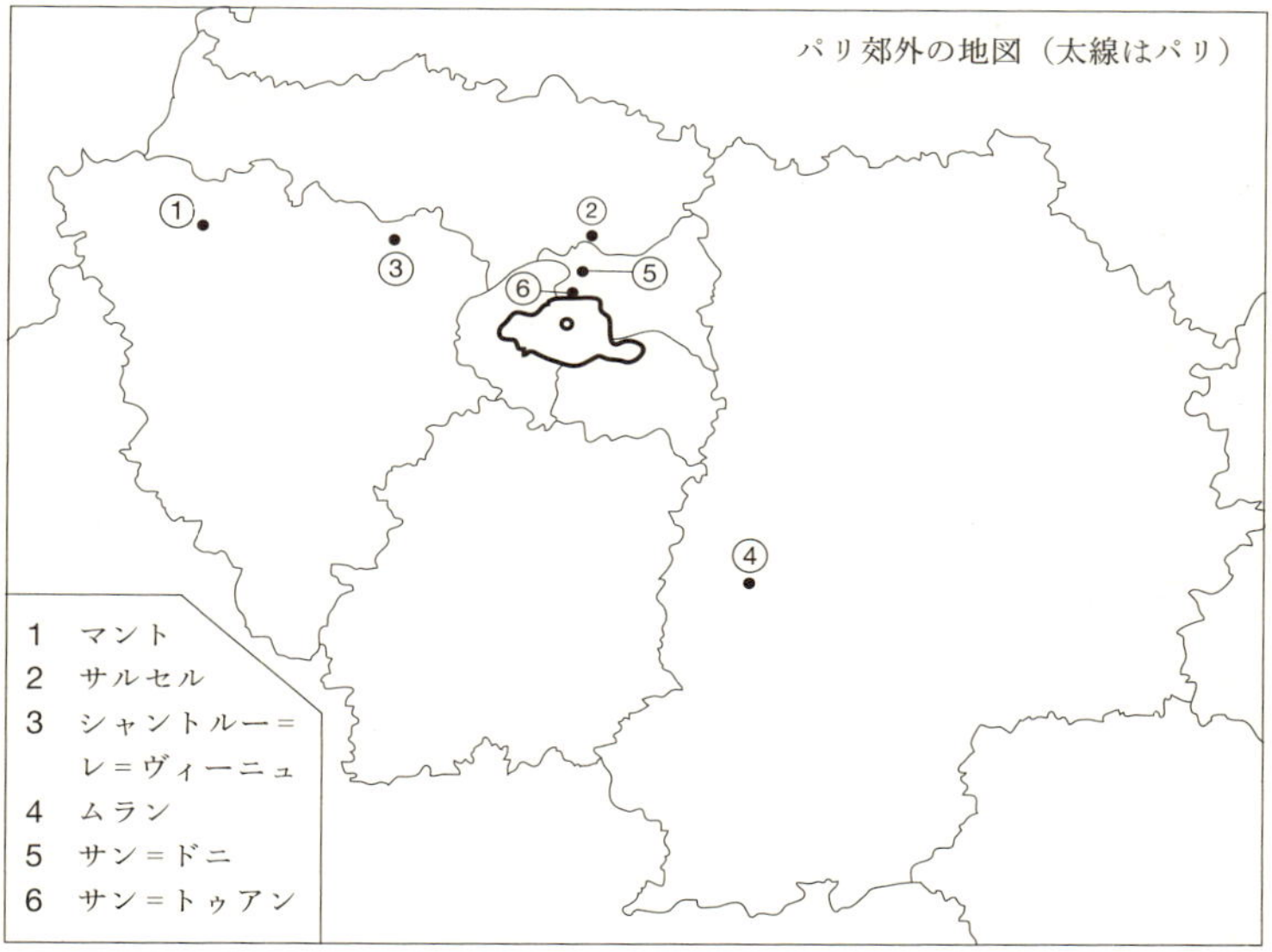

パリ郊外の地図（太線はパリ）

犯罪の圧力が高まってきたという感情は、フランスの領土内の「灰色地帯」の発達によっても強められた。都市圏の周辺にある荒んだ団地では、多くの場合新たな移民出身の人々が、失業や非正規雇用や社会的つながりの短期間での解消に直面しており、一九六〇年代末以降は若者の軽犯罪が大きく増加し、一九八〇年以降も、経済的困難と古典的な同化モデルの相対的悪化が際立っていた。慢性化した軽犯罪（恐喝、強盗、空き巣など）だけでなく、破壊行為や「無作法〔incivilité〕」や集団的反抗の派手な形式（バスへの投石、「ロデオ」、暴動）の増加によって目立つこととなったこの現象は、フランスに大きな不安を引き起こし、その不安はただちに人種差別的で外国人嫌いの特徴を強く持つ安全のイデオロギーに利用されたのだった。警察官や記者によって「都市の暴力」と呼ばれたこれら「都市《シテ》」の軽犯罪の新しい形式は、こうして約二〇年の間にフランスの主たる関心事にのぼりつめたわけであるが、都市の暴力はこのフランスに、「生活態度の文明化」の過程が容赦なく切断されたことを知らせているように思える。

犯罪と治安を対象化することの不可能性

ここまでの簡潔な概観によって、軽犯罪に対する不安がほぼ連続して増加してきたことがはっきりとわかったわけであるが、ここから、いま人々が決まってしているように、犯罪と治安の悪さが逃れられない「上げ潮」にあるとか、人と人との間の暴力がどうにもならないほど増加していると結論すべきなのだろうか？　歴史家にはさまざまな点で慎重さが必要である。ひとつは、犯罪の圧力の重要度を評価するための資料の性質に関係する慎重さである。たしかに近代フランスの歴史家には、大量の統計の用意がある。一八二五年から一九七八年まで裁判所にもたらされた事件を記録した『全国犯罪司法管理報告』、一九四七年から七一年までは極秘であったものの以降定期的に発表されるようになった憲兵隊本部と国家警察による警察統計、それから刑務所の統計に保護観察の統計である。だがこれらの資料は、明らかに均質ではないため射程が限られており、まずこれらを作り出した行政の活動と効率について教えてくれるものである。(11)犯罪の方法とその変化よりも、任務の大きさや効果、政策、ないしは優先について語るのだ。告訴の対象とならなかったいくつかの違法行為の形式は洩れ、その他のたとえば保険金詐欺のような違法行為は過剰に現れる。

とくに統計は敏感さと社会の評価に依存しているが、その許容限度はさまざまである。法的定義も社会からの非難もほとんど変化しなかった殺人は例外として、犯罪と軽犯罪は、相対的で、社会的にきわめて「作られた」、生活態度や規範や社会統制の形に応じて揺れ動く身分しか持たないのだ。ときにこの二世紀はとりわけ「生活態度の文明化」の長い動きが加速され、かつては許容されていた行為を拒絶し犯罪だとする「敏感な心」を持った個人が出現したという特徴を持つ(12)。歴史家からすれば、犯罪統計はつまり敏感さを表出したものにほかならないのだ。それは犯罪のあてにならない動きなどよりもずっと、「不満の性質」ないしは社会的許容性の変動を測ることのできるものなのである。こうして、たとえば一九世紀末の暴行傷害のように、関連する軽犯罪自体は必ずしも増えたわけではないのに、一八三五年に一一万四千件だった告訴、告発、ないしは調書は、一九一三年には五九万一千件に、一九九九年には五百万件になったのだった。警察統計に記録された強姦の数は一九六三年から八九年までの間に三五〇パーセント増加し、強姦罪での未成年への有罪判決は、一九八四年には四六回だったものが一九九三年には三〇五回になっている。これらの数字が実際の性的暴行の増加を表していると主張する者がいるだろうか? 同じような多くの場合において、司法統計はさかさまに解釈することができ、告訴の増加は、社会からますます許されなくなっていった違法行為が実際には減少していたことを意味するのである。ひとつの社会の切望を、不安を、抵抗を捉えるための類稀な資料である犯罪統計は、よって、記者や評論家たちが決まってしていることではあるが、軽犯罪の動きを結論づけることができるような実証主義的な解釈の対象にはならないのである。

とはいえ、この観点から解釈された犯罪の数字は、近代のフランスに関する二つの教えを引き出させてくれる。ひとつは、緊張といつもの対立とを調節してきた人と人との間の暴力が、少しずつその役割を失い、ゆるやかに後退していることである(13)。敏感さの再編成と治安国家の段階的な形成に伴う、この日常生活の暴力の衰えの大部分は、もはや耐え難くなったこのような遺物に対する近代人の不安と憎悪の表れなのだ。死亡率の低下、高い生活水準の持続、社会保護措置の増加、すべてが、加速した同化過程に入った社会に、暴力を拒絶しさらなる安全を要求させたのである。殺人や非業の死の統計が、たとえば一九〇五年から一三年のようにいくつかのピークや憂慮すべき変動を見せてはいても、全体の傾向は人と人との間の暴力の減少であり（暴行傷害は大きな動きを見せ、殺人は公共空間から少しずつ姿を消し、生活態度の回復過程が継続されていたようすが見られる）、逆に増加し続けている匿名で「狡猾な」訴訟に威圧されている。こうして、窃盗、空き巣、不正その他狡猾な軽犯罪といった、おもに財産に対する攻撃からなる、そして二〇世紀には軽犯罪活動の実態にすらなる巨大な基礎が発達してゆく。一九世紀半ば以降進歩しつづけてきたこの種の違法行為は、私的財産の発達と、消費財に与えられた価値と、そして人々の行動がますます「司法化」していることを物語っている。（一九世紀では「不明な誰かに対して」告訴するというのは無意味なことだった。）二〇世紀後半に発達し、一九八七年には警察によって確認された事件の三一・四パーセントにも達している、大衆による消費の象徴たる自動車の、もしくは自動車の中での窃盗、そして一九八〇年代末には年間五〇万件近くの膨大な訴訟をなしていた、小切手に関する、盗まれたとか預金がないといった事件が、こうした軽犯罪の形式を象徴しているように思われる。

数字を分析すると、一九七〇年代以降に見られるようになってきた本質的な変化も明らかになる。その変化は、私的財産の損害や、共通利益に対する違法行為（外国人、麻薬中毒ないしは麻薬の密売の処罰）の明らかな増加だけでなく、所有に関する軽犯罪（「横領」、恐喝、空き巣、襲撃、強盗）と、それより程度は小さいものの、殺人率の活発な増加という特徴を持つ。大きく増えた所有に関する軽犯罪は、増加する麻薬中毒とも関連しているだけに、またたとえば一九九〇年代の「道路の海賊」のように前代未聞できわめて乱暴な軽犯罪の形に帰着しうるだけにいっそう不安にさせる。暴力の増加とそれに対する敏感さの激化が読み取れるこうした現象は、とくに、フランスが国際的な大きな流通網に組みこまれたことや、郊外の危険地帯での大衆の貧困化の拡大や、社会からのさらなる安全の要求の発達といった多くの要因から生じている。おもな係争はしかし、自動車につけられた傷、盗まれた郵便受けの中身、割られた窓など、迷惑行為、損壊、破壊といった、侮辱や不敬のしるしであり、証拠のない攻撃である、「無作法（incivilité）」と呼ばれるようになった行為によるものだった。こうした行為は、いわゆる同化できない外国出身の若者に対する慢性的な人種差別を助長し、「都市《シテ》」を、取るに足らない事件が集団暴力の爆発（その頂点となるのが暴動と、警察や憲兵隊との衝突である）へと変化しうる、有害な雰囲気の中に維持している。

一九九〇年代における「都市の暴力」という表現の考案は、「都市」の軽犯罪と外国出身の若者の軽犯罪に過度な注目が集まっていたことを物語っている。治安の乱れは明らかであったが、郊外の暴力は、いかに不安なものであれ、「古い森を隠す若い木」でしかなかったことは強調しておきたい。おもに増えていたのは、財産に関する、誰が犯人かわからない軽犯罪だったのである。(14) とはいえ問題の争点と原因とが一新されたことを過小評価するわけにはいかない。一九七〇年代まで軽犯罪は、一部の労働者の青年が親たちの秩序や工業労働に対する拒絶を表明するという、若者の冒険的行為でしかなかった。その中の何人かは職業的犯罪の中に入りこんでしまったが、これら若き「ちんぴら」の多くはやがて工場の時間、家庭の時間にふたたび捕らわれるようになるのだった。労働者の世界は平静に戻り、こうした若者たちの素行を「危険」と呼ぼうとする者はもはやいようもなかった。二〇世紀が四分の三を過ぎてからの「都市の暴力」には、より困難な現実が表れている。まずは、ポスト工業社会制度への突入に伴う失業と非正規雇用と賃金制度の崩壊によって激しく鞭打たれた都市の多くの若者を取り囲んでいる、経済的苦境である。だが都市の暴力は、同化の仕組みに影響する、社会的かつ象徴的な危機の大きさも明らかにしている。ケインズ経済学の確実性が崩壊したことで、国家による再分配に根ざしていた生活水準向上のための伝統的装置は疲弊し、中産階級は急速に衰退した。団体の、労働組合の、ないしは宗教の組織が衰え、学校が大衆教育になかなか適応できなかったことも合わさって、共和国の同化のモデル全体が危機に突入したのである。社会的つながりの価値がこうして突然低下してしまったことは、「都市」の貧しい若者たちに絶望的な状況を作り出すこととなった。(15) 仕事と資格を奪われ、人種差別主義や自分たちに対する敬意の欠如に直面し、若者たちは社会的不満と、いつだって不正と侮辱を受けているという思いとを積み重ねていったのである。階級や「人種」や立場の信用を傷つけられたことによって、個我は低められ、他者を寄せつけない挑戦的な軽犯罪に頼るようになるのである。こうした獲得暴力の増加のほか、自分たちを支配する手段に対する象徴的な破壊や、かつてよりも多くの富を生みだしながらも大衆の貧困化が進む社会に対しての見境ない攻撃の表れである、破壊行為や「無作法」も増加してゆくのである。

軽犯罪への反撃

こうした相次ぐ治安の乱れは、長期的に見ると、三つのタイプの反撃を引き起こしてきたように思える。ひとつは予防／処罰という伝統的な組み合わせであり、その発達と加減は、現実の、ないしは感じられた軽犯罪の状態、刑罰思想と刑罰体系の発展、政治的イデオロギーと政治制度の影響といった多くの要因によるものである。一八七〇年代末に政治が安定してからは、全体的な路線としては、ベッカリーア哲学の影響と、贖罪、予防策、社会防衛の原則を優先するという特徴を持った「共和国的人道主義」と言えるだろう。だがこのような「コーパス」は、死刑がようやく一九八一年に廃止されたことが示しているように、全員一致でなされるものではない。共和国は死刑の維持のほか、犯罪者の移送の維持や、多重累犯者の流刑に関するワルデック＝ルソー法（一八八五）や、軍隊や植民地の刑罰の長期にわたる存続が示しているように、追放刑の管理ないしは採択によっても知られていた[16]。そのうえ、治安が目に見えて乱れた時期《シークエンス》は、それぞれ、一部の安全の専門家（警察官、司法官）や、いわゆる「良識ある」解決策をいつだって褒めそやすメディアや、右派と左派の一部の政治階級の声を集めて、抑圧策の再出現でもって解決されてきた。そうした機会はたとえば一九一〇年の急進社会主義のフランスで目立つものだったが[17]、刑事政策と安全の期待の間の不一致が高まる状況について社会の言説がくどくどしく述べていた二〇年前もそうだった。

二つめの対応のタイプは、軽犯罪と治安の悪化の問題には直接関係していないように見えるものの、都市政策の実施の中に存在しており、その効果は「危険」階級の位置や軽犯罪の現場に感じ取ることができる。はじまりはもちろん、一九世紀後半にパリ、次いでフランスの街の多くを一変させたオスマン式都市開発の過程にある。この過程の表向きの野心は軽犯罪にははっきりとは関係していないとはいえ、「都市の危機」と、社会の機能不全（中でも犯罪は社会的恐怖をもたらすものだった）を減らすことを目的とするものだった。[18]あの工事はこうして、ひそかに軽犯罪の位置に影響していたのである。まず古い犯罪都市を抹殺することで調印がなされた。ノートル＝ダム周辺の九ヘクタール以上のあばら家の高さをそろえ、二万五千軒以上の家を取り壊し、オスマンはひとつの世界すべてを終わらせた。都市開発の過程は街のさまざまな「危険階級」をとくにパリの東と南の郊外のほうへと締め出し、軽犯罪の場所を移すこととなった。いまや軽犯罪のパリが花開くのは、ベルヴィル、ラ・シャペル、グルネル、それに城壁のほうの不安定な空間となったのである。[19]二〇世紀後半の郊外地域の拡大と社会変化は、近代風景を少しずつ生み出すかたわらでこの動きをさらに強め、軽犯罪の問題は少しずつ「郊外の」問題として表されるようにまでなった。一九八〇年代以降、予防政策はこうして「都市政策」となったのであるが、一世紀半もの間見られてきた社会隔離の論理がくつがえされることはなかった。たとえばこうした新しい軽犯罪の象徴となっているリヨンの東の地区では、約四分の一の人々が外国出身であり、失業率は一八パーセントにのぼり、世帯の平均所得は一年間に五万六千フラン〔約八千五百ユーロ〕を超えることはない。

三つめのタイプの対応も、こうした問題のフランスでの展開において重要な役割を果たそうとしている、セキュリティーの民間市場の段階的な形成に関係する。人々の安全が乱れる時期《シークエンス》は、いずれも国家と、そして市民の安全を保障する国家の能力に対する非難を伴ってきた。こうした国家の空隙、さらには有罪性が、治安の悪さについての政治的言説の中心となるのである。よって、それらが増えること

郊外の住宅

でセキュリティーの活発な民間市場が現れたとしても驚くべきことではない。一九世紀後半に概略が描かれたこの市場は、フランスを動揺させた一九〇〇年から一九一四年までの「処罰の危機」の一五年間に整った。探偵事務所や商業的な諜報といった古い装置を背景に、民間警察は最初のブームを迎えたのである。警備員の、管理の、監視の組合が、建物を、倉庫を、店舗を見張ったり、夜、怯える通行人を護送することを提案したのだ。[20] 両大戦間は勢いを失ったものの、それぞれ警備員の代理店や支店を持っていた地方都市ではその動きはとくに続いた。とりわけ二〇世紀後半にはふたたび増加し、一九世紀や二〇世紀はじめの補充警察や民間警察よりも大規模で雑多でなにより自立した産業部門が生まれたのである。[21] 一九七〇年代末以降見られたのは、市場の、まさに「セキュリティーチェーン」の発達であり、そこでは保護技術（たとえば警報やビデオ監視産業）が次第に人間の能力に代わっている。自由主義と商業の論理に動かされ、管理やリスク予防に関連するものすべてを近くから遠くから利用したこの産業部門は、きわめて巧妙なものだったということがわかる。それは現金の輸送を筆頭に仕事の大部分を増やしつづけ、こんにちでは一〇万人をも雇用し（警官や憲兵三人につきセキュリティー要員二人）安全という新しい「財産」を大規模生産できることを示す、まさに産業なのである。確固たる組織や養成や集団的統制の不在、厳しい競争、あやふやな職業倫理といったふうに、専門職化できていないという問題を抱えてはいても、この産業部門は決定的な位置を占めている。一九九五年一月のパスカ法は、一九八三年七月の措置を補足して、民間組合を、一般の安全に正しく貢献するもののひとつとしてはっきりと数えている。この現象は、公権力がいくら変化に気を配っていても、国家のおもな絶対的役割のひとつが少しずつ剥奪されてゆくようすを示しているのだ。

このように、あらゆる点から見て二一世紀のフランスは、犯罪と軽犯罪をなくすとはいかないまでも解決するために共和国の社会的・政治的モデルの効果だけが望めた時代にはもはやないのではないだろうか。

訳者あとがき

本書は Dominique Kalifa, *Crime et culture au XIXᵉ siècle*, Perrin, 2005 の日本語訳である。原書は序文と、同テーマに基づく一五の論文から成るが、本書はそのうち序文（はじめに）と第一章〜第七章、第九章〜第一三章、そして第一五章（おわりに）を訳出した。また、著者の承諾のもとで構成を変えたうえ、著者が日本の読者に向けて新たに手がけた序文、さらには原書にはない地図・図版をつけ加えた。

著者のドミニク・カリファはパリ第一大学の史学教授であり、一九世紀史研究センターの所長を務めているほか、グラン・ゼコールのひとつであるパリ政治学院でも授業を担当している。さらに二〇一五年からはアンスティチュ・ユニヴェルシテール・ド・フランス（一九九一年に高等教育・研究省が学術研究の推進のために設立した組織で、大学に所属する研究者のうち、約二％ほどの世界的に知られる優秀な者だけが選出される）の会員でもある。こうした立場から世界各国で講演や授業を行なうカリファは、日本もこれまで二度訪れており、前回の来日である二〇一二年には東京の日仏会館でフランスの新聞の歴史について講演をした。本書が出版される二〇一六年秋には三度めの来日をし、関東と関西でそれぞれ講演を行なう予定である。

周知のようにフランスの歴史学では、両大戦間期にマルク・ブロックとリュシアン・フェーヴルが研究誌『アナール』を創刊して以来、それまでのように有名な人物や事件を叙述するのではなく、各時代の人々を取り巻いていた環境や彼らの考え方・暮らし方を分析しようとする、社会史、心性史、さらには感性の歴史が重視されてきた。こうしてフェルナン・ブローデル、エマニュエル・ル・ロワ・ラデュリ、ジャック・ル・ゴッフ、アラン・コルバンといった歴史家たちが輩出し、彼らの研究はそれぞれ日本語に訳されてきた。カリファはといえば一九九四年、労働、監獄、女性の歴史を専門とするミシェル・ペローの指導を受けてパリ第七大学に博士論文を提出、その後パリ第七大学、次いでレンヌ大学での勤務を経て、二〇〇二年、前述のコルバンの後任としてパリ第一大学の教授に就任した。

その間、カリファは数々の研究成果を世に送り出してきた。たとえば博士論文をもとにした『インクと血――ベル・エポックのフランスにおける犯罪の物語 *L'Encre et le sang. Récits de crimes dans la France de la «Belle Epoque» (1894-1914)*』（一九九五）、『私立探偵の誕生 *Naissance de la police privée*』（二〇〇〇）、『ビリビ――フランス軍の植民地徒刑場 *Biribi. Les Bagnes coloniaux de l'armée française*』（二〇〇九）などである。近年では『どん底《バ=フォン》――あるイマジネールの歴史 *Les Bas-fonds. Histoire d'un imaginaire*』（二〇一三）がモーヴェー・ジャンル賞を受賞したほか、ジャン＝クロード・ファルシとともに『パリ犯罪図録――中世から現代まで *Atlas du crime à Paris. Du Moyen Âge à nos jours*』（二〇一五）が新たに出版された。本書の原本『一九世紀の犯罪と文化』はカリファの四番めの単著であり、またカリファの著作としては初の邦訳となる。

以上のような経歴と著作から、カリファがフランスの近代史研究を率いる一人であることに異論はないだろう。だが「おわりに」でも述べられているように、本書はまず現代をも視野に入れた歴史研究である。二〇一五年一一月のテロ以降、捜査の対象となってきたのはおもにパリの北部の地域であるが、ここは第一章で述べられているようにパリ大改造以降「危険階級」が移動してゆくこととなった、「中心からはずれた市街区」もしくはその延長にあたる。また、一連のテロ事件に際して、大統領はたびたび「戦争」という言葉を使っているが、一九世紀には犯罪こそが戦争のたとえで語られていたことを考えると、原書のタイトルでもある「一九世紀の犯罪と文化」は、二一世紀の犯罪と文化の一部をなすものでもあることがわかる。

また、カリファの研究は歴史学にとどまることなく、その「周辺の」学問、たとえば文学にも大きく関わってくる。一九世紀は、激変した社会を解読し民衆に伝えるという使命を見出した作家たちが、積極的に社会問題を描いた時代だった。とくに一八一九年の監獄図書コンクール（囚人に読ませるためのフィクションを公募した）と一八二八年のヴィドックの『回想録』は、作家たちを犯罪問題へと引きつけることとなった。こうして七月王政期には、連載小説もいわゆる文学も、『ならず者の世界』（第4章注11）の言語や風習を紹介した。たとえばユゴーは『レ・ミゼラブル』のなかで、奈落にうごめくさまざまな闇の人物（実在の／架空の、伝統的な／新型の）を登場させ、隠語に代表されるその独自の文化を分析している。シューも同じく多くの「ペーグル」を描いたが、『パリの秘密』で隠語を一種の伏線として使用したことによって、本当の意味でならず者の世界を文学の中に取り込んだと言えるのかもしれない。七月王政期に人々が慣れ親しんだどん底《バ＝フォン》のイマジネールは、一九世紀後半になっても効力を保ちつづける。三面記事で取り上げられ、犯罪小説にも好んで描かれる、あの冷笑的で悪の魅力をたたえた紳士たちに一八三〇年代の社会を沸かせたラスネールの面影を見出すことは難しくないし、ゾラが描くのも、『獲物の分け前』（一八七一）の詐欺のような都会の新しい犯罪だけにとどまらず、『大地』（一八八七）では夜になると農民たちが集まって火あぶり強盗（一八四五年のヴィドックの小説に描かれた実在の強盗団）を物語る。しかしこうしたことはすべて、本書で述べられているように、近代的な同化モデルに基づく刑事政策が輪郭を現していった時代のことである。よって本書も対象としている犯罪というテーマは、それぞれの文学作品の理解を細かな視点から助けてくれるのはもちろんのこと、社会における文学（と大衆文学）のあり方についても、広い視野から考えさせてくれるのである。

翻訳にあたっては、日本語に訳しづらい表現も多々見られたが、それぞれ著者に確認し、適切な訳を試みたつもりである。ポンソン・デュ・テライユやスーヴェストル／アランなどの日本でなじみのない作品のタイトルについては、それらを紹介している研究書の訳を参考にした。

最後に、著者の来日に向けた短いスケジュールのなか丁寧に対応してくださった法政大学出版局の郷間雅俊氏、氏を紹介してくださった日本学術振興会特別研究員時代の恩師である慶應義塾大学の小倉孝誠先生、フランス語以外の人名・用語について訳者の質問に快く応じてくれた立命館大学嘱託講師控室の同僚たち、そして著者でありパリ第一大学時代の恩師であるドミニク・カリファ先生に心からお礼を申し上げます。

二〇一六年九月五日、京都にて

梅澤　礼

著　者

ドミニク・カリファ（Dominique Kalifa）

1957年生まれ。1994年，ミシェル・ペローの指導のもとパリ第7大学修了。レンヌ第2大学准教授，教授を経て，2002年，アラン・コルバンの後任としてパリ第1大学教授に就任。2015年にはアンスティチュ・ユニヴェルシテール・ド・フランス会員に任命される。近代の犯罪と大衆文化を専門とし，著書に *Biribi. Les bagnes coloniaux de l'armée française*（Perrin, 2009），*Les bas-fonds. Histoire d'un imaginaire*（Seuil, 2013, mauvais genre 賞），*La véritable histoire de la belle-époque*（近刊）などがある。

訳　者

梅澤 礼（うめざわ・あや）

1979年生まれ。上智大学卒業後，ベルギー政府給付生，フランス政府給付生として留学したのち，2012年，パリ第1大学博士課程修了。日本学術振興会特別研究員を経て，現在立命館大学嘱託講師。専門は近代の文学と犯罪学。共著に『近代科学と芸術創造―― 19–20世紀のヨーロッパにおける科学と文学』（行路社，2015年），共訳書に『ラスネール回想録』（平凡社，2014年）などがある。

《叢書・ウニベルシタス　1049》
犯罪・捜査・メディア
19 世紀フランスの治安と文化

2016年 10 月 25 日　初版第 1 刷発行

ドミニク・カリファ
梅澤 礼 訳
発行所　一般財団法人　法政大学出版局
〒102-0071 東京都千代田区富士見 2-17-1
電話 03(5214)5540 振替 00160-6-95814
印刷: 三和印刷　製本: 誠製本

Printed in Japan

ISBN978-4-588-01049-1

人名索引

ア 行

アシェット，ルイ　Louis Hachette　41
アダン，マルセル　Marcelle Adam　261, 267
アネ，アントワーヌ　Antoine Année　99–101, 111
アブー，エドモン　Edmond About　223, 241
アモン，ルイ　Louis Hamon　105, 112, 116
アラン，マルセル　Marcel Allain　59, 208–09, 253, 261–62, 264–65
アルシェ，エミール　Emile Archer　105, 112, 117
アンドリウー，ルイ　Louis Andrieux　82, 84, 86, 103, 108, 156
イリアルト，シャルル　Charles Yriarte　222
イルシュ，シャルル＝アンリ　Charles-Henri Hirsch　255, 263
ヴァシェ，ジョゼフ　Joseph Vacher　2
ヴァルガス，イヴ　Yves Vargas　219
ヴァレス，ジュール　Jules Vallès　136
ヴァンシー，ルネ　René Vincy　255–56, 263, 268
ヴィゾイユ＝コルナチアニュ　Visoiu-Cornateanu　163
ヴィドック，ウージェーヌ＝フランソワ　Eugène-François Vidocq　13, 54, 93, 96–99, 101–02, 112–14, 116, 119–23, 127, 133, 135, 137
ヴィリオ，ウージェーヌ　Eugène Villiod　75, 106, 114
ヴィルーボフ，グレゴワール　Grégoire Wirouboff　104
ヴィルメットル，シャルル　Charles Virmaitre　75
ヴィレルメ，ルイ＝ルネ　Louis-René Villermé　131
ウェルズ，H・G　H.-G. Wells　263
ヴェルネ，オラース　Horace Vernet　223
ヴェルレーヌ，ポール　Paul Verlaine　116
エイマ，ルイ＝グザヴィエ　Louis-Xavier Eyma　44–45, 47
エマール，ギュスターヴ　Gustave Aimard　21–22, 36, 42, 44–47, 49, 51–54, 249
オーソンヴィル，ポール・ガブリエル　Paul-Gabriel Haussonville　203
オスマン，ジョルジュ・ウージェーヌ　Georges Eugène Haussmann　9–10, 13, 16–19, 22, 26–29, 51, 78, 289–90
オッペンハイム，フィリップ　Philip Oppenheim　263
オリヴィエ＝マルタン，イヴ　Yves Olivier-Martin　261
オルシーニ，フェリーチェ　Felice Orsini　106, 109

カ 行

カイヨー，アンリエット　Henriette

Caillaux 1–2, 254
カスク・ドール Casque d'Or 2, 28–29, 88
ガスケル P. Gaskell 131
ガスティーヌ, ジュール・ド Jules de Gastyne 18
カゼリオ, サンテ・ジェロニモ Sante Geronimo Caserio 106
カットラン, フィリップ Philippe Cattelain 103
ガボリオ, エミール Emile Gaboriau 18, 124, 134
カメスカッス, ヴァランティーヌ Valentine Camescasse 104
カユ, テオドール Théodore Cahu 270
ガル, フランツ・ヨーゼフ Franz Joseph Gall 113
ガルソン, エミール Emile Garçon 145, 149, 174–75
カルドーズ, ジュール Jules Cardoze 270
ガロパン, アルヌー Arnould Galopin 262–63
ガロパン, アルチュール Arthur Galopin 259
ガロファロ, ラファエル Raffaele Garofalo 142, 144
カンレー, ピエール Pierre Canler 102, 108, 114–15, 121–22, 125–26, 132, 135, 196
キャトリン, ジョージ Georges Catlin 41
ギュイヨン, ルイ Louis Guyon 100
キュヴィエ, ジョルジュ Georges Cuvier 113
ギュゲンナイム, ウージェーヌ Eugène Gugenheim 272
キュッシュ, ポール Paul Cuche 145, 155
ギヨーテ, ジャック・フランソワ Jacques François Guillauté 98
ギヨーム, マルセル Marcel Guillaume 111, 117, 122, 124
クーパー, フェニモア Fenimore Cooper 36–38, 40–41, 50, 52, 124, 132
クライスパッハ, ヴェンツェスラス Wenzeslaus Gleispach 147
クラルティ, ジュール Jules Claretie 124, 223–24
グリゾン, ジョルジュ Georges Grison 17, 208, 213
グリム, トマ Thomas Grimm 221
クレイン, スティーヴン Stephen Crane 263
クレッソン, エルネスト Ernest Cresson 103, 108
クレミュー, エルネスト Ernest Crémieux 155
クロード, アントワーヌ Antoine Claude 11, 18, 103, 109, 112, 114, 119, 121–22, 124–25, 132, 139, 196
ケー＝シャトルワース, ジェームズ James Kay-Shuttelworth 131
ゲパン, アンジュ Ange Guépin 131
ゲルー, コンスタン Constant Guéroult 16, 31
ケルール, アンリ Henri Kéroul 252
コーヴァン, アンリ Henri Cauvain 41
コーシディエール, マルク Marc Caussidière 103, 108
ゴーチエ, エミール Emile Gautier 125
ゴーチエ, レオン Léon Gautier 138
コーベ, ジャン＝マリ Jean-Marie Caubet 103–04, 110, 115, 121
コリンズ, ウィルキー Wilkie Collins 133
コルジー, ウージェーヌ Eugène

Corsy 105
ゴロン，フランソワ François Goron 97, 103–06, 112, 114, 117, 122, 124–25, 196

サ 行

ザコンヌ，ピエール Pierre Zaccone 16, 22, 104, 208, 210
サジ，レオン Léon Sazie 253, 260, 262, 272
サドラー，マイケル Michael Sadler 132
サリアン，フェルディナン Ferdinand Sarrien 158
サル，ピエール Pierre Sales 253, 272
サン＝ティレール，マルコ Marco Saint-Hilaire 101
サンセー，チュルパン・ド Turpin de Sansey 208
サンド，ジョルジュ George Sand 37, 41
サント＝ブーヴ，シャルル＝オーギュスタン Charles-Augustin Sainte-Beuve 37
シアップ，ジャン Jean Chiappe 110
ジェルマン，アンリ Henri Germain 260, 262
シコ，マルセル Marcel Sicot 123
ジゴ，アルベール Albert Gigot 84, 103
ジスケ，アンリ・ジョゼフ Henri Joseph Gisquet 102, 109
ジニスティ，ポール Paul Ginisty 115, 224
シニョレル，ジャン Jean Signorel 151–52
ジメール，リュシアン Lucien Zimmer 110
シモナン，ルイ＝ローラン Louis-Laurent Simonin 44
ジャーヴィス，R R. Jervis 127
ジャッセ，ヴィクトラン Victorin Jasset 264, 272
シャトーブリアン，フランソワ＝ルネ・ド François-René de Chateaubriand 39
ジャリ，アルフレッド Alfred Jarry 183
シャルル，ジャン Jean Charles 28
ジュアン，ユベール Hubert Juin 59
シュー，ウージェーヌ Eugène Sue 10–11, 22, 32, 37, 40, 52, 58, 116, 123, 208, 279
シュヴァリエ，エミール＝アンリ Emile-Henri Chevalier 44–45
シュヴァリエ，ルイ Louis Chevalier iii, 84
シューラック，ルネ・ド René de Sieurac 209
シュタインハイル，マルグリット Marguerite Steinheil 2
シュヌヴィエ，シャルル Charles Chenevier 96
シュプルツハイム，ヨーハン・ガスパー Johann Gaspar Spurzheim 113
ジョアンニ Joannis 110
ショーミエ，ピエール Pierre Chaumié 148
ジョーム，ポール Paul Jaume 77, 103, 117
ジョフロワ・サン＝ティレール，エチエンヌ Etienne Geoffroy Saint-Hilaire 113
ジョリ，アンリ Henry Joly 156
ジョレス，ジャン Jean Jaurès 1, 254
ジラルダン，サン＝マルク Saint-Marc Girardin 38, 40
ジンメル，ゲオルク Georg Simmel 197
スーヴェストル，ピエール Pierre

Souvestre 59, 208–09, 253
スコット，ウォルター Walter Scott 37, 213
スゴンザック，ポール Paul Segonzac 256, 262, 265
ステレ，F・M F. M. Stellet 106
ゼヴァコ，ミシェル Michel Zévaco 252, 258, 262, 267, 270, 272
セザール，ポール Paul César 106, 112
セルトー，ミシェル・ド Michel de Certeau 200
ソレル，ジョルジュ Georges Sorel 67

タ 行

ダラッス，アドリアン Adrien Darasse 111
タルド，ガブリエル Gabriel Tarde 149
ダンリ Danrit (capitaine) 271
チャドウィック，エドウィン Edwin Chadwick 127, 132
D・B 105
ディヴォワ，ポール Paul d'Ivoi 272
ディウゼ，フランソワ François Dieuset 105
ティエス，アンヌ＝マリー Anne-Marie Thiesse 270
ディケンズ，チャールズ Charles Dickens 127, 133, 140
デュ・カン，マクシム Maxime Du Camp 17, 19, 37
デュ・ロヴレー Du Roveray 87
デュクペシオ，エドゥアール Edouard Ducpetiaux 131
デュシェ，クロード Claude Duchet 130
デュパン，アルチュール Arthur Dupin 36
デュファイ，アレクサンドル Alexandre Dufaï 116
デュフレーヌ，エミール Emile Dufrene 105, 111
デュプレシス，ポール Paul Duplessis 42, 44–45
デュマ，アレクサンドル Alexandre Dumas 14, 32, 37, 41, 52, 102, 133, 139, 178, 193, 215
デュランタン，アルマン Armand Durantin 118–19
デュリ，ルイ Louis Durry 224
デュリュイ，ヴィクトル Victor Duruy 44
デュルケム，エミール Emile Durkheim 3
テラモン，ギー・ド Guy de Téramond 24, 264–65, 271
デルヴォー，アルフレッド Alfred Delvau 17, 50
デルフィ＝ファブリス，Delphi-Fabrice 21
デレセール，ガブリエル Gabriel Delessert 82
ドゥグット，アントワーヌ Antoine Degoutte 106
ドゥクルセル，ピエール Pierre Decourcelle 260, 262, 264, 272
ドゥベイエーム，ルイ Louis Debeyllème 100
ドゥマール，アリーヌ Aline Demars 270
ドゥメッス，アンリ Henri Demesse 104
ドゥラヴォー，ギー Guy Delavau 100–01
ドゥラフォッス，ジュール Jules Delafosse 162
ドゥラマール，ニコラ Nicolas Delamarre 98

ドーデ，アルフォンス　Alphonse Daudet　48
ドーネー，アルフレッド　Alfred d'Aunay　225
トックヴィル，アレクシ・ド　Alexis de Tocqueville　40, 85, 203
トリム，ティモテ　Thimothée Trimm　178
トロップマン，ジャン＝バティスト　Jean-Baptiste Troppmann　2, 21, 28, 115, 125

ナ 行

ナボコフ　Nabokoff　163
ネルヴァル，ジェラール・ド　Gérard de Nerval　213
ノディエ，シャルル　Charles Nodier　32
ノワール，ヴィクトル　Victor Noir　109

ハ 行

パオリ，グザヴィエ　Xaviers Paoli　108
パスカル，リーズ　Lise Pascal　261
パッシオン，リュック　Luc Passion　27
ハメル，ヘラルト・ファン　Gerard van Hamel　143
パラン＝デュシャトレ，アレクサンドル　Alexandre Parent-Duchâtelet　31, 131, 197
バルザック，オノレ・ド　Honoré de Balzac　8, 31, 37, 39–40, 102, 119, 133, 181
バルト，ロラン　Roland Barthes　182
バルトゥ，ルイ　Louis Barthou　159
バルバラ，シャルル　Charles Barbara　102
バンヴィル，テオドール・ド　Théodor de Banville　52
ビゴ・ド・モログ，ピエール＝マリ　Pierre-Marie Bigot de Morogues　131
ビザール，レオン　Léon Bizard　106
ビズアール，アルベール　Albert Bizouard　105, 109
ピュイバロー，ルイ　Louis Puibaraud　83
ビュール，ルネ　René Bures　252
ビュノ＝ヴァリヤ，モーリス　Maurice Bunau-Varilla　257
ビュレ，ウージェーヌ　Eugène Buret　39, 131
ファラリック，ガストン　Gaston Faralicq　109, 112, 116, 122, 124
フイヤッド，ルイ　Louis Feuillade　264, 272
フーコー，ミシェル　Michel Foucault　iii, 201
フーシェ，ジョゼフ　Joseph Fouché　99–100, 110, 118
フェヴァル，ポール　Paul Féval　18, 32, 50–53, 133–34, 196, 215
フェッリ，エンリコ　Enrico Ferri　142
フェドー・ド・マルヴィル，クロード＝アンリ　Claude-Henry Feydau de Marville　104
フェリー，ガブリエル　Gabriel Ferry　42, 44–46, 49
フェルラン，ジャック　Jacques Ferlan　252
ブノワ，アンドレ　André Benoist　107, 110
フュアルデス，アントワーヌ　Antoine Fualdès　2, 106
ブラン，ジャン（ジュール）　Jean (Jules) Belin　114, 122, 125–26
ブランキ，オーギュスト　Auguste Blanqui　109
ブランキ，アドルフ　Adolphe Blanqui

131
プランジーニ，アンリ　Henri Pranzini　2, 115
フランシェ，フランソワ　François Franchet　100
フランス，ジャン　Jean France　108
ブリアン，アリスティッド　Aristide Briand　66, 164, 167, 174–75
ブリエンヌ，ジャック　Jacques Brienne　252, 254–55, 263
プリオレ，ジュリアン　Julien Priollet　261
プリオレ，マルセル　Marcel Priollet　261
ブリュアン，アリスティッド　Aristide Bruant　20, 116, 208, 252, 263, 270
プリンス，アドルフ　Adolphe Prins　143–45, 147–49
プルースト，ジャン＝マルク　Jean-Marc Proust　270
ブルジョワ，レオン　Léon Bourgeois　66
ブルッサール，ロベール　Robert Broussard　97
ブルトン，ポール　Paul Bleton　270
フルネル，ヴィクトル　Victor Fournel　178
フレジエ，オノレ・アントワーヌ　Honoré Antoine Frégier　22, 76, 131
ブロ，アドルフ　Adolphe Belot　18, 208
フロマン，M　M. Froment　100
フロロ，ジャン　Jean Frollo　206
ペシャール，シャルル　Charles Pechard　105, 109, 112, 116, 125
ベッカリーア，チェーザレ　Cesare Beccaria　142, 145, 155, 289
ベランジェ，ピエール＝ジャン・ド　Pierre-Jean de Béranger　37
ベランジェ，ルネ　René Bérenger　150, 160, 163
ベリー，ジョルジュ　Georges Berry　91, 204
ペリコ，シルヴィオ　Silvio Pellico　214
ペルタン，カミーユ　Camille Pelletan　224–25
ベルテ，エリー　Elie Berthet　16
ベルトネ，ポール　Paul Bertnay　162–63, 270
ベルネッド，アルチュール　Arthur Bernède　256, 263–65, 270, 272
ベント，J　J. Bent　127
ポー，エドガー　Edgar Poe　12–13, 197
ボージョワン，ジュール　Jules Beaujoint　102
ボードレール，シャルル　Charles Baudelaire　13, 30, 41, 116, 129
ボナパルト，ルイ＝ナポレオン　Louis-Napoléon Bonaparte　41
ボナパルト，ピエール＝ナポレオン　Pierre-Napoléon Bonaparte　109
ボナミ，ウージェーヌ　Eugène Bonamy　131
ボノ，ジュール　Jules Bonnot　2, 64, 68, 93, 115, 141, 155
ボルニッシュ，ロジェ　Roger Borniche　97
ボレル，ペトリュス　Petrus Borel　213
ボワゴベ，フォルチュネ・デュ　Fortuné du Boisgobey　18
ボワシエール，アルベール　Albert Boissière　263
ポンソン・デュ・テライユ，ピエール・アレクシ　Pierre Alexis Ponson du Terrail　18, 32, 135, 139, 178, 209, 216, 249

マ 行

マセ，ギュスターヴ　Gustave Macé

18, 96, 103, 105–06, 110, 112, 114–15, 117, 121–22, 124, 192, 196
マタ・ハリ, Mata Hari 109
マックドナルド, シャーウッド Sherwood Mac Donald 264
マッコルラン, ピエール Pierre Mac Orlan 24
マッサール, エミール Emile Massard 91
マドン大尉 Madon (capitaine) 261
マニョー, ポール Paul Magnaud 158, 169
マリ, ジュール Jules Mary 209, 249, 252, 257, 259–60, 263, 267–68, 272–73
マリオ, マルク Marc Mario 272
マロ, エクトール Hector Malot 117
ムーカン, リュシアン=セレスタン Lucien-Célestin Mouquin 83
ムージー, ヴィクトル Victor Meusy 77
メーヒュー, ヘンリー Henry Mayhew 132
メテニエ, オスカル Oscar Méténier 116
メルーヴェル, シャルル Charles Merouvel 249, 254, 256, 261, 263
モリス, ヴィクトル Victor Morris 36
モリス, エミール Emile Morice 101
モレ, ウージェーヌ Eugène Moret 117
モレアス, ジャン Jean Moréas 116
モレル, アンリ Henri Morel 104
モンテパン, グザヴィエ・ド Xavier de Montépin 32

ヤ 行

ユーア, アンドリュー Andrew Ure 132
ユゴー, ヴィクトル Victor Hugo 14, 16, 30, 32, 76, 85–86, 102, 116, 129–30, 132–33, 135, 138, 140, 213
ユルバック, オノレ Honoré Ulbach 14

ラ 行

ラ・イール, ジャン・ド Jean de La Hire 267
ラ・ブールドネ La Bourdonnais 113
ラウセ=ブールボン, ガストン Gaston Raousset-Boulbon 42, 45
ラザリュス, ルイ Louis Latzarus 83
ラスネール, ピエール=フランソワ Pierre-François Lacenaire 2, 106, 115, 213
ラチスボンヌ, ルイ Louis Ratisbonne 241
ラッセル, ウィリアム・ハワード William Howard Russel 127, 223
ラネッサン, ジャン=ルイ・ド Jean-Louis Lanessan 148–49
ラバン, ルイ Louis Rabin 101
ラファルジュ, マリー Marie Lafarge 2, 106
ラフィトー, ジョゼフ=フランソワ Joseph-François Lafitau 39
ラブリウー, テオドール Théodore Labourieu 208
ラブリュイエール, ジョルジュ・ド Georges de Labruyère 213
ラマルク, ジャン・マクシミリアン Jean Maximilien Lamarque 108
ラルース, ピエール Pierre Larousse 47, 104
ランド, ジャンヌ Jeanne Lande 261
ランドリュ, アンリ=デジレ Henri-Désiré Landru 115
リアブッフ, ジャン=ジャック Jean-Jacques Liabeuf 29
リード, メイン Mayne Reid 45
リスト, フランツ・フォン Franz von

Listz 143–45
リッチモンド Richmond 127
リンネ，カール・フォン Carl von Linné 113
ル・クー，ウィリアム William Le Queux 105
ルイ＝フィリップ一世， Louis-Philippe Ier 41
ルーヴァン，アメデ Amédée Rouvin 155
ルヴォワル，ベネディクト＝アンリ Bénédict-Henri Revoil 45
ルーバ，ギヨーム Guillaume Loubat 148, 152, 154, 159–68, 170–71, 173–75, 282
ルクリュ，エリー Elie Reclus 49
ルゲ，アンリ Henry Legay 224
ルコック，ジャン Jean Lecoq 18, 134, 167
ルザーヴル＝カイイエ， Lesavre-Caillier 90
ルナール，ジュール Jules Renard 86
ルノワール，ジャン＝シャルル＝ピエール Jean-Charles-Pierre Lenoir 98
ルブラン，モーリス Maurice Leblanc 208, 260, 263–64
ル・プレー，フレデリック Frédéric Le Play 131
ルメール，J・B J. B. Lemaire 98
ルルー，ガストン Gaston Leroux 213, 252, 258, 262, 267–68
レスペス，レオ Léo Lespés 178
レナル少佐， Raynal (commandant) 261
レノー，エルネスト Ernest Raynaud 109–10, 112, 116
レピーヌ，ルイ Louis Lépine 68, 83, 103, 156–57
レリチエ，ルイ＝フランソワ Louis-François L'Héritier 101–02
レルミナ，ジュール Jules Lermina 208, 213, 272
ロカール，エドモン Edmond Locard 106–07, 112, 117, 125
ロクロワ，エドゥアール Édouard Lockroy 223–24
ロザンヴァロン，ピエール Pierre Rosanvallon 196
ロシニョル，ギュスターヴ Gustave Rossignol 103–05, 114, 122
ロンブローゾ，チェーザレ Cesare Lombroso 142

原 注

はじめに

(1) Philippe ROBERT, «Le Sociologue, la culture et le crime», dans J. M. Besette (dir), *Crime et Cultures*, L'Harmattan, 1999, p. 29–59.
(2) Bernard SCHNAPPER, «Pour une géographie des mentalités judiciaires: la litigiosité en France au XIXe siècle», *Annales ESC*, février-mars 1979, p. 399–419.
(3) François PLOUX, *Guerres paysannes en Quercy. Violences, conciliations et répression pénale dans les campagnes du Lot (1810–1860)*, La Boutique de l'histoire, 2002; Frédéric CHAUVAUD, *Les Criminels du Poitou au XIXe siècle. Les monstres, les désespérés, les voleurs*, Poitiers, Geste Editions, 1998.
(4) Anick TILLIER, *Des Criminelles au village. Femmes infanticides en Bretagne (1825–1865)*, Presses universitaires de Rennes, 2001.
(5) Sylvie LAPALUS, *La Mort du vieux. Le parricide au XIXe siècle*, Tallandier, 2004.
(6) これに関しては以下を参照。KALIFA, «L'entrée de la France en régime médiatique: l'étape des années 1860», dans J. MIGOZZI (dir.), *De l'écrit à l'écran*, Presses Universitaires de Limoges, 2000, p. 39–51. KALIFA, *La Culture de masse en France 1: 1860–1930*, La Découverte, 2001.

第1章

(1) Michel PORRET, «La topographie judiciaire à Genève», *Sociétés & Représentations*, n°6, 1998, p. 191–209; Frédéric CHAUVAUD, *Les Criminels du Poitou au XIXe siècle. Les Monstres, les désespérés, les voleurs*, Poitiers, Geste Éditions, 1999.
(2) 1869年に殺人犯のトロップマンが罪を犯し，ほどなく新聞の売り子たちがはびこるようになり，幾千もの野次馬が訪れ，写真によって不滅となった「ラングロワの畑」も同様である。Michelle PERROT, «L'affaire

Troppmann »（1981）, repris dans *Les Ombres de l'Histoire. Crime et châtiment au XIXe siècle*, Flammarion, 2001, p. 283–298.

(3) この点に関しては以下を参照。« Crime, fait divers et culture populaire à la fin du XIXe siècle », *Genèses. Sciences sociales et histoire*, n° 19, 1995, p. 68–82 ; Michel MAFFESOLI et Alain PESSIN, *La Violence fondatrice*, Ed. du Champ, 1978.

(4) ルイ・シュヴァリエの著作にはじまったこれらの問題に対する関心は近年ふたたび高まっている。とくに，Dominique KALIFA, *L'Encre et le sang. Récits de crimes et société à la Belle Epoque*, Fayard, 1995 ; Thomas CRAGIN, *Cultural Continuity in Modern France. The Representation of Crime in the Popular Press of Nineteenth Century Paris*, Ph.D. dissertation, Indiana University, 1996 ; Simone DELATTRE, *Les Douze heures noires. La nuit à Paris au XIXe siècle*, Albin Michel, 2000 ; Gregory K. SHAYA, *Mayhem for Moderns. The Culture of Sensationalism in France, c. 1900*, Ph.D., University of Michigan, 2000 ; Anne-Emmanuelle DEMARTINI, *L'Affaire Lacenaire*, Aubier, 2001.

(5) Firmin MAILLARD, *Le Gibet de Mautfaucon (étude sur le vieux Paris)*, Auguste Barby, 1863, p. 3.

(6) Eugène SUE, *Les Mystères de Paris*（1842）, Pauvert, 1963, p. 8.

(7) Charles VIRMAÎTRE, *Paris qui s'efface*, Savine, 1887, p. 71.

(8) E. SUE, *Les Mystères de Paris*, p. 8.

(9) *Mémoires de Monsieur Claude, chef de la police de sûreté sous le Second Empire*（1881）, Club français du livre, 1962, p. 37.

(10) Alexandre DUMAS, *Les Mohicans de Paris*（1854–1859）, Gallimard, 1998, p. 246.

(11) 18 世紀に関するものではあるが，以下を参照。Arlette FARGE et André ZYSBERG, « Les théâtres de la violence à Paris au XVIIIe siècle », *Annales ESC,* 1979, n° 5, p. 984–1015 ; Patrice PÉVERI, « Les pickpockets à Paris au XVIIIe siècle », *Revue d'histoire moderne et contemporaine*, n° 29–1, 1982.

(12) Henri SAUVAL, *Histoire et recherche des Antiquités de la Ville de Paris*, Moette, 1724.

(13) *La Chronique de Paris*, 18 octobre 1836, cité par A.-E. DEMARTINI, *L'Affaire Lacenaire*, p. 150.

(14) « The Murders in the rue Morgue »（1841）, « The Purloined Letter »,（1842）, « The Mystery of Marie Roget »（1850）.

(15) Walter BENJAMIN, *Le Paris du second Empire chez Charles Baudelaire*

(1938), Payot, 1979.

(16) Bronislaw GEREMEK, *Les Marginaux parisiens aux XIVe et XVe siècles*, Flammarion, 1976; John M. MERRIMAN, *The Margins of City Life. Explorations on the French Urban Frontier, 1815–1851*, New York, Oxford University Press, 1991 (trad. française, Seuil, 1994).

(17) A. FARGE et A. ZYSBERG, article cité.

(18) Eugène François VIDOCQ, *Mémoires* (1828), Laffont, 1998, p. 293.

(19) *Mémoires de Monsieur Claude, op . cit.*, p. 55–57.

(20) Elie BERTHET, *Les Catacombes de Paris*, 1854; Constant GUÉROULT et Pierre DE COUDEUR, *Les Etrangleurs de Paris*, Chappe, 1859; Pierre ZACCONE, *Les Drames des catacombes*, Ballay ainé, 1863; Pierre-Léonce IMBERT, Les Catacombes de Paris, Librairie internationale, 1867.

(21) Cité par Yves LEMOINE, *Paris sur crime. L'impossible histoire*, Jacques Bertoin, 1993, p. 131–132.

(22) Alfred DELVAU, *Histoire anecdotique des cafés et cabarets de Paris*, Dentu, 1862, p. 100, cité par S. DELATTRE, *Les Douze heures noires,* p. 510.

(23) Maxime DU CAMP, *Paris. Ses organes, ses fonctions et sa vie dans la seconde moitié du XIXe siècle,* Hachette, 1872, vol. 1, p. 427.

(24) Georges GRISON, *Paris Horrible et Paris original*, Dentu, 1882, p. 1.

(25) Gustave MACÉ, *Crimes impunis*, Fasquelle, 1897, p. 67.

(26) François LE LIONNAIS, «Le Paris des Habits noirs», *Le Magazine littéraire*, oct. 1972, p. 58–64.

(27) Emile GABORIAU, *L'Affaire Lerouge*, Dentu, 1866; *Monsieur Lecoq*, Dentu 1867; *Le Petit vieux des Batignolles*, Dentu, 1870.

(28) Fortuné DU BOISGOBEY, *Le Coup d'œil de Monsieur Piédouche* (1883), Marseille, Rivages, 1999, p. 36.

(29) *Mémoires de M. Claude, op. cit.*, p. 54.

(30) Pierre SALES, *Le Crime du métro,* feuilleton paru dans *La Petite République*, juin-septembre 1912.

(31) M. DU CAMP, *Paris,* vol. 3, p. 55.

(32) Louis CHEVALIER, *Montmartre du plaisir et du crime*, Laffont, 1981; Jerrold SEIGEL, *Bohemian Paris. Culture, Politics and the Boundaries of Bourgeois Life, 1830–1930*, New York, 1986 (trad. française, Gallimard, 1992).

(33) Jean LORRAIN, *La Maison Philibert* (1904), Christian Pirot, 1992, p. 116.

(34) Pierre SOUVESTRE et Marcel ALLAIN, *L'Arrestation de Fantômas*, Fayard, 1912, p. 275.

(35) « A Saint-Ouen », recueilli le volume *Dans la rue*, Paris, 1889.
(36) *L'Arrestation de Fantômas*, p. 259.
(37) Charles-Henri HIRSCH, *Le Tigre et coquelicot. Roman des fortifs et des boulevards,* Librairie universelle, 1905 ; Alfred MACHARD, *L'Epopée au Faubourg*, Mercure de France, 1912.
(38) DELPHI-FABRICE, *Outre-fortifs*, Malot, 1904.
(39) Gustave AIMARD, *Les Peaux-Rouges de Paris*, Dentu, 1888, p. 260.
(40) Charles VIRMAÎTRE, *Paris-Escarpe, Réponse à M. Macé*, Savine, 1887, p. 19.
(41) Pierre ZACCONE, *Les Nuits du boulevard*, Dentu, 1876, cité par S. DELATTRE, p. 527.
(42) G. AIMARD, *Les Peaux-Rouge de Paris*, p. 260.
(43) A. WOLFF, *Mémoires d'un Parisien. L'Ecume de Paris*, slnd, p. 38.
(44) 以下で紹介されている「猿のシテ」も同様である。Pierre DELCOURT, *L'Agence Taboureau (célérité et discrétion)*, Rouff, 1881.
(45) M. DU CAMP, *Paris*, vol. 3, p. 52
(46) *Ibid.*, p. 59.
(47) *La Maison du Lapin Blanc et les boulettes du Lapin-Blanc*, chez Mauras, 1859
(48) いかがわしい街角，安酒場，それに屑拾いの集合住宅は以下のガイドブックに示されている。*Guide des plaisirs de la nuit*, 1905 ; *Dictionnaire géographique et administratif de la France* de Paul Joanne (Hachette, 1899, t. 5). この点については以下を参照。Julia CSERGO, « Dualité de la nuit, duplicité de la ville », *Sociétés & Représentations*, n° 4, 1997, p. 105–120.
(49) François-Marie GORON, *L'Amour à Paris*, t. 4, Flammarion ; Jean LORRAIN, *Contes d'un buveur d'Éther*, Ollendorf, 1900.
(50) Pierre Léonce IMBERT, *A travers Paris inconnu*, Georges Decaux éditeur, 1876, p. 252.
(51) Théodore LABOURIEU, *Les Carrières d'Amérique*, *Le Journal du dimanche*, avril 1879.
(52) Jules LERMINA, *Les Loups de Paris*, Boulanger, 1883.
(53) Gaston LEROUX, *La double vie de Théophraste Longuet,* Flammarion, 1904 ; Pierre SOUVESTRE et Marcel ALLAIN, *Le Bouquet tragique*, Fayard, 1912 ; ID., *Le Voleur d'or,* Fayard, 1913.
(54) Pierre MAC ORLAN, *Nuits aux bouges*, Flammarion, 1929.
(55) Guy DE TÉRAMOND, *Les Bas-fonds*, Ferenczi, 1929, p. 142.

(56) Félix PYAT (en collab. avec Michel MORPHY), *Le Chiffonnier de Paris*, Fayard, 1887, p. 12.

(57) いくつもの中から2作品だけあげると，Félicien CHAMPSAUR, *L'Empereur des pauvres. Epopée sociale en 6 époques*, Ferenczi, 1922 ; Georges LE FÈVRE, *Je suis un gueux,* Baudinière, 1929.

(58) パリのイマジネールにおける『ファントマ』の重要性に関しては，以下を参照。« Fantômas », *Europe,* n° 590–591, 1978 ; Dominique KALIFA (dir.), *Nouvelle revue des études fantômassiennes*, Joëlle Losfeld, 1993 ; Robin WALZ, *Pulp Surrealism. Insolent Popular Culture in Early Twentieth-Century Paris*, Berkeley, University of California Press, 2000.

(59) Voir Jean-Claude VAREILLE, « Le Paris de Fantômas : du pittoresque à l'inquiétant », *Nouvelle revue des études fantômassiennes*, ouvrage cité, p. 69–94.

(60) Walter BENJAMIN, *Paris, capitale du XIXe siècle. Le livre des passages*, Cerf, 1989. Voir *Paris au XIXe siècle. Aspects d'un mythe littéraire*, Presses universitaires de Lyon, 1984.

(61) Jean-Pierre A. BERNARD, *Les Deux Paris. Les représentations de Paris dans la seconde moitié du XIXe siècle*, Seyssel, Champ Vallon, 2001, p. 217–219.

(62) Jeanne GAILLARD, *Paris, la ville, 1852–1879* (1977), L'Harmattan, 1999, p. 16 *sq.*

(63) とくに以下を参照。J. MERRIMAN, *The Margins of City Life,* cité.

(64) Luc PASSION, « Conjoncture et géographie du crime à Paris sous le second Empire », *Fédération des sociétés historiques et archéologiques de Paris et de l'Ile de France*, 1982, p. 187–224.

(65) Francis DÉMIER et Jean-Claude FARCY, *Regards sur la délinquance parisienne à la fin du 19e siècle. Rapport de recherche sur les jugements du tribunal correctionnel de la Seine (1888–1894)*, Université de Paris-10, 1997, p. 38–42.

(66) Louis LAZARE, *La France et Paris,* Publications administratives, 1872.

(67) Cf. *infra*, chapitre XII.

(68) Archives de Paris, D2U8/7.

(69) S. DELATTRE, *Les Douze heures noires,* p. 358–359, et p. 517–518.

(70) Gérard JACQUEMET, « La violence à Belleville au début du 20e siècle », *Bulletin de la société d'histoire de Paris et d'Ile-de-France*, 1978, p. 141–167 ; D. KALIFA, *L'Encre et le sang*, p. 152–164.

(71) Chantal CARBONNEL, *Les Lieux du crime à Paris sous le Second Empire*, maîtrise d'histoire, université de Paris-7, 2001.

(72) *Regards sur la délinquance parisienne,* rapport cité, p. 36-38.

(73) *Ibid.*, p. 36-38.

(74) François GASNAULT, *Guinguettes et Lorettes. Bals publics à Paris au XIXe siècle*, Aubier, 1986.

(75) APP/DB38 ; APP/DB35.

(76) Charles VIRMAÎTRE, *Paris qui s'efface*, Savine, 1887. いくつかの例をあげると, Coll., *Paris qui s'en va*, Cadart, 1860 ; Henri DE PENE, *Paris mystérieux,* Dentu, 1861 ; Charles VIRMAÎTRE *Paris oublié,* Dentu, 1866 ; ID., *Les Curiosités de Paris*, Lebigre-Duquesne, 1868 ; Anonyme, *Paris nouveau jugé par un flâneur*, Dentu, 1868 ; G. GRISON, *Paris horrible et Paris original*, cité ; Paul BELLON ; Georges PRICE, *Paris qui passe*, Savine, 1883.

(77) シャルル・ボードレール「白鳥」『悪の華, 漂着物, 新・悪の華』阿部良雄訳, ちくま文庫, 1998年, 198頁。

(78) Michel NATHAN, « Le ressassement, ou ce que peut le roman populaire », dans René GUISE et Hans-Jörg NEUSCHÄFER (dir), *Richesses du roman populaire*, Nancy, Centre de recherches sur le roman populaire, 1986, p. 235-250.

(79) Jean-Claude VAREILLE, notamment *L'Homme masqué, le justicier et le détective*, Presses Universitaires de Lyon, 1989 et *Le Roman populaire français (1789-1914). Idéologies et pratiques*, Presses Universitaires de Limoges, 1994.

(80) Philippe HAMON, « Voir la ville », *Romantisme*, n° 83, 1994, p. 5-7 ; Karl-Heinz STIERLE, *La Capitale des signes. Paris et son discours* (1993), Ed. de la MSH, 2001.

(81) BALZAC, *Histoire des treize* (1833), Albin Michel, 1953, p. 9. (バルザック『十三人組物語』西川裕子訳, 藤原書店, 2002年, 17頁。)

(82) Alexandre PARENT-DUCHATELET, *De la Prostitution dans la ville de Paris, considérée sous le rapport de l'hygiène publique, de la morale et de l'administration*, Baillière, 1836. アラン・コルバンによる解説も参照されたい。Alain CORBIN, *La Prostitution à Paris au XIXe siècle*, Seuil, 1981, p. 9-55.

(83) Théodore LABOURIEU, *Lacenaire, le tueur de femmes*, Rouff, 1885.

(84) René DE PONT-JEST, *Sang maudit*, Librairie nationale, sd, [1880], prologue.

(85) 『パリの秘密』の150周年にルネ・ギーズが作成した目録を参照。*Bulletin des amis du roman populaire*, n°17, 1992.

(86) プロローグ，11景5幕，エピローグから成るパロディー＝ヴォードヴィル。MM. ROCHEFORT et DARTOIS, Paris, 5 mars 1844.

(87) A. PONSON DU TERRAIL, *Les Drames de Paris* (1857–1870)，これに以下の作品が続いた。*Nouveau drames de Paris*, par Hippolyte RUY, Lambert et Cie, sd.; X. DE MONTÉPIN, *Les Tragédies de Paris*, Librairie Sartorius, 4 vol., 1874–1875.

(88) Christian AMALVI, *Le Goût du Moyen Age*, Plon, 1994; Isabelle DURAND-LEGUERN, *Le Moyen Age des Romantiques*, Presses Universitaires de Rennes, 2001.

(89) AIMARD, *Les Peaux-Rouge de Paris*, p. 289.

(90) ここでふたたび以下の鋭い分析をあげておく。J.-C. VAREILLE, *Le Roman populaire français*, cité.

第2章

(1) 歴史におけるアパッチ族の発見はミシェル・ペローに負うものである。ペローはアパッチ族に関する大学での最初の研究を率い（Laurent COUSIN, *Les Apaches. Délinquance juvénile à Paris au début du XXe siècle*, maîtrise d'histoire, Université de Paris–7, 1976），ほどなく以下を執筆した。«Dans le Paris de la Belle Epoque, les Apaches, premières bandes de jeunes», *Les Marginaux et les exclus dans l'Histoire*, 1979. これは以下にも収められている。*Les Ombres de l'Histoire, op. cit.*, 2001, p. 351–364. 筆者もいくつかの点についてつけ加えている。*L'Encre et le sang, op. cit.*

(2) *Le Matin*, 12 janvier 1910.

(3) Vanessa ZERJAV, *La Pègre parisienne dans les années vingt*, maîtrise d'histoire, Université de Paris–7, 1998.

(4) Paul MATTER, «Chez les Apaches», *Revue politique et littéraire*, octobre 1907, p. 626.

(5) Louis LATZARUS, «Les malfaiteurs parisiens», *Revue de Paris*, 1er juin 1912, p. 527; Marcel MONTARRON, *Histoire du Milieu de Casque d'or à nos jours*, Plon, 1969, p. 19.

(6) Ernest LAUT, *Supplément illustré du Petit Journal*, 23 juin 1910; *Le Matin*, 31 août 1900.

(7) George D. MORRIS, *Fenimore Cooper et Edgar Poe d'après la critique fran-*

çaise du XIXe siècle, Larose, 1912 ; Margaret Murray GIBB, *Le Roman de Bas-de-cuir. Etude sur Fenimore Cooper et son influence en France*, Champion, 1927 ; Georgette BOSSET, *Fenimore Cooper et le roman d'aventures en France vers 1830*, Vrin, 1928.

(8) *Les Pionniers* (1825), *Le Dernier des Mohicans* (1826), *La Prairie* (1827), *Le Lac Ontario* (1840), *Le Tueur de daims* (1841). これらのすべては，まず複数の出版社から出され（ボードリー，ボサンジュ，ガリニャニ）1827年，『ジェームズ・フェニモア・クーパー全集』の出版を始めたゴスランによって引き継がれた。

(9) *Le Globe,* 24 mai 1827. これについては以下を参照。Jean-Jacques GOBLOT, *La Jeune France libérale. Le Globe et son groupe littéraire (1824–1830)*, Plon, 1995.

(10) Paul VALCOURT, *Histoire de la tribu des Osages, peuplade sauvage de l'Amérique septentrionale, dans l'Etat du Missouri, écrite par six Osages actuellement à Paris, par M. P. Valcourt, suivie de la relation du voyage de ces sauvages et d'une notice historique sur chacun de ces Indiens*, Béchet, 1827.

(11) Pierre MICHEL, *Un Mythe romantique : les Barbares, 1789–1848*, Presses universitaires de Lyon, 1981. Voir aussi L. CHEVALIER, *Classes laborieuses et classes dangereuses…, op. cit.*, p. 593–613 et Jean-Claude BEAUNE et *alii. Les Sauvages dans la Cité. Auto-émancipation du peuple et instruction des prolétaires au XIXe siècle*, Seyssel, Champ Vallon, 1985.

(12) Barret WENDELL, *A Literary History of America*, Londres, 1891, p. 185, cité par M. GIBB, *Le Roman de Bas-de-cuir*, p. 78–79.

(13) この点については以下を参照。G. CHINARD, *L'Exotisme américain dans la littérature française au XVIe siècle d'après Rabelais, Ronsard, Montaigne, etc.*, Hachette, 1911; *l'Amérique et le rêve exotique dans la littérature française du 17e siècle*, Hachette 1913 ; *L'Exotisme américain dans l'œuvre de Chateaubriand*, Hachette, 1918. 全体を俯瞰するには，より近年の研究として，R. J. BERKHOFER Jr, *The White Man's Indian. Images of the American Indian from Colombus to the Present*, New York, Alfred, Knopf, 1978.

(14) H. LIEBERSOHN, *Aristocratic Encounters. European Travellers and North American Indians*, London, Cambridge University Press, 1998.

(15) RP Joseph-François LAFITAU, *Mœurs des sauvages américains, comparées aux mœurs des premiers temps* (1724), Maspéro, 1983.

(16) Jean-René-Constant QUOY et Paul GAIMARD, *Voyage autour du monde*,

1824, cité par Marc RENNEVILLE, *Le Langage des crânes. Une histoire de la phrénologie*, Synthélabo, 2000, p. 54.

(17)　Lucienne FRAPPIER-MAZUR, *L'Expression métaphorique dans la Comédie Humaine*, Klincksieck, 1974, p. 150.

(18)　André BURGUIÈRE, Mona OZOUF, Marie-Noëlle BOURGUET, « Naissance d'une ethnographie de la France au XVIIIe siècle », dans *Objets et méthodes de l'histoire de la culture*, Budapest, Akadémia Kiado, 1982, p. 195–228.

(19)　Cité par P. MICHEL, *Un Mythe romantique,* p. 213. ウージェーヌ・ビュレの調査（*La Misère des classes laborieuses en France et en Angleterre*）はもう少しあとの1840年のものである。

(20)　H. de BALZAC, *Le Père Goriot*, Gallimard, 1979, p. 279. バルザック『ゴリオ爺さん』上，高山鉄男訳，岩波書店，1997年，211頁。

(21)　Roland BAUCHERY, *Les Bohémiens de Paris*, 1845, p. 40, cité par S. DELATTRE, *Les Douze heures noires, op. cit.,* p. 495.

(22)　Eugène SUE, *Les Mystères de Paris, op. cit.*, p. 7.

(23)　Henri CAUVAIN, *Maximilien Heller*（1871）, Garnier, 1978, p. 96.

(24)　George SAND, *Relation d'un voyage chez les sauvages de Paris*（1846）, Michel Lévy, 1857, p. 282.

(25)　Alexandre RENAUD, *Au Congrès et au peuple des Etats-Unis. Pour la protection des tribus indiennes d'Amérique du Nord*, Duverger, 1847.

(26)　George CATLIN, *La Vie chez les Indiens. Scènes et aventures de voyage parmi les tribus des deux Amériques*, Hachette, 1863. だがアパッチ族については簡単にふれられているのみである（46頁）。

(27)　Alexandre DUMAS, *Les Mohicans de Paris*（1854–1859）.

(28)　この点でアイルランド人のトーマス・メイン・リードやドイツ人のフリードリッヒ・ゲルスタッカーといったほかのヨーロッパ人の観察家たちとフランス人とは異なる。この点については以下を参照。Tangi VILLERBU, *Espace et nation : constructions françaises du récit de l'Ouest américain au XIXe siècle*, thèse d'histoire, EHESS, 2004.

(29)　Nancy N. BARKER, « Voyageurs français au Mexique, fourriers de l'intervention（1830–1860）» *Revue d'histoire diplomatique*, 1973, p. 96–114. メキシコにおける帝政の政策については以下を参照。Christian SCHEFER, *La Grande pensée de Napoléon III. Les Origines de l'expédition au Mexique (1858–1862)*, Marcel Rivière, 1939 ; Jean AVENEL, *La Campagne du Mexique. La fin de l'hégémonie européenne en Amérique du Nord (1862–1867)*, Economica, 1996.

(30) Sylvain VENAYRE, *La Gloire de l'aventure. Genèse d'une mystique moderne*, Aubier, 2002 ; Ray Allen BILLINGTON, « The Image of the Southwest in Early European Westerns », *in The American Southwest : Image and Reality*, Berkeley, University of California Press, 1980.

(31) Aristarco REGALADO PINEDO, *El Imaginario Mexicano en Francia, 1861–1867*, maîtrise d'histoire, Universidad de Guadalajara/Rennes–2, 2001.

(32) W. F. Nye, *La Sonora : étendue, population, climat, produit du sol, mines, tribus indiennes,* traduit de l'anglais et accompagné de notes, suivi d' une notice sanitaire et géographique sur la ville et le port de Panama, par A. DE ZELTNER, consul de France à Panama, Bureau de la presse britannique, 1864, p. 10. 次の引用は 45–49 頁。

(33) Louis-Laurent SIMONIN, *L'Homme américain. Notes sur les Indiens des Etats-Unis, accompagné de deux cartes*, Arthus Bertrand, 1870, p. 16. シモナン（1867 年にララミー砦の会談に立ち会ったことでとくに知られている）のその他の物語は 1867 年から 68 年に『世界一周』と『ルヴュ・ナシオナル』に掲載され，その後も多く出版された。たとえば，*Une Excursion chez les Peaux-Rouges*, Challamel Aîné, 1869 ; *Le Grand Ouest des Etats-Unis. Les pionniers et les Peaux-Rouges*, Charpentier, 1869.

(34) フランスにおける西部小説に関する全体的なアプローチとしては，以下を参照。Paul BLETON, *Western, France. La place de l'Ouest dans l'imaginaire français,* Amiens, Encrage, 2002 ; T. VILLERBU, thèse citée.

(35) Gabriel FERRY, *Le Coureur des bois ou les chercheurs d'or,* Cadot, 1853 ; *La Vie sauvage au Mexique. Costal l'Indien ou les lions mexicains,* Librairie illustrée, sd.（*circa* 1855）; Louis-Xavier EYMA, *Les Deux Amériques, histoire, mœurs et voyages*, Giraud, 1853 ; *Les Peaux-Rouges, scènes de la vie des Indiens*, Giraud, 1854.

(36) Emile-Henri CHEVALIER, *La Fille des Indiens rouges*, Michel Lévy, 1856 ; Paul DUPLESSIS, *La Sonora,* Cadot, 1858 ; Gustave AIMARD, *Les Trappeurs de l'Arkansas*, Amyot, 1858 ; *L'Eclaireur*, Paris, 1859.

(37) ギュスターヴ・エマールについては以下の資料を参照。*Le Rocambole*, n°13, 2000, p. 7–116. また以下も参照。La thèse citée de S. VENAYRE ; La préface de Matthieu LETOURNEUX aux *Trappeurs de l'Arkansas et autres romans de l'Ouest*, Laffont, 2001.

(38) Bénédict-Henri REVOIL, « La Sonora de M. de Raousset-Boulbon », *L'Illustration*, n°520, 12 février 1853.

(39) *Relation de la captivité de Mme Jane Adeline Wilson, parmi les Indiens*

camanches (sic), *suivie de l'histoire de la dame Forrester et de sa famille surprise par les sauvages,* impr. Durand, 1855. その後多く再版され，そのうちのひとつは哀歌つき（*Complainte sur l'histoire de Jane Adeline Wilson*, Durand, 1856)，ひとつは 1860 年にモンペリエで出された偽物（impr. Vve Julien, 1860)，ひとつは以下の中に掲載されている。*Veillées du foyer, bibliothèque morale et populaire*, Tarbes, impr. J. A. Fouga, 1862.

(40) G. FERRY, *Costal l'Indien, op. cit.,* p. 64–69.

(41) Gustave AIMARD, *Valentin Guillois*, Amyot, 1862, p. 349.

(42) G. AIMARD, *L'Eclaireur* (1859), Laffont, 2001, p. 802–803.

(43) G. AIMARD, *Les Peaux-Rouges de Paris*, *op. cit.*, p. 312–313.

(44) L.-X. EYMA, *Les Peaux-Rouge*…, *op. cit.* Citations p. 43, p. 63 et p. 307.

(45) Paul TOUTAIN, *Un Français en Amérique: yankees, indiens, mormons*, Plon, 1876, p. 104 et 93–98.

(46) J. FORTESCUE, *Les Indiens Cris de l'Amérique du Nord*, Société d'ethnographie de Paris, 1884, p. 31.

(47) Gabriel de BELLEMARRE, *Les Dernières aventures de Bois-Rosé,* Hachette, 1899.

(48) Marie PALEWSKA, «La partie récréative du *Journal des voyages*», *Le Rocambole*, n° 6, 1999, p. 30–33.

(49) Elie RECLUS, *Les Primitifs. Etudes d'ethnologie comparée: hyperboréens orientaux et occidentaux, Apaches, monticoles des Nilgherris, Naïrs, Khonds,* C. Chamerot, 1885, p. 144–167. 引用はそれぞれ 145, 146, 151, 158, 168 頁。

(50) Paul FÉVAL, *Les Amours de Paris*, Comptoir des imprimeurs unis, 1845; *Les Couteaux d'or*, A. Cadot, 1857. 後者については以下でもふれられている。Régis Messac, *Le Detective Novel et l'influence de la pensée scientifique*, Champion, 1929.

(51) Alfred DELVAU, *Les Dessous de Paris*, Poulet-Malassis, 1860, p. 113.

(52) Jean DUBOIS, *Le vocabulaire politique et social en France de 1869 à 1872 à travers les œuvres des écrivains, les revues, les journaux*, Larousse, 1962, p. 93–96.

(53) *Le National,* 13 septembre 1881, cité par Sophie DIEHL, *La Question sécuritaire à Paris, 1880–1885*, maîtrise d'histoire, université de Paris–7, 1999, p. 46.

(54) *La Gazette des Tribunaux*, 28 juillet 1884, citée par Frédéric CHAUVAUD, *Les Experts du crime. La médecine légale en France au XIXe siècle*, Aubier,

2000, p. 84.

(55) Jean-Claude VAREILLE, *Filatures. Itinéraire à travers les cycles de Lupin et Rouletabille*, Presses Universitaires de Grenoble, 1980.

(56) A. DUMAS, *Les Mohicans de Paris, op. cit.* p. 2220.

(57) Théodore de BANVILLE, *Petites études. Mes Souvenirs,* Charpentier, 1882.

(58) Charles JOLIET, *Le Crime du pont de Chatou*, Calmann-Lévy, 1886.

(59) Pierre Léonce IMBERT, *Les Trappeurs parisiens au XIXe siècle*, Sagnier, 1878.

(60) P. FÉVAL, *Les Couteaux d'or*, cité, p. 126.

(61) G. AIMARD, *Les Peaux-rouges de Paris,* cité, p. 343. 引用はそれぞれ 244, 288, 253 頁。

(62) *Cf.* Philippe MELLOT, *Les Maîtres de l'aventure, 1907–1959*, Michèle Trinckvel, 1997.

第3章

(1) M. PERROT, «La fin des vagabonds», dans *Les Ombres de l'histoire, op. cit.*, p. 317–336, et Jean-François WAGNIART, *Le vagabond à la fin du XIXe siècle*, Belin, 1999.

(2) 以下の先駆的な著作を参照されたい。L. CHEVALIER, *Classes laborieuses et classes dangereuses à Paris pendant la première moitié du XIXe siècle* (1958), Perrin 2002. この著作のいくつかの点には正当にも異議が唱えられたが（とくに Barrie M. RATCLIFFE, «The Chevalier Thesis Reexamined», *French Historical Studies,* 1991, p. 542–574 ; Paul-André ROSENTAL et Isabelle COUZON, «Le Paris de Louis Chevalier : un projet d'histoire utile», dans B. Lepetit et C. Topalov, éd., *La Ville des sciences sociales*, Belin, 2001, p. 191–226), 社会的イマジネールの解明を中心とした総括の主たる部分は，やはりいまでも大きな成果でありつづけている。

(3) *Europe*, n° 590–591, juin-juillet 1978, p. 13.

(4) ファントマ・シリーズからの引用は，こんにち参照することのできる以下の版による。第1，3，4巻，および第9～20巻はファイヤール社（1911–13)，第2巻，および第5～10巻はプレス・ポケット社（1972–73)，第21～32巻はロベール・ラフォン社（1986–89)。

(5) この言葉は1908年に「不道徳な者たちの集まり」の意味で使われ始めた。*Larousse mensuel illustré*, n° 14, avril 1908.

(6) 大量にあるうちの数例のみあげるならば，Alexis BOUVIER, *L'Armée du*

crime, Marpon et Flammarion, 1886 ; Camille DAYRE, *L'Armée du crime. Les exploits de la rousse*, Librairie Continentale, 1888 ; Félix PLATEL, *L'Armée du crime*, Havard, 1890 ; « Les conscrits du crime », *Lectures pour tous,* juillet 1908, p. 831–840.

(7) これについては以下を参照されたい。Daniel COUÉGNAS, *Introduction à la paralittérature*, Le Seuil, 1992, p. 107–120 ; J.-Cl. VAREILLE, « Le Paris de Fantômas… », article cité.

(8) Nelly WOLF, *Le peuple dans le roman français de Zola à Céline*, PUF, 1990.

(9) この点については以下を参照されたい。Jacques JULLIARD, *Clemenceau briseur de grèves*, Julliard, 1965 ; *Fernand Pelloutier et les origines du syndicalisme d'action directe*, Seuil, 1971.

(10) この点については以下を参照。Martine KALUSZINSKY, « L'émergence de la notion de prévention à la fin du XIXe siècle », *Annales de Vaucresson*, n° 24, 1986, p. 129–143.

(11) ここでは以下の指摘に従っている。Christophe CHARLE, *Histoire sociale de la France au XIXe siècle*, Seuil, 1990, p. 323–329.

第 4 章

(1) 刑法典によれば，帰宅の遅くなった通行人から夜間に奪うことは，正式には，窃盗のうちでも重罪となるもの（第 382 条，暴力を用いての窃盗）か，もしくは窃盗が襲撃の動機とみなされないときは，暴行・傷害，さらには待ち伏せての殺害（第 298 条，「待ち伏せとは，いくばくかの間，あるひとつのもしくは複数の場所において，殺すためであれ暴力行為を働くためであれ個人を待つことである」）に由来するものとされる。実際には検事は自由にこれを軽犯罪として罰することができた。

(2) 判例は，伝統的な「街道の」窃盗よりも安全だと言われていた都市の通りや近郊で行なわれた窃盗を「公道で行なわれた窃盗」（刑法典第 383 条）に含めずにいたため，この移行はほとんど目立たない。Cf. Édouard DALLOZ et Charles VERGÉ, *Code Pénal annoté et expliqué d'après la jurisprudence et la doctrine*, 1881, p. 661.

(3) S. DELATTRE, *Les Douze heures noirs, op. cit.,* p. 454–468.

(4) Cf. D. KALIFA, *L'Encre et le sang, op. cit.* p. 120–121.

(5) 『パリの秘密』の第 7 章「財布か命か」では「先生」と「みみずく」がタピ＝フランから出てきたトムとサラを襲う。Eugène SUE, *Les Mystères*

de Paris (1843), Chap. VII, «La bourse ou la vie».『切断された手』の第10章「夜襲」では，ジューヴ捜査官がフランソワ親父の一撃という「アパッチの古典的な手」の被害者となる。Pierre SOUVESTRE et Marcel ALLAIN, *La Main coupée*, Fayard, 1911, Chap. X, «L'Attaque nocturne».

(6) Jules GONDRY DU JARDINET, *Une attaque nocturne*, V. Palme, 1878.

(7) 妻から夜襲の恐怖をうつされた隣人同士が，酒が多めにふるまわれた夜会から出てきて，互いに隣人と気づかず殺しあってしまう。Paul de SAINTE-MARTHE, *Une attaque nocturne*, J. Rouff, 1880.

(8) Cf. André DE LORDE et Alfred MASSON-FORESTIER, *Attaque nocturne*, pièce en deux actes, représentée au Théâtre-Antoine le 7 mai 1903, Libr. Théâtrale, 1905. もしくは，恋人といるところを押さえられた婦人の名誉を守るべく装われた夜襲という伝統的なテーマを展開した以下の作品。Alfred MASSON-FORESTIER, *L'attaque nocturne*, Taillandier, 1905.

(9) G. DE VILLE-ADAM, *L'attaque nocturne*, saynète mimée sur une musique de Raoul Schubert, donnée au théâtre concert du Ba-Ta-Clan, Grande Imprimerie, 1892.

(10) Jules MONTARIOL, *Mes attaques nocturnes*, Jules Juteau, 1869.

(11) L. M. モロー＝クリストフが 1863 年から 65 年にかけて発表した著作の有名なタイトル。

(12) Charles VIRMAITRE, *Paris-Escarpe*, Savine, 1887, p. 39.

(13) たとえば以下の著作。Louis PUIBARAUD, *Les malfaiteurs de profession,* Flammarion, 1893; Camille AYMARD, *La profession du crime*, Bibliothèque indépendante, 1905; LATZARUS, «Les malfaiteurs parisiens», *Revue de Paris*, 1912, p. 525–546.

(14) ウージェーヌ・ヴィリオの多くの作品のうち，大部分が夜襲の描写にあてられた以下の作品をあげておく。*Les Plaies sociales. Comment on nous vole, comment on nous tue*, Chez l'Auteur, 1905, et *La Pègre. Études réelles sur les malfaiteurs et leurs procédés*, Chez l'Auteur, s. d. (environs de 1910).

(15) とはいえこれはあいまいなものだった。なぜなら夜襲は「人に対する犯罪」という項目（これだけですでに意味深い）のなかで，「夜間の暴力による窃盗」という分類と隣り合っていたからである。この区別は，いくらかはっきりしていた犯行動機によってなされたものなのだろうが，少しずつ消えてゆき，「襲撃」が減る半面，夜の「窃盗」は増えていった。

夜襲：1885 年と 90 年には 86 件，95 年には 68 件，1900 年 53 件，10 年 9 件，14 年 2 件。

夜間の暴力による窃盗：1885年70件，90年125件，95年138件，1900年と10年には286件，14年には232件。

(16) Victor HUGO, *Les Misérables* (1862), Laffont, 1985, p. 574.

(17) LATZARUS, *op. cit.*, p. 521.

(18) «La Basse pègre. Confessions et interviews recueillis et annotés par René Cassellari», *Détective Magazine, revue hebdomadaire de police, d'information et de reportage universel*, 18 avril 1914.

(19) *Larousse universel du XIXe siècle*, article «Escarpe».

(20) H.-A. FREGIER, *Des classes dangereuses de la population dans les grandes villes et des moyens de les rendre meilleures*, J.-B. Baillière, 1840, t. 1, p. 237–238.

(21) *Le Matin*, 2 août 1907.

(22) *Larousse universel, op. cit.*; *Le Matin*, 10 novembre 1906; «La Basse pègre», *loc. cit*.

(23) Cf. G. JACQUEMET, *Belleville au XIXe siècle, op. cit.*, p. 343–344; Louis CHEVALIER, *Montmartre du plaisir et du crime*, Laffont 1980, p. 203.

(24) Victor MEUSY, *Sur les fortifs*, Ferreyrol, 1887.

(25) Henry JOLY, *La France criminelle*, Léopold Cerf, 1889.

(26) «La Basse pègre», *loc. cit*.

(27) «Une bande d'étrangleurs», Supplément illustré du *Petit Parisien*, 28 mai 1899.

(28) フランソワ親父の弟子のひとり，ルイ・ル・ブルドッグに捧げられた歌。Cité par VIRMAITRE, *op. cit.*, p. 59–60.

(29) VILLIOD, *Les Plaies sociales, op. cit.*, p. 356–357.

(30) François-Marie GORON, *L'Amour à Paris*, J. Rouff, 1899, t. 1, p. 39.

(31) VILLIOD, *op. cit.*, p. 355.

(32) «Un Apache parie qu'il tuera un passant et le fait», *Le Matin*, 4 janvier 1897.

(33) *Le Matin*, 21 avril 1906.

(34) *Le Journal*, 22 juillet 1904.

(35) Cité par S. DELATTRE, *Les Douze heures noires, op. cit.*, p. 454.

(36) PUIBARAUD, *op. cit*, p. 11.

(37) A.P.P., *La Ville de Paris*, 29 mars 1881. Cf. aussi A.P.P., DB/45, et Jean-Marc BERLIERE, *Le Préfet Lépine. Vers la naissance de la police moderne*, Denöel, 1993, p. 212–218.

(38) Louis ANDRIEUX, *Souvenirs d'un préfet de police, op. cit.*, t. 1, p. 63.

(39) PUIBARAUD, *op. cit*, p. 11–16.

(40) LATZARUS, *op. cit.*, p. 532 ; «Histoires de brigands», *Le Matin*, 14 novembre 1904.

(41) *Le Soleil*, 12 août 1906.

(42) André ROSSIGNEUX, *La Vérité sur la démission de M. Albert Gigot*, Vienne, H. Martin, 1922, p. 16–17 ; ANDRIEUX, *op. c*it, t. 2, p. 214.

(43) Paul POTTIER, «Les journalistes», *L'Action populaire*, 143, 1907, p. 22–23. Pour une perspective d'ensemble sur ce sujet, cf. KALIFA, *op. cit.*, notamment p. 82–97.

(44) CHEVALIER, *op. cit.*, p. 204.

(45) *Le Matin*, 29 décembre 1910.

(46) 「気の毒な男は逃げようとした……そして軽々と体の向きを変えた……だがそこには別の二人のごろつきがいて，ナイフの鋭い切っ先を彼のほうへと向けていた。二人の静かな足音は彼の耳には届いていなかったのだ」。*Le Matin*, 29 décembre 1910.

(47) 訳は以下による。『レ・ミゼラブル』佐藤朔訳，第三巻，新潮社，1967年，212頁。

(48) HUGO, *op. cit.*, p. 574–576.

(49) Jules RENARD, *Journal*, 8 février 1897.

(50) Charles DESMAZE, *Le Crime et la débauche à Paris*, Charpentier, 1881, p. 21–22.

(51) L. ANDRIEUX, *op. cit.*, p. 152.

(52) Michel PORRET, *Le Crime et ses circonstances. De l'esprit de l'arbitraire au siècle des Lumières selon les réquisitoires des procureurs généraux de Genève*, Genève, Droz, 1995, p. 258 et 285–291.

(53) DALLOZ et VERGÉ, *op. cit.*, p. 656–657.

(54) COLETTE, *L'Ingénue libertine*, Ollendorff, 1909.

(55) PUIBARAUD, *op. cit.*, p. 23.

(56) *Le Petit Parisie*n, 2 janvier 1899.

(57) *Le Journal*, 28 décembre 1900.

(58) *Le Petit Parisie*n, 27 février 1905.

(59) *Le Matin*, 4 juin 1900 ; *La Petite République*, 29 août 1899.

(60) *Le Matin*, 14 novembre 1904.

(61) Cf. D. KALIFA, «Insécurité et opinion publique au début du XXe siècle», *Cahiers de la sécurité intérieure*, 17, 1994, p. 65–76.

(62) 壁と同じ色をした大きな外套に身を包み，夜の11時から朝の4時半ま

で巡回していた治安部の警察官によるパトロールはこのように呼ばれていた。

(63) APP, DB/40.

(64) Aimée LUCAS, *Projet d'institution d'une surveillance spéciale de nuit pour la sûreté publique*, Lib. Bohaire, 1843, p. 6.

(65) *La Presse*, 9 oct 1869.

(66) BERLIERE, *op. cit.*, p. 223–224.

(67) Cf. D. KALIFA, *Naissance de la police privée*, Plon, 2000.

(68) *Le Détective. Etudes d'épuration sociale*, n° 10, 24–30 novembre 1907.

(69) Prospectus de la garde de Nuit, APP, DB/40.

(70) Jean JOSEPH-RENAUD, *La défense dans la rue*, Lafitte, 1912. 以下の著作はとりわけどのようにして悪名高いフランソワ親父の一撃をかわすかを説明している。Charles PÉCHARD, *Le Jiu-Jitsu pratique. Méthode de défense et d'attaque enseignant cent moyens d'arrêter, immobiliser, terrasser, conduire ou emporter un malfaiteur, même armé*, J. Rueff, 1906 ; cf. KALIFA, *L'Encre et le sang*, *op. cit.*, p. 261–265.

(71) Henry-Pierre JEUDY, *La Peur et les médias*, PUF, 1979.

(72) VIDOCQ, *Les Voleurs* (1836), Ed. de Paris, 1957, p. 106.

(73) *Excelsior*, 15 février 1912 ; *Le Petit Parisien*, 22 décembre 1911.

第5章

(1) Gustave MACÉ, *Mes lundis en prison*, Collection La Police parisienne, Charpentier, 1889, p. 3.

(2) シャルル・シュヌヴィエは自身の回想録を以下に収めている。*De la Combe aux fées à Lurs. Souvenirs et révélations* (Flammarion, 1962) ; *La Grande maison* (Presses de la Cité, 1976). われわれが知っているような作家，脚本家となる前，ロジェ・ボルニッシュは1944年から56年まで司法警察に属していた。ロベール・ブルッサールの『回想録』は1997年と98年にプロン社から出ている。

(3) N. DELAMARRE, *Traité de la Police*, 1708–1734 ; GUILLAUTÉ, *Mémoire sur la réformation de la police de France*, 1749 (rééd. Hermann, 1974) ; J.-B. LEMAIRE, *La police de Paris en 1770* ; J.-C. LENOIR, *Mémoires* et manuscrits inédits. これらの作家については近年ヴァンサン・ミリオが研究した。

(4) AN, F7 9868, Mémoire à M. de Blossac, secrétaire général de la Préfecture, 14 avril 1829.

(5) 警察官を作り出しただけでなく，こうした配慮は，より受け入れてもらえるような政治警察の正当化をしようという意図によって説明できる。*Cf.* D'AUBIGNOSC, *La Haute police ou police d'Etat sous le régime constitutionnel*, impr. de Rignoux, 1832. より全体的な視点のものとしては，以下を参照。La thèse de Pierre KARILA-COHEN, *L'Etat des esprits. L'administration et l'observation de l'opinion départementale en France sous la monarchie constitutionnelle* (Paris–1, 2003), p. 110–142.

(6) Louis RABAN ET Marco SAINT-HILAIRE, *Mémoires d'un forçat ou Vidocq dévoilé*, Langlois, 1828–1829, p. 280. トゥノン出版の経営難についてはパリ古文書館の破産記録を参照。(D 10 U3 ; D 11 U1)

(7) カンタン・ドリュエルモが掘り起こし，出版と分析を進めている。〔その後出版された。*Chronique du Paris apache 1902–1905*, Mercure de France, 2008.〕

(8) 引用は最新版（Laffont, 1998）の 506–512 頁。

(9) *Le Siècle*, 15 février 1887.

(10) Curmer, 1840, t. 3, p. 348.

(11) Sandrine BOURGEOIS, *Oscar Méténier (1859–1913)*, maîtrise d'histoire, Université Paris–7, 1999.

(12) AN, 464 AP 263.

(13) APP, dossier n° 31 900. Cf. aussi B/A 1165 et EA 89.

(14) *Op. cit.*, t. 2, p. 281.

(15) 政治警察にこびりついた不名誉については以下を参照。Alain DEWERPE, *Espion. Une anthropologie historique du secret d'Etat contemporain*, Gallimard, 1994 ; Hélène L'HEUILLET, *Basse politique, haute police. Une approche historique et philosophique de la police*, Fayard, 2001.

(16) この点については以下を参照。Ph. ARTIÈRES et D. KALIFA, « L'historien et les archives personnelles », *Sociétés & Représentations*, 13, 2002, p. 7–15.

(17) *Mémoires de Vidocq*, p. 337. 次の引用は 334 頁のもの。

(18) Pierre CANLER, Mémoires de Canler, ancien chef du service de la Sûreté, Hetzel, 1862, p. 111.

(19) Gustave MACÉ, *Mon premier crime*, Charpentier, 1890, p. 111.

(20) Edmond LOCARD, *Policiers de romans et de laboratoire*, Payot, 1924 ; Jean-Marc BERLIÈRE, « Police réelle et police fictive », *Romantisme*, n° 79, 1993, p. 73–90.

(21) Emile GABORIAU, *L'Affaire Lerouge* (1866), Le livre de poche, 1961, p.

49.

(22) Jules, dit Jean BELIN, *Trente ans de Sûreté nationale*, France-soir Editions, 1950, p. 125.

(23) CANLER, p. 290.

(24) BELIN, p. 9, 26.

(25) CANLER, p. 147.

(26) *Memoirs of Vidocq, Principal Agent of the French Police until 1827*, London, Hunt and Clarke, 1828. 第二版は翌年，ホイッタカー，トリッチャー・アンド・アーノット社から出版された。

(27) *Recollections of a Detective Police-Officer*, by Waters, London, Dabton & Hodge, 1852. 1861年には『フランス刑事の体験談』，翌年には『本物の刑事の体験談』がこれに続いた。

(28) "Three Detective Anecdotes" et "On Duty with Inspector Field", *Household Words*, 14 juin 1851.

(29) Superintendent J. BENT, *Criminal Life: Reminiscences of Forty-Two Years as a Police Officer*, Manchester, 1891; W. CHADWICK, *Reminiscences of a Chief Constable,* Manchester, 1900; R. JERVIS, *Lancashire's Crime and Criminal. With some Characteristics of the County*, Southport, 1908. もう少し後では，Sergeant B. LEESON, *Lost London. The Memoirs of an East End Detective*, London, 1931 et F. WENSLEY, *Detective Days. The Record of Forty Two Years Service in the CID*, London, 1931. これらの作品については以下を参照。Paul LAWRENCE, "Images of Poverty and Crime. Police Memoirs in England and France at the end of the nineteenth Century", *Crime, History & Societies*, vol. 4, n° 1, 2000, p. 63–82.

第6章

(1) とりわけ以下を参照されたい。Pierre ANGRAND, «Javert Jaugé, jugé», *Mercure de France*, n° 1184, avril 1962, p. 815–838; Jean-Pierre RICHARD, «Petite lecture de Javert», *Revue des sciences humaines*, n° 156, 1974, p. 597–611; Josette ARCHER, «L'*ananké* des lois», dans Anne UBERSFELD et Guy ROSA (dir.), *Lire Les Misérables*, José Corti, 1985, p. 151–171; José-Luis DIAZ (dir.), *Victor Hugo, Les Misérables. La preuve par les abîmes*, Sedes, 1994; Jacques DUBOIS, «Le crime de Valjean et le châtiment de Javert», dans *Crime et châtiment dans le roman populaire de langue française du XIXe siècle*, Presses Universitaires de Limoges, 1994, p. 321–333.

(2) P. ANGRAND, p. 820.

(3) Guy ROSA, « Histoire sociale et roman de la misère, *Les Misérables* de V. Hugo », *Revue d'histoire du XIXe siècle*, n°11, 1995 p. 101.

(4) 「テクストとともに書かれるが必ずしもテクスト化されているわけではなく，テクストとともに読まれるが具体化されているわけでもなければ完全に表現されているわけでもないすべてのもの」。Claude DUCHET, « Sociocritique et génétique », *Genesis*, n°6, 1994.

(5) Hilde RIGAUDIAS-WEISS, *Les Enquêtes ouvrières en France entre 1830 et 1848*, Alcan, 1936, Michelle PERROT, *Enquêtes sur la condition ouvrière en France au XIXe siècle*, Hachette, 1972, et Gérard LECLERC, *L'Observation de l'homme. Une histoire des enquêtes sociales*, Seuil, 1979.

(6) Judith B. WILLIAMS, *A Guide to the Printed Materials for English Social and Economic History (1750–1850)*, New York, Columbia University Press, 1926.

(7) 本書第５章を参照。

(8) H. L'HEUILLET, *Basse politique, haute police, op. cit.*

(9) Jean-Claude VAREILLE, *L'Homme masqué…*, *op. cit.* p. 108.

(10) Alexandre DUMAS, *Les Mohicans de Paris, op. cit.* p. 250, le chapitre « La visite domiciliaire ».

(11) Paul Féval, *Jean Diable*, Dentu, 1863.

(12) P. SAVEY-CASARD, *Le Crime et la peine dans l'œuvre de Victor Hugo*, PUF, 1956, p. 285–293.

(13) ここでは以下の分析に従っている。A. UBERSFELD et G. ROSA, *op. cit.* とくに G. ROSA, « Histoire sociale et roman de la misère… », article cité.

(14) *La Critique française*, juin 1862, cité par P. ANGRAND, p. 818.

(15) Alexis PONSON DU TERRAIL, *Les Nouveaux drames de Paris : La Résurrection de Rocambole* (1866), R. Laffont, 1992, p. 273.

(16) すべて以下からの引用。Victor Hugo, *Les Misérables*, édition présentée et annotée par Guy et Annette ROSA, Robert Laffont, « Bouquins », 1985.

(17) Jules VALLÈS, *Tableau de Paris* (1882–1883), Messidor, 1989, p. 188–189.

(18) *Cf.* la mise au point d'H. L'HEUILLET, *op. cit.*, p. 225–239.

(19) Pierre ROSANVALLON, *La Démocratie inachevée. Histoire de la souveraineté du peuple en France*, Gallimard, 2000, p. 43–48.

(20) *Le Monde*, 16 août 1862, cité par P. ANGRAND, article cité, p. 832.

(21) PONSON DU TERRAIL, *op. cit.*, p. 277.

(22) *Mémoires de Monsieur Claude*, *op. cit.* p. 139.

(23) *Les Mohicans de Paris*, p. 2090.

(24) 以下の分析を参照。Ronald R. THOMAS, *Detective Fiction and the Rise of Forensic Science*, Cambridge University Press, 1999, p. 131–149.

第7章

(1) *Cf.* D. KALIFA, «Insécurité et opinion publique au début du XXe siècle», art. cité.

(2) 全体を俯瞰するには以下を参照。Marc ANCEL, *La Défense sociale*, PUF, 1985. *Cf.* Michel FOUCAULT, «L'évolution de la notion d'"individu dangereux" dans la psychiatrie légale du XIXe siècle», (1977), *Dits et écrits*, t. 2, Gallimard, 2001, p. 443–464; Françoise TULKENS, «Généalogie de la défense sociale en Belgique (1880–1914)», *Actes. Les cahiers d'action juridiques*, nº54, 1983, p. 38–41.

(3) Bernard SCHNAPPER, «La récidive, une obsession créatrice au XIXe siècle», dans *Le récidivisme*, PUF, 1983, p. 25–64.

(4) Raymond SALEILLE, *L'Individualisation de la peine*, Alcan, 1898. Sur Saleille, voir Annie STORA-LAMARRE, «Raymond Saleille ou l'édification d'une morale juridique, 1870–1914», dans S. MICHAUD (dir.), *L'Edification. Morales et cultures au XIXe siècle*, Grâne, Créaphis, 1993, p. 59–77.

(5) Laurent MUCCHIELLI (dir.), *Histoire de la criminologie française*, L'Harmattan, 1994.

(6) Adolphe PRINS, *La défense sociale et les transformations du droit pénal*, Bruxelles, Misch et Thron, 1910.

(7) この問題については以下を参照。Marc RENNEVILLE, *Crime et folie. Deux siècles d'enquêtes médicales et judiciaires*, Fayard, 2003.

(8) *Revue pénitentiaire*, 1910, p. 248–255.

(9) *Ibid.*, p. 254.

(10) *Ibid.*, p. 952–973.

(11) *Ibid.*, p. 1062–1070.

(12) *Ibid.*, 1913, p. 250–253.

(13) B. SCHNAPPER, cité, p. 46.

(14) Martine KALUSZINSKY, *La Criminologie en mouvement. Naissance et développement d'une science sociale à la fin du XIXe siècle*, thèse d'histoire, Université de Paris 7, 1988, p. 91.

(15) *Revue pénitentiaire*, 1899, p. 663–702 ; 769–817.

(16) Voir M. KALUSZINSKY, *op. cit.*, p. 890.

(17) *Ibid*. p. 900.

(18) この問題については以下を参照。Christian PHELINE, « L'image accusatrice », *Les Cahiers de la photographie*, n° 17, 1985.

(19) Jean-Louis DE LANESSAN, *La Lutte contre le crime*, Alcan, 1910, p. 292.

(20) G. LOUBAT, article cité.

(21) *Le Temps*, 3 août 1913. ショーミエの通達については以下を参照。*Revue de médecine légale*, 1, 1906, p. 46–47.

(22) Cf. Louis PROAL, *Le Crime et la peine*, Alcan, 1892.

(23) *Revue pénitentiaire*, 1912, p. 687.

(24) *Ibid.*, 1913, p. 186.

(25) Gabriel TARDE, *La Philosophie pénale* (1890) Lyon, Storck, 1900, p. 483 et 507–509.

(26) *Revue pénitentiaire*, 1909, p. 826.

(27) M. RENNEVILLE, *Crime et folie*, cité.

(28) *Ibid.*, p. 492–520, 642–681, 794–850.

(29) 以下の著作であげられている多くの例を参照。Robert A. NYE, *Crime, Madness and Politics in Modern France. The Medical Concept of National Decline*, Princeton, University Press, 1984, p. 171–226.

(30) C. AYMARD, *La profession du crime*, Bibliothèque indépendante, 1905, p. 31.

(31) M. RAUX, *Nos jeunes détenus : étude sur l'enfance coupable avant, pendant et après son séjour au quartier correctionnel,* Lyon Storck, 1890, p. 205.

(32) POUX-FRANKLIN, « La surveillance de haute police », *Revue politique et parlementaire*, 1897, p. 530–559.

(33) Jean-François BRAUNSTEIN, *Frénésie*, n° 5, 1988, p. 7–16.

第8章

(1) A.N., BB18 2369.

(2) Michel PORRET (dir.), *Beccaria et la culture juridique des Lumières*, Genève, Droz, 1997, et *Beccaria. Le droit de punir*, Michalon, 2004.

(3) *Revue pénitentiaire*, 1894, p. 324–336.

(4) Paul CUCHE, « L'avenir de l'intimidation », *Revue pénitentiaire*, 1894, p. 786–805 ; Amédée ROUVIN, *De la réforme pénale*, Marchal et Billard,

1894.

(5) *Revue pénitentiaire*, 1895, p. 861.

(6) Henry JOLY, «Le krach de la répression», *Le Correspondant*, 25 février 1896, p. 733–749.

(7) たとえば以下を参照。«L'accroissement de la criminalité et la diminution de la répression», *Le Correspondant*, 10 avril 1902 ; «Assistance et répression», *Revue des deux mondes*, 1er septembre 1905, p. 17–151.

(8) *Revue pénitentiaire*, 1902, p. 886.

(9) L. ANDRIEUX, *Souvenirs d'un préfet de police*, cité, p. 62–63.

(10) AN, BB18 2363/2.

(11) 以下で引用されている。J. SIGNOREL, *Le Crime et la défense sociale*, cité, p. 13.

(12) *Le Détective. Etudes d'épuration sociale*, nouvelle série, n°4, 13 au 19 octobre 1907.

(13) *La Petite République*, 27 septembre 1907.

(14) A.N., BB18 2204.

(15) 以下をはじめとして多くの箱の中に集められている。A.N., BB18 2476/2, 2487, 2507, 2513.

(16) D. KALIFA, «Insécurité et opinion publique au début du XXe siècle», cité.

(17) ポール・マニョーについては以下を参照。André ROSSEL, *Le Bon juge*, L'Arbre verdoyant, 1983 ; Robert BADINTER, *La Prison républicaine*, Fayard, 1992.

(18) *La Petite République*, 8 octobre 1907.

(19) この議論の大半は以下に掲載されている。«Abolir la peine de mort. Le débat parlementaire de 1908», *Jean Jaurès, bulletin de la Société d'Etudes Jaurésiennes,* n°126, 1992.

(20) Circulaire du 11 juillet 1910, citée par la *Revue pénitentiaire*, 1910, p. 1052 ; circulaire du 9 février 1910, *ibid.*, 1910, p. 288–289.

(21) Kenneth E. SILVER, *Vers le retour à l'ordre. L'avant-garde parisienne et la Première Guerre mondiale*, Flammarion, 1991 ; Annie STORA-LAMARRE, *L'Enfer de la IIIe République. Censeurs et pornographes (1881–1914)*, Imago, 1990. 以下の研究では文化・「道徳」面における命令が厳しくなったことが指摘されている。Christophe PROCHASSON, *Les Années électriques (1880–1910)*, La Découverte, 1991.

(22) Guillaume LOUBAT, «La crise de la répression», *Revue politique et parle-*

mentaire, juin 1911, p. 434–468, et juillet 1911, p. 5–27.

(23) G. LOUBAT, «La crise de la répression», *Revue pénitentiaire*, avril 1912, p. 654–692, et mai 1912, p. 800–843.「紛糾した」という表現は 1912 年 4 月 26 日の『ル・タン』紙でなされている。この機会によってルーバは以下の補遺も執筆することとなった。«Programme minimum de réformes pénales», *Revue politique et parlementaire*, février 1913, p. 199–218, mars 1913, p. 435–458.

(24) *Revue pénitentiaire*, 1912, p. 645.

(25) *Revue politique et parlementaire,* juin 1911, p. 438.

(26) *Ibid*.

(27) *Revue pénitentiaire*, 1912, p. 649.

(28) *Ibid*., p. 672.

(29) *Revue politique et parlementaire*, juin 1911, p. 17.

(30) *Annuaire de la magistrature*, 1942. ルーバの個人資料（AN, BB6 II 1032）はじっさいには空である。彼の伝記とキャリアについては以下を参照した。Julia MONGEAL, *W. Loubat et la crise de la répression,* maîtrise d'histoire, université de Paris 7, 1998, p. 6–8.

(31) G. LOUBAT, «Essais sur la législation criminelle ancienne et moderne», *Revue pratique du droit français*, 1884, t. 56, p. 5–52; *Code de la législation contre les anarchistes (commentaire des lois du 28 juillet 1894, 12 décembre 1893 et 18 décembre 1893)*, Chevalier Magesqu et Cie éditeurs, 1895.

(32) 1884 年には死刑廃止派だったとはいえ。«Essai sur la législation...», loc. cit.

(33) *Le Siècle*, 26 avril 1912, cité pat J. MONGEAL, p. 44.

(34)「新聞，本，図像の形で広がり若者たちの頭を毒している堕落を，公道から取り除かなければならない」。*Revue politique et parlementaire*, juillet 1911, p. 22.

(35) *L'Echo de Paris*, 1er avril 1912. cité par J. MONGEAL, p. 54.

(36) *Revue pénitentiaire*, 1912, p. 684; *ibid*., p. 690–691.

(37) AN, BB18 2491. この事件，論争，それから事件によってもたらされた調査に関するすべての資料はこの分厚い箱の中に保管されている。

(38) 二人の若い窃盗犯に対し誤ってもたらされた執行猶予つきの判決と，わいせつ罪で訴えられていた新聞『キュロット・ルージュ』の無罪判決。

(39) 1910 年 10 月 5 日，ルーバは管轄の検事たちに，「処罰の無気力」に関するきわめて力強い通達を送っていた。犯罪者たちの図太さが増し世論が興奮するのを前にして，処罰の水準を上げ「ここ 20 年来発達してきた

病的な感受性」と戦う必要を思い起こさせたのである。とくに軽率な仮釈放を避けること，現行犯の訴訟手続を増やすこと，重罪を軽犯罪にするときには慎重に行なうこと，「犯罪者の中でも最悪の者たちは若者たちの中から集められるのであるから，犯罪者の年の若さに心を動かされる」ことのないようにすること，「たしかに急進的な方法ではあるがほかのどの刑罰よりも効果的な」流刑を整然と適用すること，そして執行猶予の過度で型にはまった使い方には反対することが勧められた。通達は結論する。「危機に瀕した公衆の安全を前に，もはや盲目的な寛容のときではない，力強い解決のときなのである」。A.N., BB18 2363/2.

(40) 19 世紀末の司法官の立場については以下を参照。Jean-Pierre ROYER, *La Société judiciaire depuis le XVIIIe siècle,* PUF, 1979, Jean-Pierre ROYER, Renée MARTINAGE et Pierre LECOQ, *Juges et notables au XIXe siècle*, PUF, 1982, Jean-Pierre MACHELON, «La magistrature sous la IIIe République à travers le Journal Officiel», *Annales de la faculté de droit et de science politique*, Clermond-Ferrand, 1984, p. 5–124, Jean-Pierre ROYER, *Histoire de la Justice en France de la monarchie absolue à la république,* PUF, 1995, Frédéric CHAUVAUD（avec la collaboration de Jean-Jacques YVOREL）, *Le Juge, le tribun et le comptable. Histoire de l'organisation judiciaire entre les pouvoirs, les savoirs et les discours (1789–1930)*, Anthropos, 1995.

(41) «Une circulaire regrettable», *Revue judiciaire*, 25 mai 1912, p. 131–134. Cité par J. Mongeal, p. 70–72.

(42) 1911 年 11 月 13 日から 1912 年 5 月 7 日にかけて，控訴院は 40 の事件について，リヨン裁判所の判決を加重している。

(43) *La Bataille syndicaliste*，24 mai 1912.

(44) Jean JAURÈS, «Une honte», *L'Humanité,* 10 mai 1912. 以下も参照。Julia MONGEAL, «Jaurès, le crime et la presse», *Jean Jaurès, cahiers trimestriels,* n°153, 1999. 世論の「気まぐれ」を利用しようとしたとしてルーバを非難した 1912 年 5 月 4 日，24 日の『オーロル』紙におけるポール・リシャールの調和を欠いた発言もあげておく。

(45) *Le Petit Journal*, 26 mai 1912.

(46) *Le Temps*, 25 mai 1912.

(47) AN, BB18 2491.

(48) *Ibid*. 調査への回答もこの箱の中に保管されている。バスチアの控訴院のものだけは以下のコルシカの犯罪に関する箱に保管されている。BB18 2891.

(49) アジャン，アミアン，バスチア，ディジョン，ドゥーエ，リヨン，パリ，

ポワチエ，レンヌ，トゥールーズ。

(50) エクス，アルジェ，アンジェ，ブザンソン，ブールジュ，ボルドー（反対に「犯罪の危機」があるのだとした），カーン，シャンベリー，グルノーブル，リモージュ，モンペリエ，ナンシー，オルレアン，ニーム，リオン，ルーアン。

(51) とくに以下を参照。A. BOUGON, *De la participation du jury à l'application de la peine*, Rousseau, 1900. 司法官たちの陪審員に対する繰り返し現れる敵意については以下を参照。James M. DONOVAN, « Magistrate and Juries in France, 1791–1952 », *French Historical Studies*, 22–3, 1999, p. 379–420.

(52) とくに以下を参照。Gabriel TARDE, « Les délits impoursuivis », *Archives d'anthropologie criminelle*, 1894, p. 641–651, et « Les transformations de l'impunité », *La Réforme sociale*, 1898, p. 709–727.

(53) この時期，「訴訟の取り下げ」が裁判にかけられた犯罪の88パーセント以上，軽犯罪の59パーセント以上と膨大であるだけにいっそうであった。

(54) とくに以下を参照。*Le Temps,* 11 août 1912 et *Le Journal,* 13 août 1912.

(55) *Revue pénitentiaire*, 1913, p. 182–186.

(56) とくに以下を参照。Hippolyte LAURENT, *Les Châtiments corporels*, thèse de droit, Lyon, Phily, 1912 ; J. SIGNOREL, *Le Crime et la défense sociale*, cité, 1912 ; Dr. H. THULIÉ, *La Lutte contre la dégénérescence et la criminalité*, Vigot frères, 1912 ; Hippolyte LAURENT, *Le Fouet contre le crime*, Lyon, Phily, 1913, VITAL-MAREILLE, *L'Assassinat triomphant,* Société française d'imprimerie et de librairie, 1913.

(57) *Le Temps*, 3 août 1913.「半狂人」に適用された責任の緩和の概念は1905年12月12日のショーミエ通達によって司法のしきたりの中に導入された。ルーバは戦後も裁判所の寛容を公然と非難しつづけている。1921年9月9日の『ル・マタン』に彼はこう書いている。「犯罪者集団の図太さは増しており，フランス全体とは言わないまでも一部の社会でこれほどまで長い間のさばってきた感傷癖の伝染は止められなければならないように思う。なぜなら国民の多くはまだこのマラリアにかかっていないのだから」。

(58) *L'Éclaireur de Nice, 3* janvier 1913.

(59) *Le Temps*, 1er janvier 1913.

(60) *Le Matin,* 16 mars 1914.

(61) Alain BANCAUD, *La Haute magistrature judiciaire entre politique et sacer-*

doce, ou le culte des vertus moyennes, Librairie générale de droit et de jurisprudence, 1993.

(62) Philippe ROBERT, *Le Citoyen, le crime et l'État*, Genève, Droz, 1999; Marcel GAUCHET, « La société d'insécurité. Les effets sociaux de l'individualisme de masse », dans J. DONZELOT (dir.), *Face à l'exclusion. Le modèle français*, Editions Esprit, 1991, p. 169–187.

(63) M. PORRET, *Beccaria et la culture juridique...*, cité.

第9章

(1) Victor FOURNEL, *Figures d'hier et d'aujourd'hui*, Calmann Lévy, 1883, p. 225–243.

(2) レスペスについては以下の資料を参照。SGDL, AN, 454 AP. ポンソン・デュ・テライユについてもっともよく光を当てているのは以下の研究書である。Klaus-Peter WALTER, *Die Rocambole-Romane von Ponson du Terrail. Studien zur Geschichte des Französischen Feuilletonromans*, Berne, Peter Lang, 1986.

(3) 当時使われていた「犯罪小説」とは19世紀中期の連載小説の有名な作品群（シュー，デュマ，フェヴァル，ポンソン・デュ・テライユなど）や，司法小説（ガボリオとそれに続く作家たち），それに探偵小説のさきがけを集めた表現であり，推理小説の「誕生」に関する包括的な論争を回避させてくれるほか，これらのテクストの当時は知られていた特性——犯罪事件という急変によって，多少の差こそあれ社会の一定の法則に従った探査が始まる冒険物語——を際立たせてくれるものである。

(4) この点については以下を参照。A-M. THIESSE, *Le Roman du quotidien*, cité, p. 105–113, D. KALIFA, *L'Encre et le sang*, cité, p. 97–104.

(5) たとえば1894年1月11日，『プチ・パリジャン』は『三面記事的事件』というコラムの中で，「女の復讐——またもや拳銃！　女が恋人に引き金を引く」というタイトルのもと，次のような数行を掲載している。「この心打たれる悲劇の詳細は，ギヨーム・ローネーの『女の復讐』の中に記されています。この新作は，新聞の絵入り分冊を扱っているすべての店で，10サンチームで売っています。(…) どこででもお買い求めできます」。こうしたやり方は19世紀も残りあと30年になると頻繁に見られるようになる。

(6) とくに以下を参照。Roland BARTHES, « Structure du fait divers » (1962), dans *Essais critiques*, Seuil, 1981, p. 196–197, Georges AUCLAIR, *Le Mana*

quotidien. Structure et fonction de la chronique des faits divers, Anthropos, 1970, Alain MONESTIER, *Le Fait divers*, catalogue du Musée des ATP, Ed. de la RMN, 1982.

(7) «Fait divers, fait d'histoire», *Annales ESC*, 38–4, juillet-août 1983. とくに, Marc FERRO (« présentation »), Michelle PERROT « Fait divers et histoire au XIXe siècle »).

(8) Arlette FARGE, *La Vie fragile. Violence, pouvoirs et solidarités à Paris au XVIIIe siècle*, Hachette, 1986 ; M. PERROT, article cité.

(9) たとえば, ロベール・マンドルーの先駆的な研究 (Robert Mandrou, *De la culture populaire aux XVIIe et XVIIIe siècles* : la Bibliothèque bleue de Troyes, 1964) のほかに, ロジェ・シャルチエ (Roger Chartier, *Figures de la gueuserie*, Arthaud/Montalba, 1982) やハンス＝ユルゲン・ルーゼブリンク (Hans-Jürgen Lüsebrink, *Histoire curieuses et véritables de Cartouche et Mandrin*, Arthaud/Montalba, 1984) が示したようなテクストの出版がある。

(10) アンブロワーズ＝ランデュが数えたところによれば, 犯罪にまつわる三面記事はコラム全体の半数を超えていたという。Anne-Claude AMBROISE-RENDU, *Les Faits divers dans la presse française de la fin du XIXe siècle. Etude de la mise en récits d'une réalité quotidienne (1870–1910)*, thèse d'histoire, université de Paris 1, 1997 (p. 47). それらは1880年以降, さらに急速に増加する。D. KALIFA, *Récits de crimes dans la France de la « Belle Epoque »*, thèse d'histoire, université de Paris 7, 1994, p. 32–60.

(11) Alfred JARRY, *Le Canard sauvage*, 1903, repris dans *Œuvres complètes*, t. 2, Gallimard, 1987, p. 513.

(12) バルザック『幻滅――メディア戦記』上, 野崎歓・青木真紀子訳, 藤原書店, 2000年, 463–464頁。

(13) 辞書によれば「雑件 (fait divers)」という語の複数形 (faits divers) は1859年に初めて現れるのだが (Paul IMBS, dir., *Trésor de la langue française,* Ed. du CNRS, 1979, p. 343), じつはすでに七月王政期に確認することができる。早くも1837年,「雑件」〔複数形〕と題されたコラムが,『警鐘――相互情報新聞』や別の多くの新聞の中に存在していた。1843年には『ラ・プレス』紙も「ニュースと雑件」〔複数形〕というタイトルのコラムを載せていた。

(14) Cf. D. KALIFA et A.-C. AMBROISE-RENDU, thèses citées ; Marine M'SILI, *Le Fait divers en République. Histoire sociale de 1870 à nos jours*, CNRS Editions, 2000.

(15)　以下を参照。R. FAVRE, J. SGARD et F. WEIL, « Le fait divers », dans P. RÉTAT (dir.), *Presse et histoire au XVIIIe siècle*, l'année 1734, Ed. du CNRS, 1978, p. 189–225 ; Robert FAVRE, « Le fait divers en 1778, permanence et précarité », dans Paule JENSEN et *alii*, *L'Année 1778 à travers la presse traitée par ordinateur*, PUF, 1982, p. 113–146 ; Philippe ROGER, « Le fait divers en 1789, cinq exemples, cinq attitudes », dans Pierre RÉTAT (dir.), *La Révolution du journal, 1788–1794*, Ed. Du CNRS, 1989, p. 215–228.

(16)　Frédéric CHAUVAUD, « La petite délinquance et *La Gazette des Tribunaux* : le fait-chronique entre la fable et la farce », dans B. GARNOT (dir.), *La petite délinquance du Moyen Age à l'époque contemporaine*, Dijon, EUD, 1998, p. 79–89.

(17)　以下を参照。D. Kalifa, « Les tâcherons de l'informations, petits reporters et fait divers à la Belle Époque », *Revue d'histoire moderne et contemporaine*, n° 40–4, oct.-déc. 1993, p. 578–603, C. DELPORTE, *Les Journalistes en France*, p. 64–68.

(18)　A.N., 454 AP, dossier Georges Grison, lettre datée d'août 1900.

(19)　« Rapport sur les crimes d'attaques et de vols nocturnes commis dans les rues de la capitale », A.N., BB18 1145.　19 世紀末に関しては第 4 章参照。

(20)　最近では以下の中にまとめられている。Jean-Claude FARCY, *L'Histoire de la justice française de la Révolution à nos jours. Trois décennies de recherches*, PUF, 2002.

(21)　以下の指摘に従っている。Hughes LAGRANGE, *La Civilité à l'épreuve. Crime et sentiment d'insécurité*, PUF, 1995, p. 24–25, et 278–280.

(22)　COLETTE, *L'Ingénue libertine*, Ollendorff, 1909.

(23)　Lucien JAUME, *L'Individu effacé ou le paradoxe du libéralisme français*, Fayard, 1997.　私立探偵の問題については以下を参照。D. KALIFA, *Naissance de la police privée. Détectives et agences de recherches en France, 1832–1942*, Plon, 2000.

(24)　その原型は 1842 年から 43 年にかけて『ジュルナル・デ・デバ』紙に掲載されたウージェーヌ・シューの『パリの秘密』の主人公ロドルフである。

(25)　Claude DUCHET, « Idéologie de la mise en texte », *La Pensée*, n° 215, 1980, p. 101.

(26)　この点についてはとくに以下を参照。Michel FOUCAULT, *Surveiller et punir. Naissance de la prison*, Gallimard, 1975, p. 68–72 et 291–295, D.A.

MILLER, *The Novel and the Police*, Berkeley, University of California Press, 1988.

(27) Frédéric CHAUVAUD, *De Pierre Rivière à Landru. La violence apprivoisée au XIXe siècle*, Bruxelles, Brepols, 1991. とくに 202–255 頁。

(28) D. KALIFA, « Crime, fait divers et culture populaire à la fin du XIXe siècle », article cité. Michael DENNING, *Mechanic Accents. Dime Novels and Working-Class Culture in America*, Londres-New York, Verso, 1987.

(29) J.-C. VAREILLE, *Le roman populaire français,* cité, 241–242.

(30) C. GRIGNON et J.-C. PASSERON, *Le Savant et le Populaire,* cité.

(31) Sarah MAZA, *Vies privées, affaires publiques. Les causes célèbres de la France prérévolutionnaire*, Fayard, 1997.

(32) 1815 年から 70 年については，以下を参照。S DELATTRE, *Les Douze heures noires,* cité. それ以降は以下を参照。D. KALIFA, *L'Encre et le sang,* cité, p. 234–250.

(33) Ann-Louise SHAPIRO, *Breaking the codes. Female criminality in Fin-de-siècle Paris*, Standford University Press, 1996.

(34) G. MACÉ, *Crimes impunis,* cité p. 65.

(35) イギリスでも状況は非常に似たものだった。Philippe CHASSAGNE, « Crime, justice et littérature populaire dans l'Angleterre du XIXe siècle », dans F. CHAUVAUD et J.-G. PETIT (dir.), *L'Histoire contemporaine et les usages des archives judiciaires*, Champion, 1998, p. 155–170.

(36) Marie-Christine LEPS, *Apprehending the Criminal. The Production of Deviance in Nineteenth Century Discourse*, Durham, Duke University Press, 1992.

(37) A. DUMAS, *Les Mohicans de Paris* (1854–1859), cité, p. 62.

(38) Roger CHARTIER, *Au bord de la falaise. L'histoire entre certitude et inquiétude*, Albin Michel, 1998, p. 269–287.

(39) こうした転換とその限界については以下でより詳しく分析している。D. Kalifa, *L'Encre et le sang, op. cit.*, p. 61–76.

(40) Marcel LE CLERE, « Comment opérait la police de Fouché », *Revue de criminologie et de police technique,* 1951, p. 33–36.

(41) Jean-Claude VAREILLE, *L'Homme masqué, le justicier et le détective*, Lyon, PUL, 1990, p. 39–72, Jacques DUBOIS, *Le Roman policier ou la modernité*, Nathan, 1992, p. 13–30.

(42) それぞれの作品が発表されたのは，ウージェーヌ・シューが 1843–44 年，アレクサンドル・デュマが 1854–59 年，ポール・フェヴァルが 1865–68 年，

アレクシ・ポンソン・デュ・テライユが1858-70年。

(43) A. DUMAS, *Les Mohicans de Paris, op. cit.* p. 1084.

(44) Paul FÉVAL, *Les Habits noirs* (1865), Laffont, 1987, p. 160.

(45) D. Kalifa, *Crime et culture au XIXe siècle*, pp. 67-102.

(46) フランクフルト学派の理論家たちは文化産業に関して伝統的にこのようにまとめている。とくに以下を参照。Walter BENJAMIN, *Le Paris du Second Empire chez Baudelaire* (1938), Payot, 1979, Siegfried KRAUCAUER, *Le Roman policier. Un essai philosophique* (1922-1925), Payot, 1981.

(47) 言うまでもなくこれはカルロ・ギンズブルグの徴候型パラダイムの誕生に関する有名な主張の視点である。Cf. « Traces. Racines d'un paradigme indiciaire », dans *Mythes, emblèmes, traces. Morphologie et histoire*, Flammarion, 1989, p. 139-180. だがこのような理解の仕方は，自然科学であるとか，当時再考されていた古生物学，心理学，社会学，そして歴史学といった実証的知識の中心にあったものでもある。

(48) *Le Peuple introuvable. Histoire de la représentation démocratique en France*, Gallimard, 1998, p. 288-301.

(49) Georg SIMMEL, *Philosophie de la modernité: la femme, la ville, l'individualisme* (1908), Payot, 1989; W. BENJAMIN, *Le Paris du Second Empire, op. cit.*

(50) 以下の分析に従っている。Patrick CINGOLANI et Nicole GABRIEL, *La Modernité à la trace, Tumultes*, n°10, avril 1998.『群衆の人』（ウィリアム・ヒューグ訳）は『ル・ムスクテール』紙に1854年11月8日と9日，つまりポーの推理（警察）小説（『盗まれた手紙』と『モルグ街の殺人』）が翻訳されて8年目に掲載された。これについてはレオン・ルモニエの解説を参照。Edgar POE, *Nouvelles histoires extraordinaires*, Garnier frères, 1947, p. XXV-XXVI.

(51) Alain CORBIN, « Le XIXe siècle ou la nécessité de l'assemblage », dans A. CORBIN et *al.*, *L'Invention du XIXe siècle. Le XIXe siècle par lui-même (littérature, histoire, société)*, Klincksieck/Presses de la Sorbonne nouvelle, 1999, p. 153-159.

(52) Jan MATLOCK, *Scenes of Seduction. Prostitution, Hysteria and Reading Difference in Nineteenth Century France*, New York, Columbia University Press, 1994.

(53) この概念についてはとりわけ以下を参照。Clifford GEERTZ, « Centers, Kings, and Charisma: Reflections on the Symbolics of Power » (1977), traduit et repris dans *Savoir local, savoir global. Les lieux du savoir*, PUF,

1986, p. 153–182.

(54) 推理小説の語りの裏切りについては以下を参照。Uri EISENZWEIG, *Le Récit impossible. Sens et forme du roman policier*, C. Bourgois, 1986.

(55) ティエスが集めた女性たちの証言による。A.-M. THIESSE, *op. cit.*, et « Le roman populaire d'aventures : une affaire d'hommes », dans Roger BELLET, *L'Aventure dans la littérature populaire au XIXe siècle*, Lyon, PUL, 1985, p. 199–207.

(56) René THOM, *Paraboles et catastrophes. Entretiens sur les mathématiques, la science et la philosophie*, Flammarion, 1983, p. 127.

(57) 以下の先駆的な研究が思い浮かぶ。Marc BLOCH (« Réflexions d'un historien sur les fausses nouvelles de la guerre » (1921), repris dans *Histoire et Historiens*, A. Colin, 1995, p. 147–166), Georges LEFEBVRE, *La Grande peur de 1789*, A. Colin, 1932.

(58) Michel DE CERTEAU, « Le roman psychanalytique. Histoire et littérature », dans *Histoire et psychanalyse entre science et fiction*, Gallimard, 1987, p. 119.

第10章

(1) M. FOUCAULT, *Surveiller et punir*, cité.

(2) とくに以下を参照。Michelle PERROT (dir.), *L'Impossible prison. Recherches sur le système pénitentiaire français*, Le Seuil, 1980 ; Patricia O'BRIEN, *Correction ou châtiment. Histoire des prisons en France au XIXe siècle* (1982), PUF, 1988 pour la trad. fr. ; Jacques-Guy PETIT, *Ces Peines obscures. La prison pénale en France, 1780–1875*, Fayard, 1990 ; Jacques-Guy PETIT (dir.), *Histoire des galères, bagnes et prisons, XIIIe–XXe siècles. Introduction à l'histoire pénale de la France,* Toulouse, Privat, 1991 ; Robert BADINTER, *La Prison républicaine*, Fayard, 1992 ; Jean-Claude VIMONT, *La Prison politique en France. Genèse d'un mode d'incarcération spécifique, XVIIIe–XXe siècles,* Anthropos, 1993 ; Christian CARLIER, *La Prison aux champs. Les colonies d'enfants délinquants du nord de la France au XIXe siècle*, L'Atelier, 1994.

(3) J.-G. PETIT, *Ces Peines obscures*, cité, p. 239–245 ; M. PERROT, *Les Ombres de l'Histoire*, cité, p. 109–158.

(4) とくに以下を参照。A. CERFBERR DE MEDELSHEIM, *La Vérité sur les prisons. Lettre à M. de Lamartine*, Paris, 1844, cité par J.-G. PETIT, p. 655–

656.

(5) Bernard SCHNAPPER, « La récidive, une obsession créatrice au XIXe siècle », dans *Le Récidivisme*, PUF, 1983, p. 44. 以下も参照のこと。R. BADINTER, ouvrage cité.

(6) S. DIEHL, *La question sécuritaire à Paris de 1880 à 1885*, cité. 1885年法が共和制下の取り締まりにおいてどれだけ重要だったかについては，以下を参照。Martine KALUSZYNSKI, « Le criminel à la fin du XIXe siècle : un paradoxe républicain », dans A. GUESLIN et D. KALIFA (dir.), *Les Exclus en Europe, 1830–1930*, L'Atelier, 1999, p. 253–266.

(7) *Le Mémorial des Deux-Sèvres*, 16 décembre 1893, cité par F. CHAUVAUD, *Les Criminels du Poitou au XIXe siècle,* cité, p. 90–91.

(8) Christian CARLIER, Juliette SPIRE, Françoise WASSERMAN, *Fresnes, la prison. Les établissements pénitentiaires de Fresnes : 1895–1990*, Fresnes, Ecomusée, 1990 ; Christian CARLIER, *Histoire de Fresnes, « prison modèle ». De la genèse aux premières années*, Syros, 1998.

(9) *J.O., Chambre, Débats*, 20 novembre 1896, p. 1161.

(10) *Ibid.*, 31 janvier 1898, p. 256.

(11) LEJEUNE Dr., *Faut-il fouetter les apaches ?*, Libr. du Temple, 1910, p. 40.

(12) *Le Petit Journal*, 28 mai 1902.

(13) Supplément illustré du *Petit Journal*, 3 novembre 1907.

(14) *Le Petit Parisien*, 17 octobre 1901.

(15) *Le Petit Parisien*, 4 avril 1908.

(16) Alfred FOUILLÉE, La France au point de vue moral, Alcan, 1900, p. 191.

(17) « Prison smart », *Le Petit Parisien*, 22 février 1900.

(18) Pierre ZACCONE, *Les Nuits du Boulevard*, Dentu, 1876 ; Jules LERMINA, *Les Loups de Paris*, Dentu, 1876.

(19) P. SOUVESTRE et M. ALLAIN, *Le Mort qui tue* (1912), Laffont, 1971, p. 47.

(20) Louis-Adolphe TURPIN DE SANSEY, *Le Veilleur des morts*, Pache et Deffaux, 1868 ; Théodore LABOURIEU, *Mémoires d'un déporté*, Fayard, 1874 ; Aristide BRUANT, *Les Bas-fonds de Paris*, J. Rouff, 1892.

(21) Adolphe BELOT, *Le Roi des Grecs*, Dentu, 1881 ; Georges GRISON, *Souvenirs de la place de la Roquette*, Dentu, 1883.

(22) 「中心となる建物の中央には，すべての廊下が集まる円形交差点があり，囚人は独房から出ようとすると，この円形交差点の真ん中を占拠するガラス張りの小部屋に配置されている看守たちによってただちに気づかれるようになっている。

この監獄を見て回る見学者たちが驚くのは，囚人たちが，まるで自由であるかのように，警備の者を伴わず行き来しているのにしょっちゅう出くわすことである。じっさい，ある場所から別の場所に，たとえば独房から，囚人たちを裁判所（つまり予審）に連れて行くべく中庭で待機している独房馬車まで行くためには，囚人たちはまっすぐ直線に進むことになるのだが，その直線はそれぞれ扉につながっていて，その扉はひとりの看守が開けてくれるのだが，その看守の責任は，ただひたすら扉を開き，扉を経てつながる二つの直線を監視することなのだ。

こうして囚人たちは，見かけは自由であるものの，扉から扉へ，視線から視線へと，まるで手から手へと渡る荷物のように送られているのである」。Maurice LEBLANC, *813* (1910), Hachette, 1960, p. 214.

(23) いくつかだけ例をあげると，Charles MÉROUVEL, *La Fièvre de l'or*, Dentu, 1897 ; Eugène MORET, *L'Orpheline de Saint-Lazare*, Dentu, 1886 ; *Les Mystères de Saint-Lazare par une ancienne détenue*, Baillif, 1891 ; Adolphe BELOT, *Une femme du monde à Saint-Lazare*, Dentu, 1891 ; P. SOUVESTRE et M. ALLAIN, *L'Evadée de Saint-Lazare*, Fayard, 1912.

(24) PONSON DU TERRAIL, *Les Nouveaux Drames de Paris,* cité.

(25) Jules MARY, *La Pocharde... !,* Librairie illustrée, 1898 ; René DE SIEURAC, *Le Crime d'Argenteuil*, Paris, 1896 ; P. SOUVESTRE et M. ALLAIN, *L'Arrestation de Fantômas,* Fayard, 1912.

(26) それぞれ Pierre ZACCONE, *Les Misérables de Londres*, Benoist, 1874 ; P. SOUVESTRE et M. ALLAIN, *Le Train perdu*, Fayard, 1912 ; id., *Le Magistrat cambrioleur*, Fayard, 1912 ; id., *Le Pendu de Londres*, Fayard, 1911.

(27) 「イギリスの法律ができて以来はじめて独房が基本方針とされたのはペントンヴィルにおいてであり，以降この基本方針は世界中のほとんどの監獄に広がった。ペントンヴィルには巨大な運動場が，囚人たちが散歩する広い中庭があるが，各自の独房からそこへ向かうには，同胞たちを見せないという目的でのみ存在する狭くて長い廊下を通らなければならないのはそのためである」。*Le Pendu de Londres*, cité, .p. 349.

(28) M. DU CAMP, *Paris..*, cité, vol 3, p. 52.

(29) Pierre ZACCONE, *Histoire des bagnes, depuis leur création jusqu'à nos jours. Brest, Toulon, Rochefort, Lorient, Cayenne, Nouvelle Calédonie*, Bunel, 1870.

(30) P. SOUVESTRE et M. ALLAIN, *Le Jockey masqué*, Laffont, 1971, p. 935.

(31) P. SOUVESTRE et M. ALLAIN, *L'Arrestation de Fantômas*, cité, p. 199 ; id.,

L'Evadée de Saint-Lazare, p. 95 et 98.

(32) PONSON DU TERRAIL, *La Résurrection de Rocambole*, cité, pp. 563–564.

(33) M. LEBLANC, *813*, ouvrage cité, p. 207.

(34) P. SOUVESTRE et M. ALLAIN, *La Guêpe rouge* (1912), R. Laffont, 1971, p. 67.

(35) Victor Henri BROMBERT, *La Prison romantique. Essai sur l'imaginaire*, José Corti, 1975.

(36) Walter SCOTT, *La Prison d'Edimbourg, nouveaux contes de mon hôte*, recueillis et mis au jour par Jedediah Cleisbothma, Nicolle, 1821.

(37) *Mémoires de Silvio Pellico ou Mes prisons,* traduit de l'italien par O. Boistel d'Exauville, Gaume frères, 1833.

(38) PONSON DU TERRAIL, « Saint-Lazare », cité ; id., *Les Exploits de Rocambole* (1858), Robert Laffont, 1992, p. 875–876.

(39) M. LEBLANC, *813*, ouvrage cité, p. 257 ; id., « Arsène Lupin en prison » (1905), *passim*.

(40) P. SOUVESTRE et M. ALLAIN, *Le Policier apache*, Fayard, 1911, p. 283.

(41) M. LEBLANC, « L'évasion d'Arsène Lupin » (1905), Hachette, 1960, p. 328.

(42) この点に関しては以下を参照。J.-P. COLIN, *Le Roman policier français archaïque*, cité, p. 235.

(43) J.-C. VAREILLE, *Filatures,* cité.

(44) 推理小説が派生を経て現れた過程については，以下の分析を参照。J.-C. VAREILLE, *L'Homme masqué,* cité, et de J. DUBOIS, *Le Roman policier ou la modernité*, cité.

第11章

(1) Yves VARGAS, « Les faits divers comme vérific(a)tion », *Digraphe*, n° 40, 1987, p. 107.

(2) Cf. Roger CAILLOIS, « Puissances du roman », *dans Approches de l'imaginaire*, Gallimard, 1974, p. 210.

(3) G. AUCLAIR, *Le Mana quotidien,* cité.

(4) Gaston BOUTHOUL, *Traité de polémologie. Sociologie des guerres*, Payot, 1970, p. 327.

(5) たとえば「サン＝ドニ通りの事件：プロシア人をかくまっているとして嫌疑のかかった卸売商」(『プチ・ジュルナル』，1870年8月14日）や，

歯まで武装した80名のちんぴらの一団による，略奪目的での，ラ・ヴィレットの消防施設への信じがたい攻撃（同紙，1870年8月22日）は，このころほとんどの三面記事が帯びていた愛国的な色合いの証である。

(6) だが多様性はある。たとえば『ラペル』紙では，日常的な三面記事の欄は戦争と攻囲戦の間もずっと変わらず残っていた。

(7) 1914年10月5日から11日，12月14日から20日，12月20日から27日の週を調査。戦争前のものについては以下を参照。D. KALIFA, *L'Encre et le sang, op. cit.*

(8) 『プチ・パリジャン』の挿絵入り付録に関してモーリス・クリュベリエが見つけた過程。以下を参照。Maurice CRUBELLIER, *La Mémoire des français. Recherches d'histoire culturelle*, H. Veyrier, 1991, p. 173; «Un intermédiaire culturel, le supplément illustré du *Petit Parisien* (1902–1905)», dans *Les intermédiaires culturels*, Actes du colloque d'Aix-en-Provence, 1981, p. 357–367.

(9) R. BARTHES, «Structure du fait divers», article cité; G. AUCLAIR, *Le Mana quotidien,* cité.

(10) *Le Petit Journal*, 4 juillet; 31 juillet; 28 octobre 1870.

(11) *Ibid.* たとえば以下の号。Les 3 août, 30 septembre, 13 novembre 1870.

(12) *Ibid.*, 7 décembre 1870.

(13) *Ibid.*, 5 juillet 1870.

(14) *Les Nouvelles de la guerre*, 27 juillet 1870.

(15) *L'album de la guerre de 1870, illustré par les meilleurs artistes d'après les croquis des dessinateurs chargés de suivre la campagne: tableaux de batailles, faits d'armes, engagements, épisodes de la guerre, vues et plans, portraits, costumes militaires, etc., armes et matériel de guerre. Relation suivie et détaillée des diverses phases de la campagne. Biographies des souverains, diplomates, chefs de corps et célébrités militaires*. 7月19日以降，10冊がエドゥアール・ソンゾニョ（リシュリュー通り106番地）から出版された。および，隔週発行で8ページの *La Guerre de Prusse illustrée* も。

(16) 以下を参照。Aimé DUPUY, *1870–1871. La guerre, la Commune et la presse*, A. Colin, 1959; および以下の目録も参照。François MAILLARD, *Histoire des journaux publiés à Paris pendant le siège et la Commune, 4 septembre 1870–28 mai 1871*, Dentu, 1871.

(17) *Le Journal de la guerre*, 22, 29, 30 juillet, 8 août 1870.

(18) Rupert FURNEAUX, *The First War Correspondant: William Howard Russel of The Times*, Londres, Cassel, 1944. とはいえこれは1808年，スペイ

ン遠征の初期に『タイムズ』の通信員であったヘンリー・クラブ・ロビンソンという人物のうちに始祖を見出している。

(19) *Ibid.*; M. PALMER, *Des petits journaux aux grandes agences,* cité, p. 66–68. 1914年には難しく，前線に関する通信員の小さなグループが承認されたのは1917年6月になってからのことだった。Claude BELLANGER et *al.*, *Histoire générale de la presse française*, PUF, t. 3, p. 422.

(20) *Le Petit Parisien*, 6 septembre 1914.

(21) A. DUPUY, cité, p. 213.

(22) *Le Petit Journal*, 5 août 1870.

(23) *Le Journal de la guerre*, 19 août 1870.

(24) *Le Petit Journal*, 9 septembre 1870.

(25) *Ibid.*, 14 août 1870.

(26) *La Guerre illustrée*, 10 août; 2 novembre; 17 décembre 1870.

(27) 『プチ・ジュルナル』については1895年から1914年のものを，『プチ・パリジャン』については1895年から1906年，それに1908年から1912年のものを，全体で5012の版画，挿絵，描写を精査した。

(28) Supplément illustré du *Petit Parisien*, 3 octobre 1897; 15 juin 1902; 11 décembre 1904.

(29) Paul GERBOD, « L'éthique héroïque en France (1870–1914) », *Revue historique*, n° 544, 1982, p. 409–429.

(30) Jean WATELET, « Nationalisme et patriotisme à la fin du XIXe siècle dans les suppléments illustrés du *Petit Journal* et du *Petit Parisien* », dans J. GODECHOT (dir.), *Regards sur l'histoire de la presse et de l'information*, Sont-Julien-du-Sault, Les presses saltusiennes-F.P. Lobies, 1980, p. 119–127.

(31) Supplément illustré du *Petit Parisien*, 22 avril 1900; 13 mars 1904; 9 octobre 1904.

(32) *Ibid.*, 12 janvier 1902.

(33) Supplément illustré du *Petit Journal*, 29 octobre 1899; supplément illustré du *Petit Parisien*, 20 mars 1904; 2 octobre 1904.

(34) これらのアテネ，ベオグラード，ツェティニェ，コンスタンティノープル，ソフィアの「定期通信員」のほかに，『マタン』紙は驚くべき「特派員」のグループを派遣するとしている。コンスタンティノープルにはステファヌ・ローザンヌ，ブルガリア司令部にはユベール・ヴァイエ，セルビア司令部にはロジェ・マチウ，トルコ司令部にはアルフォンス・キネ，ギリシャ司令部にはガブリエル・ブロンネール，モンテネグロ司

令部にはゼルビッツ特派員長，それにハドリアノポリス，ウシャク，プリチナ，フィリッポポリスには「戦争特派員」。「鳴り物入りのジャーナリズム」（引用はM. Palmer, ouvr. cit.）に慣れきった編集部による発表の効果は信用すべきでないとはいえ，この方針は強い印象を与えた。「いま現在バルカン半島において『マタン』に匹敵する情報部を所有している新聞はヨーロッパにはないはずだ」と保証してもいる（1912年10月16日）。

（35） *Le Matin*, 21 octobre 1912; 23 octobre 1912.

（36） Stéphane AUDOIN-ROUZEAU, *14–18, les combattants des tranchées*, A. Colin, 1986.

（37） *Le Petit Parisien*, 18 août 1914.

（38） Supplément illustré du *Petit Journal*, 20 septembre 1914.

（39） *La Liberté*, 15 octobre 1914; supplément illustré du *Petit Journal*, 18 octobre 1914.

（40） *Ibid.*, 11 avril 1915; 2 juin 1915.「戦争文化」の概念については以下を参照。Annette BECKER et Stéphane AUDOUIN-ROUZEAU, « Violence et consentement: la culture de guerre du premier conflit mondial », dans J.-P. RIOUX et J.-F. SIRINELLI, *Pour une histoire culturelle*, Seuil, 1997, p. 251–271.

（41） *Les Nouvelles de la guerre*, 27 juillet 1870.

（42） « La ventriloquie arme de guerre », *Le Courrier de la guerre*, 30 août 1870.

（43） *La Guerre illustrée*, 11 janvier 1871.

（44） *Le Journal des Débats*, 8 janvier 1871.

（45） *Le Matin*, 19 octobre 1912.

（46） *Ibid.*, 29 et 31 octobre 1912.

（47） *Le Petit Parisien*, 20 août 1914.

（48） *La Liberté*, 14 octobre 1914.

（49） *Le Matin*, 15 avril 1915.

（50） *Le Petit Parisien*, 21 août 1914; 12 septembre 1914.

（51） Supplément illustré du *Petit Journal*, 11 octobre 1914; 27 décembre 1914; 8 août 1915.

（52） *Excelsior*, 8 janvier 1916.

（53） 1870年，『プチ・ジュルナル』では，戦争の初期からすでに最下欄の軍事化が始まり，ガボリオの『一八一三年の復讐』，『ベルリンへの道』（7月24日から9月6日）に続き，11月4日からはガボリオの変名ポール・

エチエンヌによる『軍隊の輪郭』，それに『ある動員された国民軍兵士の日記』が掲載された（1871年1月5日から4月6日）。7月20日以降バルジネ（ド・グルノーブル）の『第三二軽旅団』を，8月1日にはさらにエルネスト・ビヨーデルの『ロレーヌのプロシア軍とその仲間たち』を掲載した『戦争新聞』や，V. ド・フェレアルの『プロシア人スパイ』を一度に読ませた『戦争通信』に似たやり口である。

第12章

(1) Cité par Laurent BAZIN, préface aux *Exploits de Rocambole*, Laffont, 1992, p. XLV.

(2) 第10章参照。

(3) ここでは以下の著作と同じ意味でこの言葉を使う。S. AUDOIN-ROUZEAU et A. BECKER, article cité.

(4) Pierre ALBERT, « La presse dans la guerre de 1914–1918 », dans l'*Histoire générale de la Presse Française*, cité. p. 407–445 ; M. MARTIN, *Médias et journalistes de la République*, cité, p. 112–117.

(5) たしかに戦争によって『エコー・ド・パリ』がトップ新聞のグループに入り，戦前の新聞のヒエラルキーは変わったのだが，このころの変化の重要性をより理解するために，1914年のリーダー的新聞にとどめたい。とくに注目されていたのは絶頂期にあった『プチ・パリジャン』と『ル・マタン』であり，『プチ・ジュルナル』は衰退し続け，『ル・ジュルナル』は政治経済的混迷の中で身動きが取れず，そうこうするうちに読者の半数を失っていった。

(6) たとえば1913年では，1月末，2月末，4月末，6月末，8月はじめ，10月はじめ，11月末。

(7) 「小話」の伝統については以下を参照。Patrick DUMONT, *Etude de mentalité : la petite bourgeoisie vue à travers les contes quotidiens du Journal (1894–1895)*, Minard, 1973.

(8) 以下を参照。P. ALBERT, cité.

(9) A.-M. THIESSE, *Le Roman du quotidien*, cité, p. 111.

(10) Arthur BERNÈDE et Aristide BRUANT, *Cœur de Française*, drame en 5 actes et 8 tableaux, représenté pour la première fois au Théâtre de l'Ambigu le 23 octobre 1912, Éditions du Monde Illustré, 1912, Tallandier en 1913–1914.

(11) M. MARTIN, cité, p. 113.

(12) P. ALBERT, cité ; Alf. ADELINE, « La crise du papier », *Annuaire de la presse*, 1917, p. LXXIX–CVII.

(13) A.-M. THIESSE, *Le Roman du quotidien,* cité.

(14) A.N, 8 AR. 最近作られた目録によれば1900年以降の多くの書類（契約書，書簡，連載小説家の関係資料，広告キャンペーン）があるようで，これらによってしばしば不十分な文人協会の個人的資料が補完された。

(15) これより前の時代の女性と連載小説については以下を参照。Luzila GONÇALVES FERREIRA, *Voix et positions des femmes dans les feuilletons féminins au XIX*[e] *siècle*, thèse de lettres, université Paris 7, 1995.

(16) Yves OLIVIER-MARTIN, *Histoire du roman populaire en France*, Albin Michel, 1980, p. 233.

(17) Christophe CHARLE, *Paris fin de siècle. Culture et politique*, Seuil, 1998, p. 177–199.

(18) 以下に引用されている。Jacques DEROUARD, *Maurice Leblanc ou Arsène Lupin malgré lui,* Séguier, 1989, p. 411–412.

(19) *Le Petit Journal*, 15 novembre 1914 au 31 mars 1915.

(20) Gaston LEROUX, *La Colonne infernale* (1916), Laffont, 1993, p. 404 et 346. この作品では「勝った側の子どもたちが負けた側の子どもたちの目玉でビー玉遊びをする」という場面も描かれている（346頁）。

(21) Aline DEMARS, *Michel Zévaco et le roman-feuilleton*, thèse de lettres, université de Paris 4, 1986.

(22) 『フランス女の心』については注10を参照。ダンリについては以下を参照。Daniel DAVID, *Armée, politique et littérature : Driant ou le nationalisme en son temps,* thèse de lettres, université Paul-Valéry-Montpellier III, 1992. 報復の文学の全体については以下を参照。Paul BLETON, « Espionnage, crime et châtiment, 1871–1918 », dans J.-C. VAREILLE (dir.), *Crime et châtiment dans le roman populaire*, Limoges, PULIM, 1994, p. 107–136 ; J.-M. PROUST, *Racisme et nationalisme dans le roman populaire français*, thèse citée.

(23) 多くの感傷小説や「内奥の」小説を発表したあとで，かつてのジャーナリスト（1877年から95年の間『エコー・ド・ローヌ』の編集長だった）ポール・ベルトネはきわめて大々的に「対ボッシュ」小説に打ち込み，ありとあらゆる誇張を引き受けている。とくに以下をあげておきたい。Paul BERTNAY, *Le Passeur de la Moselle*, Fayard, 1906, *L'Espionne du Bourget*, Fayard, 1908, *Les Millions de l'Oncle Fritz*, Fayard, 1912, *Orphelins d'Alsace*, Fayard, 1912, etc. Dossier SGDL de Paul Bertnay, AN, 454

AP 37.

(24) Paul BLETON, « Les genres de la défaite », *Études françaises*, 34–1, 1998, p. 61–86.

(25) Guy de TÉRAMOND, « Comment on écrit un ciné-roman », *Cinémagazine*, 28 janvier 1921, repris dans le *Bulletin des Amis du roman populaire*, 15, 1991. 彼の「シネマ小説」についての研究も参照。*Le Film*, 160, 20 mai 1919.

(26) 以下の研究書では多くの司法官の見解が引用されている。Yves POURCHER, *Les Jours de guerre. La vie des français au jour le jour entre 1914 et 1918*, Plon, 1994, p. 362–382.

(27) Jean-Jacques MEUSY, « Aux origines de la Société cinématographique des auteurs et gens de lettres : le bluff de Pierre Decourcelle et Eugène Gugenheim », *1895*, n° 19, 1995, p. 7–18.

(28) « Nos auteurs et le cinéma », *Le Cinéma et l'Echo du cinéma réunis*, 1912–1914, *Bulletin des Amis du Roman populaire*, 16, 1992.

(29) *Le Cinéma et l'Echo du cinéma réunis*, 10 janvier 1913.

(30) Cité par A.-M. THIESSE, cité, p. 234.

(31) 前章を参照。

(32) Etienne GARCIN, « L'industrie du cinéroman », dans J. MIGOZZI, *De l'Ecrit à l'écran*, cité, p. 135–150.

(33) François NAUD, *Des Envoyés spéciaux aux grands reporters (1920–1930). La reconnaissance d'une profession,* thèse d'histoire (sous la dir. de P. Nora), Ehess, 1996.

おわりに

(1) とくに以下を参照。Hugues LAGRANGE, *La Civilité à l'épreuve. Crime et sentiment d'insécurité*, PUF, 1995, ainsi que P. ROBERT, *Le Citoyen, le crime et l'État*, cité.

(2) L. CHEVALIER, *Classes laborieuses et classes dangereuses...*, cité.

(3) S. DELATTRE, *Les Douze heures noires,* cité, p. 468–508.

(4) R. BADINTER, *La Prison républicaine*, cité ; S. DIEHL, *La Question « sécuritaire » à Paris de 1880 à 1885*, cité.

(5) D. KALIFA, « Insécurité et opinion publique au début du XXe siècle », cité ; *L'Encre et le Sang,* cité.

(6) 以下の拙稿を参照。« Crime et délinquance » dans J.-P. RIOUX et J.-F.

SIRINELLI (dir.), *La France, d'un siècle à l'autre, 1914–2000. Dictionnaire critique*, Hachette, 1999, p. 745–755.

(7) Ludivine BANTIGNY, *Le Plus bel âge? Jeunes, institutions et pouvoir en France des années 1950 au début des années 1960,* thèse d'histoire, IEP de Paris, 2003.

(8) この点については以下を参照。Philippe ROBERT et Pierre LASCOUMES, *Les Bandes d'adolescents. Une théorie de la ségrégation* (1966), Editions ouvrières, 1974 ; Jean MONOD, *Les Barjots. Essai d'ethnologie des bandes de jeunes*, 1968 ; Yves CHARRIER et Jacques ELLUL, *Jeunesse délinquante. Des blousons noirs aux hippies*, Mercure de France, 1971 ; Gérard MAUGER et Claude FOSSÉ-POLIAK, « Les Loubards », *Actes de la recherche en sciences sociales*, n°50, 1983, p. 49–67.

(9) Christian BACHMANN et Nicole LEGUENNEC, *Violences urbaines. Ascension et chute des classes moyennes à travers 50 ans de politique de la ville*, Albin Michel, 1995 ; Ch. BACHMANN et N. LEGUENNEC, *Autopsie d'une émeute. Histoire exemplaire d'un quartier nord de Melun*, Albin Michel, 1997. 全体を概観するには以下を参照。Laurent MUCCHIELLI, « L'évolution de la délinquance juvénile en France (1980–2000), *Sociétés contemporaines*, 2004.

(10) Sébastian ROCHÉ, *Le Sentiment d'insécurité,* PUF, 1993 ; id., *Sociologie politique de l'insécurité. Violences urbaines, inégalités et globalisation*, PUF, 1998.

(11) この問題について概観するには以下を参照。Ph. ROBERT, *Les Comptes du crime. Les délinquances en France et leurs mesures*, Le Sycomore, 1985.

(12) この点については以下を参照。Alain CORBIN, *Le Village des cannibales*, Aubier, 1991 ; Le dossier « Violences », *Société & Représentations*, n°6, 1998.

(13) Jean-Claude CHESNAIS, *Histoire de la violence en Occident de 1800 à nos jours*, Laffont, 1981, ainsi que Frédéric CHAUVAUD, *De Pierre Rivière à Landru. La violence apprivoisée au XIXe siècle*, Bruxelles, Brépols, 1992.

(14) Ph. ROBERT, *Le Citoyen, le crime et l'État* , ouvr. cité.

(15) この点についてはとくに以下を参照。François DUBET, *La Galère. Jeunes en survie*, Fayard, 1987 ; David LEPOUTRE, *Cœur de banlieue. Codes, rites et langages*, Odile Jacob, 1997 ; Henri REY, *La Peur des banlieues*, Presses de Sciences-Po, 1999.

(16) こうした政策のあいまいさについては以下を参照。M. KALUSZYNSKI, «Le criminel à la fin du XIXe siècle : un paradoxe républicain », cité.

（17） D. KALIFA, «Sécurité et insécurité dans Oise à la “Belle époque”», *Annales historiques compiégnoises*, n°59–60, 1995, p. 5–15.

（18） 以下を参照。M. AGULHON *et al.*, *La Ville de l'âge industriel,* cité.

（19） たとえば以下を参照。Gérard JACQUEMET, *Belleville au XIXe siècle, du faubourg à la ville*, Ed. de l'EHESS, 1984.

（20） D. KALIFA, *Naissance de la police privée. Détectives et agences de recherche en France, 1832–1942*, Plon, 2000.

（21） Frédéric OCQUETEAU, *Les Défis de la sécurité privée. Protection et surveillance dans la France d'aujourd'hui*, L'Harmattan, 1997. Cf. aussi Ph. ROBERT, *Le Citoyen, le crime et l'État*, cité.

図版出典一覧

原書には図版がないため，以下を適宜引用した。

7 頁　パリ郊外の写真，遠くにパリの新しい街並み（シャルル・マルヴィル撮影）
15 頁　訳者作成
19 頁　Dominique Kalifa et Jean-Claude Farcy, *Atlas du crime à Paris. Du Moyen Âge à nos jours*, Parigramme, 2015, p. 88
56 頁　*Atlas du crime à Paris*, p. 127
81 頁　*Atlas du crime à Paris*, p. 84
91 頁　Dominique Kalifa, *Naissance de la police privée: détectives et agences de recherches en France, 1832–1942*, Plon, 2000, 本文中ほどの別丁写真
95 頁　警視庁の入り口（ピエール＝アンブロワーズ・リシュブール撮影）
177 頁　新聞の売り子（撮影者不詳）
229 頁上　*La Guerre illustrée*, 1870, 8/10
229 頁下　*La Guerre illustrée*, 1870, 11/2
230 頁上　*La Guerre illustrée*, 1870, 12/17
230 頁下　*Le Petit Parisien. Supplément littéraire illustré*, 1897, 10/3
233 頁　*Le Petit Parisien. Supplément littéraire illustré*, 1900, 4/22
234 頁　*Le Petit Parisien. Supplément littéraire illustré*, 1904, 3/13
235 頁　*Le Petit Parisien. Supplément littéraire illustré*, 1904, 10/9
236 頁　*Le Petit Parisien. Supplément littéraire illustré*, 1902, 1/12
237 頁　*Le Petit Parisien. Supplément littéraire illustré*, 1904, 3/20
238 頁　*Le Petit Parisien. Supplément littéraire illustré*, 1904, 10/2
242 頁　*La Guerre illustrée*, 1871, 1/11
243 頁　*Supplément illustré du Petit Journal*, 1914, 10/11
244 頁　*Supplément illustré du Petit Journal*, 1914, 12/27
245 頁　*Supplément illustré du Petit Journal*, 1915, 8/8
246 頁　*Excelsior*, 1916, 1/8
269 頁　Rouff, *Collection Patrie*, n°4（Chap. 10）
276 頁　*Atlas du crime à Paris*, p. 195
291 頁　*Atlas du crime à Paris*, p. 184

LA POLICE EN FRANCE
APRÈS LA SUPPRESSION DU MINISTÈRE DE LA POLICE GÉNÉRALE (1818-1848)

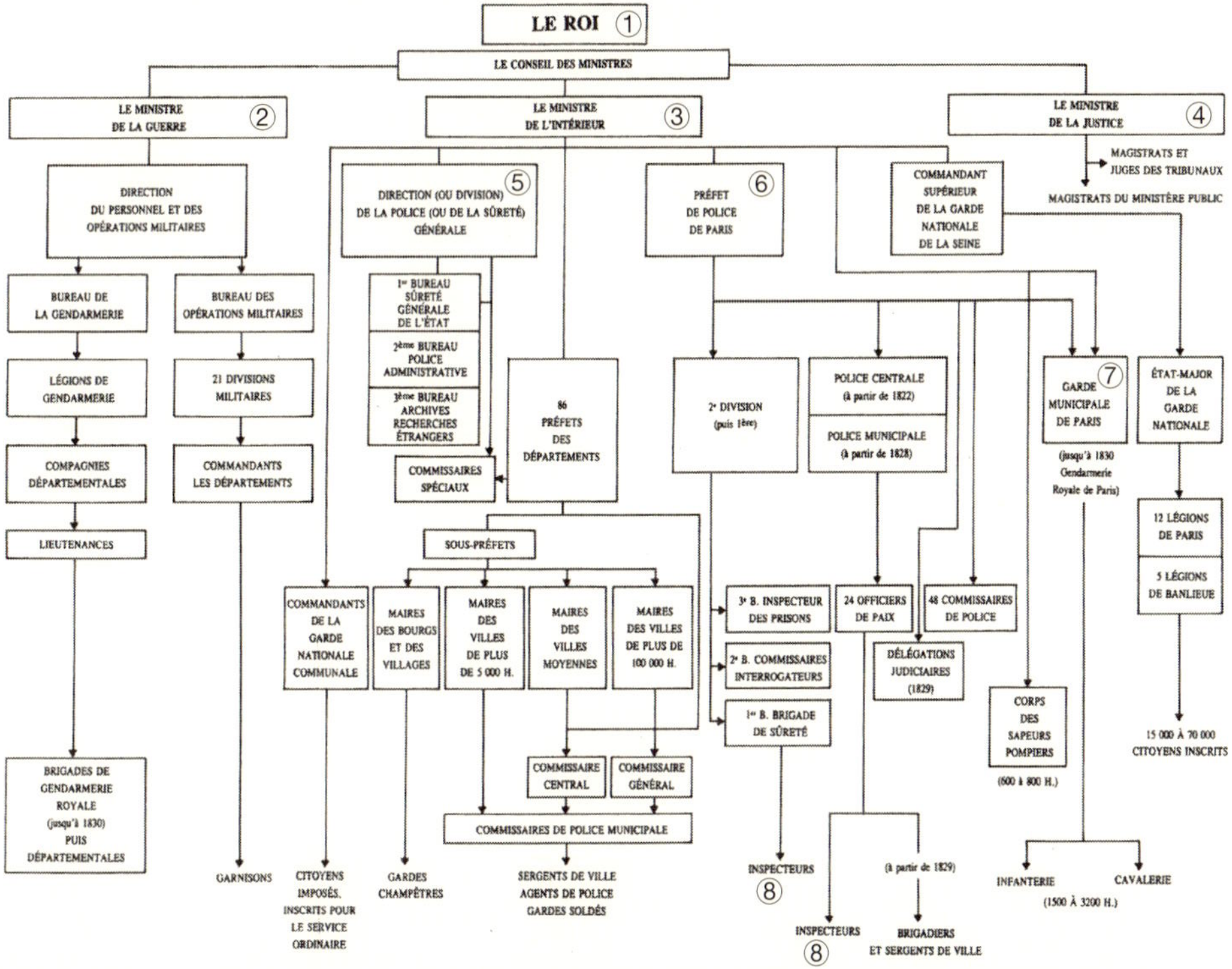

警察機構図
（1818–48 年）

1　国王
2　戦争省
3　内務省
4　司法省
5　警察庁
6　警視庁
7　パリ市警
8　警部

（Georges Canot, *Histoire de la police française*, Tallandier, 1992 より）

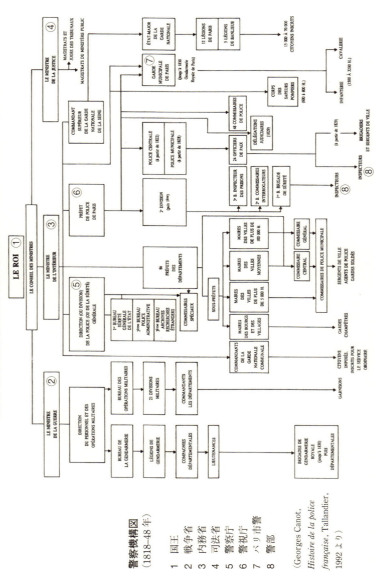